读懂投资 先知未来

大咖智慧
THE GREAT WISDOM IN TRADING

成长陪跑
THE PERMANENT SUPPORTS FROM US

复合增长
COMPOUND GROWTH IN WEALTH

一站式视频学习训练平台
WWW.DUOSHOU108.COM

股市投资生死战

【美】杰拉尔德·勒布　著

王金环　刘尚慧　译

山西出版传媒集团
山西人民出版社

图书在版编目（CIP）数据

股市投资生死战：扩展版 /（美）杰拉尔德·勒布著；王金环，刘尚慧译.
—太原：山西人民出版社，2022. 12
ISBN 978-7-203-10931-0

Ⅰ. ①股⋯ Ⅱ. ①杰⋯ ②王⋯ ③刘⋯ Ⅲ. ①股票投资
Ⅳ. ①F830.91

中国版本图书馆 CIP 数据核字（2022）第 072214 号

股市投资生死战：扩展版

著　　者：（美）杰拉尔德·勒布
译　　者：王金环　刘尚慧
责任编辑：张晓立
复　　审：贺　权
终　　审：秦继华
装帧设计：王　峥
出 版 者：山西出版传媒集团·山西人民出版社
地　　址：太原市建设南路 21 号
邮　　编：030012
发行营销：0351-4922220　4955996　4956039　4922127（传真）
天猫官网：http://sxrmcbs.tmall.com　电话：0351-4922159
E-mail：sxskcb@163.com　发行部
　　　　　sxskcb@126.com　总编室
网　　址：www.sxskcb.com
经 销 者：山西出版传媒集团·山西人民出版社
承 印 者：廊坊市祥丰印刷有限公司
开　　本：710mm×1000mm　1/16
印　　张：18.5
字　　数：300 千字
版　　次：2022 年 12 月　第 1 版
印　　次：2022 年 12 月　第 1 次印刷
书　　号：978-7-203-10931-0
定　　价：78.00 元

导　言

　　本次《股市投资生死战》再版，主要缘于两个方面：首先是第一版精装本发行后，售出了 20 余万册，这表明读者对该书的稳定需求；其次是该书受到了各类读者的普遍欢迎，为满足广大读者的阅读愿望，也促使我们决定再版。

　　《股市投资生死战》发行以来，也曾引起过很多讨论。记得曾有一位读者问过我："书中提出的这些投资理念您自己都实践过吗？"我当时的回答是："没错！这些理念并不是凭空臆想，而是我亲身实践的总结。"我希望人们不要把投资看得很神秘。对每个人而言，不管你是否愿意或者是否意识到，只要你是努力去赚取用于基本支出以外的钱，那就可以被看作是投资者。换言之，就是不管采取什么方式，只要是储存当前购买力以备将来使用的就是投资，包括现金、银行储蓄、政府债券、不动产、大宗商品、各种有价证券，以及无论何时何地都能合法投资的钻石、黄金等。

　　其实，投资的真正目的就是为了将来之需，而把自己当前过剩的购买力储存起来。听起来很简单吧！举个例子：有个人在建筑工地劳动，他砌一天砖能赚到 16 美元，如果他将这 16 美元存下来，作为投资用，那么后来有一天，他给自己建房子需要雇一个瓦工时，就可以拿出他存下的 16 美元付给对方当工钱。关于投资的大概意思就是这样。

　　当然我说的这只是一种理想状况，现实中会有很多情况出现，比如市场的购买力会上下波动的问题。同样还是前面说的那个人，当几年后他盖房子雇瓦工时的工钱恐怕就不会是 16 美元了，也可能比这要少，也可能会高出很多。所以我们也不能把这 16 美元完全当作标准，因为每一时期的市场购买力决定着该时期的价格。从我开始写这本书到现在，这么多年过去了，劳动力的价格一直都在上涨。

前面我们说过，投资是为了将来之需而储存当前购买力。事实上，人们投资的首要原因恐怕还是考虑到未来的一些不确定因素，比如抵御通货膨胀、生活成本的提高及货币贬值等。一般来说，如果把用于未来的物资先行储存，那么是需要支付存储费和保险费的。但问题是人们很乐意有储存的地方，而付费时却表现得很不情愿，他们希望别人最好是先使用这些储存的物资（现金），并因此付给自己利息或红利，这才是双赢的结果。假如还有的人担心会有亏本的风险，那他就希望能得到更高的收益比例，或者是潜在的资金回报，总之是想得到额外的利润。在这一点上人们显得很吝啬，总是期望回报远远大于付出。

综上所述，围绕人们所关心的究竟是投资的回报高，还是现金储蓄的回报高的问题，我的看法是，必须以你的实际购买力来衡量。因为你只有赚回足够多的钱，才能弥补因物价上涨而损失的购买力；或者在物价下跌时能保持较高的现金比例。现实中比较普遍的情况是，当物价上涨时往往会获利（当然并不是必然的）；当价格下跌时往往会出现亏损。

我开始尝试投资是在 1921 年，当时的股市还比较平静。然而过了20 多年之后，到了 1943 年，股市简直就像一个战场，很多人都在这里"战斗"，有的胜利了，有的则落荒而逃。实际上这种类似战斗的情形，早在 1929~1932 年期间就让很多人体验过了。再往后到了 1957 年，股市已经成了一场硝烟弥漫的"战争"，不仅惊心动魄，而且荆棘丛生。我看到过股市中的很多人，那些半路出家的仓促入市者往往败得很惨；而只有那些在投资前就已经从各个角度仔细研究过种种股市风险和机会的投资人，才能获得成功。

　　每个投资人都希望自己是股市上的赢家，但不管你信不信，这样的人实在是凤毛麟角。为了让众多投资者有所借鉴，我在书中对这些成功者的范例都有描述。事实上，一个成功的投资者能得到什么，最终将取决于他们个人能力的高低、拥有本金的多少、投入时间的长短、能够承受风险的大小、市场环境的好坏。我相信，根据我多年来投资实践的经验总结和专业分析，体现在本书中的想法、经验、原则、方案、指导和案例，都会对投资者有所启迪，并且肯定是会帮助他们增加投资收益的。

　　在先前几个版本中所阐述的观点，现今仍然适用。另外，结合近年来投资领域的发展变化，我又充实了一些卓有成效的新观点、新方法。目前关于日趋复杂的投资形势的讨论也很多，我在书中也选其要点补充进去了，因为我的投资行为正是受这些理念所支配的。

　　在该书的前几版中，一些读者就曾对书中关于投资多样化的观点提出过异议，他们认为在阐述投资多样化这一主要前提上自相矛盾，并且一直关注着这一问题。我在这里想说明一下，实际上并不存在矛盾。对于刚入行的投资者来说，多元化的投资非常必要，因为这样可以分散风险；但是另一方面，投资的真谛在于专注。投资者的经验越丰富，就越能抵御风险，也就越能够进行独立的决策，进而在投资上也就更少地依赖多样化。

杰拉尔德·勒布

目　录

第1章　知识、经验和天赋必不可少

天下最难的事情莫过于在华尔街上持续赢利了。不过我深信，比它还困难的是学会如何持续赢利的方法。别太相信学院和教科书上教的那些东西，那只不过是一些理论知识罢了。尽管我们经常能听到这样的消息——一些个人、合伙人和少数机构投资者已经通过股市获得了巨大成功，但据我所知，谁也不能为广大投资者提供一个可供复制的成功模式。

那些股市菜鸟炒股的目的多半是为了轻松、快速地获取高额利润，或者只是想找到一个安全的避风港。那么，当他们抱有这样的目的时，他们在投资时就会更偏重于行动，而往往把"思考"丢在一边，并且常常对来自他人及合作者的友善建议置若罔闻。并且，他们通常无法辨别自己的获利究竟是来自机遇，还是凭借自己的能力。这些将会导致一个结果：他们经常是在"卖出"而不是根据自己的决策来买入，并且往往会成为欺诈手段的受害者。

为何有些人能在股市上大获成功？答案就是："实践出真知。"

缺少实践，就会导致失败。在股市上，知识往往意味着信息和解读市场预期的能力。但除此之外，要想在股市中获利，还需要更多的"天赋"和"眼光"。如果一个投资者具备投资天赋的话，即便他没有进行过太多的研究和实践，也会在资本市场上取得成功。

在大学里，老师会教给一个工程学专业的大学生关于压力和张力的理论。当学生毕业之后，他们在解决工作中的问题时总会用到这些理论——因为这是工程学的基本理论。虽然，他们也许会掌握许多更简单、快捷、巧妙的解决问题的方法，但是，那些巧妙的方法也往往都是源于大学时学到的最基本的理论。

但对于股市来说，却并非如此。因为股市中没有这样一个普适的真理。每位专家都有自己不同的看法，有多少专家就有多少不同的结论。而且，假如市场行情发生了变化，他们的观点也将随之改变。

另外，现实中存在许多影响股票市场价值的因素。要知道，股票市场价值只有一小部分由资产负债表和收益表所决定，而更多的则是受到股民的期望值和担忧的心理所影响。比如：股民的贪欲和野心、上帝的安排、创造和发现、财政上的压力和形势、经济大环境、流行趋势及不计其数的其他因素——这些都会影响股票的市场价值。

甚至，一只股票在某个时刻的价格能够影响它未来的价格走势。比如，股票在某一时刻的价格处于低点，那将可能使得持股人纷纷抛售它，并吓退那些购买者，但也有可能引来贪便宜的抄底者。同样，股票在某一时刻价格位于高点，也将有可能改变未来的行情。

有哪个机构能够确保投资永远成功呢？又有多少人能够在投资中保持不败金身呢？面对物价长期上涨的趋势，放弃当前的购买力转而进行投资，谁又能担保：在经过相当漫长而且形势复杂多变的若干年后一定就能获得高额的回报呢？固然，总会有少数投资者所向披靡、无往不利，但这就好像能量守恒定律一样，少数的成功者是建立在大量的失利者基础之上的，因此这些成功的例子往往可以忽略不计。

问题是，许多投资者只不过是一些普通人，既不是什么先知圣贤，又不具有超人的智商，他们只是和股票经纪人聊了几分钟，或者接待了债券销售人员的拜访并向其咨询，甚至只向那些所谓的"咨询机构"交了一点儿咨询费，他们就认为自己已经窥破了在股市上创富的密码，开始雄心勃勃地决定自己买入或让别人替他买入股票了。

这些人如果在第一次交易中尝到了点甜头，他们也许就会心想：

"原来在华尔街上获利这么简单!"或者"看来我也有足够的智商玩股票啊!"于是他们就想第二次、第三次继续获利;可如果在第一次交易赔了钱,他们就会心想:"既然能这么快把钱赔进去,也一定可以以同样快的速度把钱赚回来!"这些冒冒失失的投资者通常对股票经纪人、债券推销人员和咨询师的情况几乎一无所知——对他们的从业经验、操盘业绩,以及未来可能会发生的无数种可能性,都只是了解了一个大概。而关键在于,上述任何一个因素都能够导致投资失败。

综上所述,没有什么事情比在华尔街上获得成功更困难。那些准备不够充分,或者把事情想得太简单的投资者都注定会血本无归。

既然现实如此,那么我们的对策是什么呢?如果这样一幅悲观、黯淡的画面还有光明的一面的话,那么如何才能寻找到光明呢,去华尔街投资又有什么优点呢,这些话题还值得我们去研究吗?

其实,在华尔街投资还是有许多优点的。华尔街每天都有持续稳定的交易量,其股票流动性也令人满意。

也许有人会问:"难道投资房地产不能替代证券投资吗?"当然不能!因为对于普通投资者来说,证券投资相对便捷,而且成本低廉,其流动性也较高,并且证券投资能在很大程度上保护投资者免受欺诈行为的影响,交易相对安全。这是房地产等投资方式不能比拟的。

因此,我的建议是:不要一味排斥华尔街,而要争取在华尔街上做到最好。要学会甄别什么是投资良机,什么是投资陷阱,不要抱着"希望天上掉馅饼"的心态去投资。

股市上有一些基本原则,投资者一定要遵守。比如,我首选购买的股票是那种每天都开盘,并能够正常买卖的股票。因为一只股票的市场越大、成交量越大,那么它的价格也就相对越接近它的合理市价,这对于投资者了解某只股票究竟是赢利还是亏损非常重要。同时,这也有助于投资者在感到风向不对时,能够迅速缩减损失。要知道,这是世界上最好的保护措施,当投资者受到小额损失的时候,能够迅速转移资金,扭转投资方向。

很多投资者可能都有过股市赚钱的经历，但是要知道，在股市里赚钱是很不规律的，往往是此一时彼一时。现在的问题是，有些投资者一旦在股市中获利，无论数量多少，都会受其诱惑而不愿回头，他们宁愿相信前面仍是满地的真金白银。我在这里想告诉人们的是，股市中有风险和陷阱，如何才能尽量地避开它。

如果在你还没有更多了解市场并做好充分准备时，最好不要盲目投资股票，否则，你可能会陷入无法逃避的危险漩涡之中，甚至难以自拔。在股市上，不排除有的证券经纪人为了自身利益，会对投资者采取不负责任的做法——以一个错误的价格主动购买股票，来赚取手续费或是其中的差价。如果你准备充分、头脑清醒的话，就能大大减少这种损失，甚至让那些证券经纪人无法隐瞒给投资者带来损失的事实，或者能够及早地发现隐患。

当然，我说这些并不是要人们"谈股色变"，假如事先考虑到减少股市投资风险的各种措施后，投资股市还是不失为一种让闲置资金保值和增值的最好方式。在人们的现实生活中往往有这样一种现象：当某个人对一种情形了解得越多时，他心中的顾虑也就随之增加，唯恐反复思虑还有不周之处，对股市的了解和判断也是这样。在现实中，我们应当认清这样一个问题：那就是在这个世界上，每个人都有自己的理想与目标，并为其整日奔波忙碌，但最终能够成为真正称职的专业人士的，能够成就自己一番事业的，或者是能够积蓄数量不菲财富的人，只是极少数，而绝大多数人都与自己理想中的目标相去甚远。说句人们可能难以接受的话，那就是这绝大多数人其实都是终日陷于日常琐碎的事务之中，碌碌无为罢了。

我说这些话绝非刻意要打击人们的积极性，而只是在陈述事实。但我认为，这并不妨碍每个人的努力付出和修成正果的比例。即使前面说到的那极少数人，也是通过努力奋斗才从千军万马中脱颖而出的。所以，我们每个人都只能努力做到更好，投资是这样，做其他任何事情也是如此。一个人能否准确意识到现实和理想状态有多大距离，才能衡量出这个人在华尔街投资有多大的成功概率。所以，我再次提醒每一位投资者，一定要认清股市投资风险，否则，华尔街会对任何一位盲目的入市者带来致命伤害。华尔街是个魔幻之地，世界上还没有哪个地方像这里，有些人凭借丰富的实践经验，就可以在短时间内聚敛大量财富！

第 2 章　　必要的投机心态

一说起投资，人们总是会对它寄予过高的期望。人们总是误以为：所谓投资就是要让自己的钱不停地"运作"着。

假如投资就像人们所想的那样，只是低买高卖，然后就能赚取大笔收益，那获利就太简单了。这和寓言故事里的钱生钱就没什么区别了。

假如一位投资者将一笔资金投入股市，这笔资金以每年 6% 的速度增长，12 年后它就能翻一番；假设速度是每年 5%，也只不过花大约 14 年就能增长一倍。这是什么样的一个概念？让我们看看已故的花旗银行总裁法兰克·A. 范德里普在 1933 年 1 月的《星期六晚报》上的一篇报道中是如何解释的吧！范德里普在这篇文章中举了一个形象的例子，他说：假设富可敌国的意大利梅第奇家族在 600 年前的时候，拿出 10 万美元投资股市。又假设每年的收益率以 5% 递增，那么到了 1933 年，这 10 万美元将增值为 517.1 千万亿美元。这是什么样的概念？这么说吧，假如原来投资的那 10 万美元换来的金子可以打造一个直径为 22 厘米的金球，那么最终增值到的这笔 517.1 千万亿美元，如果打造成一个金球的话，这个金球将是全世界黄金货币储备量的 4600 万倍！这就是投资的魔力！

不过，尽管投资看起来非常美好，但它的风险性和复杂性也远远大于以利息或者利润的方式赚钱。要知道，当股价迅速下跌的时候，股票这种投资方式将导致投资人的资金大幅缩水。因此，假如能够事先预测股价将要下跌，那还是尽快将手中的股票变成现钱的好。

物价上涨是投资者的大敌，而且物价往往不仅以递增的方式，而是以倍增的方式上涨。范德里普先生在描述物价上涨的威力时，打了这样一个非常形象的比方：如果一个投资者在 1900 年存了 1000 美元在银行，并且存下复利，那么到了 1920 年，他的 1000 美元就变成 2000 美元。然而，这 20 年间物价也在不断上涨，在 1920 年，这个投资者想要购买 1900 年用 1000 美元所能买到的同样多的东西，总共需要花 3000 美元才行。

货币贬值是对资本保值最大的威胁。还有许多其他的因素也对资本保值构成威胁，比如税收、管制（包括配给制度）、战争、新发明、政策变化乃至爆发革命。此外，自然环境和大众心理的变化也同样会对资本保值产生巨大的影响。

正因为有上述种种影响，因此在现实中，钱自动生钱的美好愿望很难实现。资本若想保值，必须要有所付出。资本并不能简单地和利润画等号。

如果某个机构敢承诺：客户在每年缴纳一定的费用后，就能让客户的资金长期保持一定的购买力。假如这个机构的承诺真的能确保兑现，那么一定会得到无数投资者的狂热追捧。

在投资的道路上障碍重重，但有些人通过教育、实践，以及两者的完美结合培养出一种扫除障碍获得成功的能力。这种人和其他需要资深专业背景的各领域中的成功者一样，都是凤毛麟角。真正一流的投资者，像陆军将军、海军上将、医生、科学家、律师、艺术家、音乐家或者作曲家一样，都是人类的佼佼者。这些一流的投资者比普通投资者更善于投资和投机，并能够屡屡获利，鲜有败绩。这主要是因为他们比常人下了更多的工夫，因此，才能比大多数人更优秀。

本章乃至后面的章节旨在帮助那些意志坚定的少数人获得成功。但是，如果他们不能接受以上观点，那我也没有办法了。

首先，投资者一定要为自己制定一个非常清晰的目标。而且，一定要把投资目标定得稍微高一点，这样才容易成功。此外，目标还必须具有投机性，只有这样才相对安全——虽然这看起来似乎自相矛盾。投资首先是获得股权的一个过程，因此，投资者不会只期待未来的分红，对于回报方式他们并不太在乎。

投资一个项目，其目的在于获得足够多的利润，去抵消整个投资过程中的各种亏损，包括：由个人判断失误带来的损失、流通过程中的贬值、向国家缴纳的赋税，以及一些突发的状况导致投资失败带来的损失。

下定义会让阅读变得索然无味，因为这会让读者有一种阅读教科书的感觉。但是，我还是不得不对本书提及的一些基本经济术语予以强调，因为这些术语会经常出现，而且，这也是许多投资问题的基础。首先，我们将主要针对如何在资产中保持证券和现金的合理比例进行阐释。

什么是资本保存？其实就是把当前额外的消费能力储存起来，为未来所用。这种保存方式应该是能够让这种消费能力随时可以恢复为可用状态，但又不会有较大损失。

"投资"，从根本上说，是让投资者拥有资产的过程，也是通过支付租金的形式，让别人临时使用资金的过程。

"投机"，主要是指买卖股票、期货、商品等的短期投机获利行为。"投机"通过资本交易，以股利和差价的收益来获利。"投机"不仅可以让资本的实际购买力保值，甚至还能增值。

成功的投资就是一场战争，

一场为资金幸存而进行的战争。

第3章　存在完美的投资吗

　　暂时先把理论放在一边，我觉得，大凡普通的投资者都有这样一种想法，即：最好有一种永久的投资品种来保存资金，而且还能得到优厚的回报；并且，当急需现金的时候，又能方便快捷地如数变现。但是，至少就我所知，天下并没有这种"完美的"投资品种。任何可能的投资方式都不免存在一个或者更多的弱点。

　　假如现实中真的有这样一种永久的完美投资品种，它也会在其他重要的细节上出现不足。其中必须要考虑的是，这种投资品种要有能力获得与原来本金相同的购买力，同时还包括进行偿付的收益。这个美好愿望唯一的要求就是能够收回投资，以及使用这笔投资所得到的租金。虽然这件事看起来挺合理的，但是必须注意，这可不是黄金购买合约——与银行以票据形式签订，并且要用黄金实物支付。外行人通常认为"一块钱就是一块钱"，但这些外行往往会忽略——如果鞋子总是磨脚，不久后大脚趾就会将鞋子顶破。至少根据我的经验，完全理想化的"投资"是根本不存在的。

　　为什么完美的投资计划只能存在于理论当中，在现实中却找不到呢？因为，世界上到处都存在风险，在人生的各个领域中充满了不确定性。而且，世界上的财富增长速度不像理论中增长得那样快，尚不足以支付复利。另外，所谓的"金字塔式销售"是一种骗局，它根本不能产生大量的利润。通常，市场调整一方面由破产和其他债务的减少来完成，另一方面是由货币贬值来完成的。这些都是人人皆知的。

因此，各种投资——不仅包括有价证券，还包括诸如保险、房地产、储蓄、贷款等，绝对不会存在只赚不赔的情况。尽管这听起来让人感到沮丧，但在我看来是再正常不过的事了。

经济形势就如同潮水般，起起落落。当债务人处于劣势时，就会一面归咎于"通货紧缩"，一面对"过高的生活开销"展开抨击，直到经济形势好转；而当债权人处于劣势时，大众又抱怨产品价格过低、资金过于匮乏。

第4章 没经验的新手容易掉入陷阱

有人可能在听到我的如下建议之前，就会抱有一种怀疑甚至是否定态度。在此我要申明的是：我的这些建议或者说是忠告，只是说给那些初入此门的普通投资者或投机人听的。我要教给这些新手一些基本投资方法，就像一个人想做厨师，不管你将来的厨艺有多么精湛，但也首先要从如何学着煮鸡蛋这样最简单的尝试开始，没有基本的操作为基础，如果一上来你就要做什么火焰冰激凌之类的，那一定会砸锅的。

如果一些在投资领域驰骋多年，有着丰富经验的老手恰巧看到我的这些建议，再联想到一些承受二级市场之外的风险进行证券投机的人也同样获得了收益的事例，他们也肯定会怀疑我的这些说法，但这也无妨。我承认，在这个世界上赚钱的方法有很多种，只不过那些并不是我们今天所要讨论的内容。

下面还是接着我前面对新手所谈的话题。我个人的看法是：任何一个刚涉足投资领域的人，要想学习成功操盘的基本原理，就必须先在交易活跃的龙头股中学习与实践，不断丰富自己的经验。而与此同时，还有一个重要的因素一定要把控好，即个人情绪——对丰厚回报的贪婪和对失败的恐惧。其实这两种个人情绪在很多投资者身上都存在，关键是你能否理智地掌控自己，尤其是对一个投资新手而言。因为，这些不利因素会严重地影响到你的正确判断，甚至会让你在股市博弈中损失惨重。我曾看到过很多例子，一些人由于受到个人情绪的影响，顺时过于贪婪或逆时过于恐惧，就开始转移自己的投资股了，比如就像从我所建议的龙头股转向其他板块，但是这样的结果未必就好。因为作为一个尚不成熟，又缺乏专业知识的普通股民来说，不可能做到在各种银行股、保险股、新股甚至是暗箱操作的股票中游刃有余，他们面对时下各种热门股的选择时，绝大部分都会带有盲目性，我这样说绝非危言耸听。因此，我要告诉所有投资新手们的是：你们进入华尔街的第一件事，就是要选准正确的方向，从而确定自己要交易的股票是哪一只。

在接下来的实际操作中，有以下原则要遵循。

1. 要限制交易成本

这是一个大的原则。或许有人还不很清楚交易成本是指什么？它不仅是指股票买入价和发售价的差额，而且还包括佣金。事实上，在股票发行中这个差价是很小的，因为当你委托经纪人代理时，按规定佣金是固定、公开的，实际数目并不大；而股票买入价和发售价的差额，则是根据股票的折现能力所变化的。

如果拿新发行的股票和老股的佣金和差价相比，通常的情况是，购买新发行股票的代价要高，有时甚至会高很多。这是因为，由美国证券交易委员会发行的新股往往有数额不菲的认购和配售费用，而这巨大的发行成本经常是被掩盖了，为的是让散户股民能够看到购买这种股票可以获取的利润。当然也有一种情况除外，那就是经纪人能够从原始持有人那里购买到低价股，从而保证赢利空间。

2. 对新股发行价值要有较准确的估计

在新股发行中，假若不能准确地估计新股的发行价值，这也是一个容易引发股价潜在赢利或损失的因素。一般来说，新股价格被低估的情况很少见，即使真有这种情况，由于新股的配股量少，也不会有多大的利润空间。总之，上述这些都是投资者容易遭遇到的风险，提醒新手们要格外注意。至于人们普遍担心是否有投机倒把、哄抬股价、欺诈交易的企业兴风作浪，应该相信随着股市运作机制日臻完善，他们大多都会受到惩罚的，比如限制其交易量，甚至是按规定将其逐出市场等。

3. 尽可能多地了解一些专业内容

新股民由于没有经验，难以区分股市上的所有情况，这一点可以理解。但对一些投资专业术语还是应努力做个了解，比如什么是"二次发售""特殊发行"，什么是"二级市场上的活跃交易"等。

二次发售是一种净价发售——将股票交易价格作为确认净价交易的基础（有时也包括了注册发行），股票价格被限制在美国证券交易委员会允许的水平上发售，是由销售人员以直销方式极力推销的股票或债券。作为初入股市投资领域的新手，应该尽可能多了解专业内的这些内容，包括对那些特殊发售的热门股操作等。

还有净价的场外发行，这是证券配售的第三种方式。其中的净价，是由发行的"要价"加上佣金所组成的。

上述都是一些股市交易方式，新股民们应当了解并熟悉，以避免因不恰当的交易方式给自己带来损失。另外，如果对股市的未来发展目标缺乏足够认识的话，也容易给自己带来损失。现在有一种现象往往被人们忽视，就是有些商人在股票交易时，他们并不想出售对方想买的，而是极力把自己想卖出去的兜售给对方。换句话说就是，你最好是主动地去买东西，而不要被动地接受别人的上门推销。要知道，有很多上门推销里面都有猫腻，你如果盲目接受他们那些模棱两可的投资建议，可能就会有风险存在。当然，股市经纪人也不会推荐太差的股票，因为那样他们就赚不到多少佣金了；他们也不会放过一只赚钱的股票，而愣是推荐投资者去买一只他赚不到钱的股票，因为经纪人最终还是要以他们自己的利益为着眼点的。

在现实中，活跃的流通股还是很受股民欢迎的。因为它最大的优势就是直观、灵活，股民们能够每天捕捉到它的变化，它在股市中的价格一有风吹草动，就会令股民们警觉，可以说是最快的股价风险"指向标"，这一点对于股市新手尤其重要。许多不太活跃的上市股，或者是场外发行的股票的盈亏态势难以被股民们随时了解到，平时人们不掌握其中的情况，而一旦发现它们的问题，则为时晚矣。因为无论是场外发行股，还是不太活跃的上市股，它们的报价只是通过书面形式或是口头形式进行，这就会贻误时机，在股民们还期待着回报时，实际上已经损失了。虽然有些人曾试图事先预测出这种交易中的风险，但遗憾的是，还没有哪一个买家有过准确预测的先例。

证券经纪人和其销售人员，都是股市交易中的活跃人物，他们为了把自己的业务做大、做强，采取过很多办法：比如，其中那些对债券格外感兴趣的人，就组织一些专业人士成立了金融机构，并在现行规则范围内，以合法的方式，在合适的时间内达到他们的目标；还有一些人很早就在投资领域获得了成功，他们后来涉足其他领域，也颇有建树；还有一些精明的客户，由于在股市投资上摸爬滚打多年，现在也成了这方面的专家，他们精于投资之道，而且消息灵通，有的人甚至能够根据股价涨跌之先兆，在价格上涨之前，就会悄悄买进一些并不被人看好的被低估的廉价股。看到这些，可能不少初涉投资领域的新手会羡慕他们的生财之道。我的建议是：不要羡慕，也不要模仿。因为，那些职业冒险家遇到的带极大偶然性的生财之道并不适合于每一个人。

眼下的投资领域有各种不同的投资风格，但集中化的趋势日渐明显。我认为，这种投资理念适合于资本运作，普通投资者不妨试一试。因为在包括房地产、产品贸易、非公开发行股票、境外交易、境外债券等多元化投资方式中，只选择单一的投资产品远比那种涉足多项投资产品的做法要稳妥。在掌控单一产品的选择上，要注意选择并保留在交易量排行榜上活跃的那些热门股，至于其他的股票则要坚决出售，不可有任何犹豫，这样就可以规避许多风险。

说到这里，可能有的读者会问了："热门股肯定是投资者感兴趣的了，但假如人人都选择热门股，会不会形成泡沫？那些小企业、新企业如何筹集资金呢？还有那众多的小经销商和小团队怎么办？"我要说的是：你大可不必担心这种事情。那些不起主导作用的小公司、小企业根本赢不了强势、活跃的龙头企业，也就是说，他们的实力和影响决定了他们只能处于从属地位。

有很多人是倾向于集中化投资这种方式的。事实上，如果一个人投资热门的龙头股并获得成功的话，他就会从中总结出成功的经验及普遍规律，然后可以转换到研究或投资债券方面，这时也就可以知道自己究竟适合做什么了。尽管现实并不是像我说的这么简单，但至少你是找到了一条少走弯路的捷径。不仅是个人，就是投资机构也会根据成功经验和以往的规律去判断、选择，他们有自己的团队，会不时地到一些新企业去调查了解，然后据此做出综合分析，决定在合适的价格、合适的时机买进或是卖出。

我上述所谈的侧重点，是想告诉投资新手如何保存资本，不至于有大的损失的一些方法。我也知道，赞成上述观点的人并不多，而在实践中运用上述方法获得成功的人则更少。不赞成此观点的人认为：如果大家都只向龙头股投资的话，势必会促使该只股票价格迅速上扬，而越来越背离当时的市场趋势。随着这些热门股持续上扬，将会扰乱市场运作，从而吸引那些喜欢低价买进的股民，大量购买那些非热门的股票，因为这些股票会因受到龙头股的制约，迅速下跌或震荡。人们对龙头股的期望不断增强，也可能还会引发股市上的兼并或重组现象增加等，而这对股市未必是件好事情。这些人的想法虽然也不无道理，但我认为人们没有必要对本文所说的一些原理进行质疑。因此我建议，作为一个投资新手，投资股市的首要原则就是向上市的活跃个股集中，这才是你可能会初战告捷的正确方略。

最后，我再一次提醒人们：千万不要相信那些名字看似新颖的新股、垃圾邮件一样的免费建议，以及所谓的机构传真、几毛钱的廉价股等，否则，事后你一定会大呼上当的，因为这里面有很多都是名不符实或者是骗人的东西。

第5章　如何进行资本增值投资

让投资增值是每个投资者的愿望。那么怎样才能让自己的投资增值呢？这里面也有很多学问。假如你刚开始时决定投资活跃的龙头股，那么接下来就要考虑"以增值为目的的投资"了，这才能达到你涉足投资领域的目的。

"以增值为目的的投资"也是一个学习的过程，比如，当你每次决定买入时，都必须将"分红收益"和"股价增长"这两方面做综合考虑。举个例子，如果你拿出1000美元购买股票，其中一只股票，它承诺在购买价格之上每年固定分红50美元，但是在一年内其价格则不会上涨，那么这只股票的预期回报是60~70美元；而另外一只股票，虽然不承诺分红，但它在一年内的价格也许上涨一倍，那这只股票的预期回报将达到1000美元。那么，你会选择哪只股票呢？

如果让我来选择，我肯定选择预期回报高的股票。那些只能仅"维持投资分红"或者只获得"红利收入"的股票，我建议你们连碰也不要去碰。买这些股票，还不如让钱存在银行呢！成功的专业投资者与屡战屡败的业余投资者的最大区别恰恰就在这儿。有些谨慎稳妥的人喜欢通过这种方式来规避市场风险，不过，他们也会错过许多高额回报。不过，股市的风险，即股价下跌的可能性也不能被忽视。成功的专业投资者往往会在判断形势之后，寻找对自己最有利的时机进行交易。真正以满足生活开支为目的的投资，通常是在下跌到止损点（即一个事先确定卖出的固定百分比）的时候，就要赶紧卖出。但如果这样做，买入预期回报高的股票就不划算了。预期回报高的股票，有时候能赚到足够多的利润，以满足生活开销。但这种股票也有相当的可能不会增值，甚至还有可能会让本金亏损。但即使这样，我还是倾向于购买预期回报高的股票，我觉得这比仅为了"收入"而买股票更明智。

要想提升水平，没有什么捷径，除非你不断实践。而大多数投资者缺乏的恰恰就是实践。刚刚涉足投资领域的他们缺少经验，并且，不幸的是，其中的大多数人会对所谓的"股票经纪人""投资专家"言听计从。而这些所谓的专家们，要么是一些滥竽充数之辈，要么是不顾市场行情故意诱导投资者。总之，投资者要想真正成长起来，除了亲身实践外，别无他法。

就我看来，形势不同了，情况也就不一样了。因此，买入一只股票，若干年后无论是盈还是亏，都不能说明什么。在几年前，我非常羡慕那种不用付出高额的代价作为学费，就能获得丰富市场知识的人。因此，我制定了一个学习方法：就是要始终保持稳定的状况，始终力争在或长或短的好时机上选择最合适的个股，尽量避免以差不多的价格买入卖出一只股票。而且我认为我这种学习方法所需的资金最少。对初学投资的人来说，应该先结清前一只股票，之后再买入下一只股票，这样可以最大可能地降低风险。但很多新手并不是这样操作，他们通常是一只接一只地交替购买股票，而大盘一旦向下，他们经常在还没有反应过来时就已经被套牢了。因此，效法我的学习方法的新手们，你们只能坚定信念，在同一时间持有一只股票。因此，你们必须慎重地考虑，这只股票是否继续持有，是买涨还是买跌，是否需要换手等。这种实战的学习方法，与当前流行的模拟"纸上交易"相比，差异很大，但非常有助于新手们掌握交易技巧，获得投资经验。因为所谓的"纸上交易"，只是对投资流程的一种模拟，却完全没有考虑到投资者的心理作用——这些心理作用源自人类天性中对失败的恐惧或者对财富的贪婪。我认为，使用我的学习方法的新手们，如果你觉得没有遇到值得买入或者卖出的股票，那么最好彻底超然于市场之外。

如果你经常将股票换手，那么我敢打赌，那些总是悲观地声称自己陷入困境的大多数人会立刻改变他们的观点。通过这样的方法，也能让投资新手们意识到：交易时机的选择是最为重要的——必须在刚开始上涨时买入，必须尽快做出决定：究竟买 100 股平均价格的股票，还是买 50 股高价股，抑或买 200 股低价股，又或者买 10 种不同的股票各 10 股……在一段很短的时间内，每种情况的优势、劣势都一目了然，这时，稍微的观察就能很好地发挥经验的作用。

当然，要想做到这一点，就必须每天花一定的时间到投资上。天下没有其他的事情能比在投资上投入时间更合乎逻辑，而且也没有什么事情能更让人惊奇了。因为，投资需要花费不少时间。人们在赚够生活花费和基本费用后，还必须花上几个月才能赚到更多的钱用于积累。但是，很多人又会把其中的一大部分挥霍掉。因此，必须在投资上投入许多时间和精力，这样才能确保资金有所积累。与传统营生方式相比，人们在进行投资时，他们存下来的盈余（而不是不确定的预期资产）在许多情况下都会成为增加个人财富更有利的因素。

我建议新手们在投资初期多实践，多积累经验，但投入的资金规模不宜过大。最好不要超过个人资产的 10%。比如，你只拿出 5000 美元来投资，无论是赚了还是亏了，都不会超过 5000 美元。只有在不断的失误和不断的实践中，才能取得进步，而这显然需要花费一定的时间。此外，自我节制也非常重要——控制自己消费的欲望，把赚到的资金尽量积攒下来。有时候，由于经济的原因会导致货币购买力迅速下降，这一时期，也许你将会损失很多。但好在你只拿出了个人资产的 10% 用来缴学费，所以损失非常有限。或许有很多具有更强投资欲望的投资者觉得：10% 的比率太低、太保守了！他们愿意冒更大的风险，拿出更高的比率去投资，也许他们会获得一定的成功，但对于新手来说，10% 足矣。

前面提到，要想学到投资经验，必须每天拿出一定时间来用于投资实践。但问题是，读者们是否能挤出时间经营自己的投资？显然，不从日常生活中抽出一定的时间，是很难获得成功的。

我认为，在大多数情况下，人们抽出一部分时间用于投资理财，所获得的收益将远远多于将100%的精力投入到正式职业中所获得的收益。如果一个人有本职工作，而且实在无法抽出时间兼职做一些投资理财工作的话，那么就选择把整个理财事务委托给他人打理吧。读完这个章节之后，你要做出决定，究竟是把理财当作处理私人的事情，还是把它变成专业的事务。如果想把它变成专业的事务，那你就要找专业人士来指导你。另一方面，如果你投入了许多时间，投入了许多金钱，经过投资实践之后，却发现自己根本没有从事投资的天赋，那么也不要灰心和沮丧，回头是岸——将所有的时间投入到自己擅长的事业上去。我认为，如果你能迅速地做出抉择，那也是一个不小的收获。因为对于投资而言，要么投入大量的时间精力，要么就干脆什么都不投入。如果只投入一点时间和精力，那和不投入没什么两样。

接下来，也许有读者要问了：究竟是短线操作好还是长期投资好呢？我认为：如果不考虑税金和交易费用的话，短线操作更好。因为我们投资的目的是为了增值，而保持一种状态的时间长短和投资是否增值没有必然联系。而且，短线操作可以更迅速地积累经验。

虽然长线投资有可能会让投资者发一笔横财，但也很容易让投资者深陷困境。而短线操作则不然，如果熟练掌握它，它将比长线投资更加可靠。就算是投资者频繁买入卖出，就算没有获得什么收益，但投资者在频繁的买卖过程中，能够逐渐领悟到投资的真谛。而且，通过频繁地买卖，投资者反倒能使心态更加平和，而且会形成更加独到的眼光。在长线投资中，很多投资者的神经时时刻刻都紧绷着，他们对毫无理由的下跌甚至探底感到无比担忧。但在短线投资者这儿，这种忧虑基本可以无视。此外，短线操作还有许多其他的优势。也许有人不同意我的观点，他们认为：在长线操作中更容易拥有平和的心态。但是就我对1921年以来数以千计的股票账户的观察，这不过是一个很流行的谬论。

虽然我非常推崇"短线投资"，但我绝不建议投资者们在买卖股票的时候草率行事。我觉得，如果没有充分的理由，绝不要草草地卖掉一只股票。许多进行长线投资的投资者，由于缺乏对于投资环境变化的警醒，因此当预示形势变化的信号出现时，他们觉得这只是暂时性的，从而掉以轻心。这些长线投资者在大多数情况下能够判断正确，但最终他们总会遭遇失误，以付出惨痛代价而告终。短线投资法在某种程度上可以规避这一风险，因此从事短线操作的投资者，只要一有恰当的理由，就卖出股票。而且，一旦形势发生逆转，还可以重新建仓。这样做，有时候可以获利，但有时候也会受到小的损失。但即使蒙受损失，也只是相当于投资者付出一些保险费而已。

从事长线操作的投资者，有时候也会意外地碰到一些蓝筹股，于是他们买入并长期持有。这些投资者幻想着自己捡到了宝贝。虽然也许他们能侥幸保全自己的投资，但是更多时候他会遭受沉重的打击。

不过，长线投资也并非一无是处，它也有它的价值。尤其是在最近一段时期，由于税收政策的原因，人们不得不由短线转为长线投资。尽管这样，在学习投资之初，最好还是先采用"短线操作"的原则。

不过，现实生活中没有什么万能的原则。长线投资和短线投资都是如此。在持续的、一系列的短期上扬的市场行情下，试着做长线投资也行。不过要小心危机四伏的局势，尤其要留意那些生死攸关的、卖出的最后时机，那种时机，最初看上去都像一波小的高峰。

第6章　投机与投资

　　投身股市，能够得到多少回报呢？也许有人会告诉你一组投资收益率的数字——3%、4%、5%，甚至他们还会用"股息""利息"等方式向你表述。可这在我眼里是相当可笑的事，因为这种计算回报的方法实在太简单了。然而，事实上，这种计算回报的方法在广大投资者中，比如买家、卖家，甚至所有股市内外的人中间广为流行。

　　毫无疑问，一定会有一些普通投资者对这种计算回报的方法深信不疑。其实，这就像人生一样，人们总会有走错路的时候。不过我们必须学会质疑大多数人，因为有时候真理恰恰是掌握在少数人的手中。

　　因此，不要奢求通过小额回报来维持稳定收入。与其依靠小心谨慎的投资来达到减损增利的目标，那我宁可选择投机。

　　在我看来，一个理想的投资计划，最终是要让投资者的资金成倍增加，退一万步讲，至少要让投资者的资金保值。如果达不到这一目标，那绝对不是一个好的投资计划。

　　当然，要想让资金成倍增加，还取决于这个投资者拿出多少资金用来投资。对于一般的投资者来说，拿适量的资金来投资，比拿出巨额资金更好，因为适量的资金更容易运作。如果你手里正好有一笔宽裕的资金，那也不见得你要将全部的资金都用来投资，而是量力而行。只使用整个款项中相对数量的部分资金，然后将剩下的资金存在银行里，作为后备资金。直到有一天，你觉得自己已经有足够的能力运作巨额的资金，那时候你再动用全部的资金。

举个例子，也许大多数读者虽然没经历过华尔街的腥风血雨，但他们也拥有不少专业的实践经验，同时他们也有着稳定的收入和几十万美元的本钱。在正常的市场环境下，他们操作 100000 美元是没有问题的，不过这很难证明他们的投资能力。而且，没有必要用这么多的资金去冒险。如果他们只是想证明自己的投资能力，没必要非得尝试让 100000 美元翻倍，只要能顺利地让 25000 美元在一年内翻一番变成 50000 美元，那么他们的投资能力就已经得到证实了。就算是投资失败，也不过是损失掉 25000 美元罢了，那总比损失掉 100000 美元要好。

当然，无论 25000 美元也好，还是 100000 美元也好，这只不过是我举的例子而已。实际的投资金额是投资者的个人问题，我也只不过是提出一些观点，供读者开拓思路。而不是给读者提供一个模板，比如：必须拿 100000 美元，或者必须拿 25000 美元投资，我的本意并不是这样的。因为，依据个人能力不同，有的人运作 100000 美元，简直是举重若轻；而有的人要是运作这么大一笔资金，简直是不堪重负。

不过绝大多数投资者没有 100000 美元作为启动资金。因此我特别建议，在投资之前一定要拿出一个完整的、能够使自己赢利的投资计划。比如设定一个目标，让自己的投资翻倍。也许这个目标实现起来很难，但我想大家都能明白"取法乎上，得乎其中；取法乎中，得乎其下"的道理。如果一开始就制定过低的目标，那很可能到最后什么钱也赚不到。

也许有些读者会担忧，如果通货膨胀一点点地侵蚀余下的闲置资金怎么办？我想说的是，这种风险的确存在，但是当你真正了解了市场投机之后，你就会发现，通货膨胀导致资金损失的风险要远远小于市场投机的风险。

在这时，如果我举某个投资者的例子，比如说他试图挽救自己失败的投资，或者举例子说某个投资者原本打算让投资翻一番，最后却只把利润由 25% 增加到了 50%。我举这些例子，好像都有些不合时宜。实际上，如果读者仔细想一想，都不难看出，这样做其实还算合乎逻辑。一些投资者在投资股市的同时，自己也在通过工作努力赚钱，而不是把全部资金投入股市，结果到最后落得个一贫如洗。对这些投资者，有多少人能有真正的认识？

在某种意义上，"用大量资金投资"和"用部分资金投资"，这两种投资方式无法直接进行比较。如果你只想安安稳稳地得到 6% 的收益，那就可以像一位退休在家的人一样，悠闲地坐等鱼儿上钩。而若想让自己的钱翻倍增值，就必须花费很多财力、精力，积极努力实现这一目标。

第7章　投资者的稳健会计核算

投资者为了保存资本的购买力，将资产的一部分投资于证券。在这一投资过程中，读者们必须擦亮眼睛，认清当前流行的一些关于"收入"问题的谬论，并且将这种想法果断地放弃。

怎样合理地计算并支配自己的收入呢？

我认为，唯一合理的方案是：一方面，定期计算自己股市账户的价值（包括股息、红利，需要从上次清算和付税之日起开始计算）；另一方面，按照预先的规划，取出一部分资金用于维持生活的基本消费。例如，每季度拿出资金的 1.5% 用于消费，或者根据实际情况制定比例。假如你采用每季度 1.5% 作为标准，那根据市场行情不同，有时候这笔钱会低于实际的账面"收入"，而有时则会高于。但无论是低还是高，都不能影响到你投资时做的决定。投资者最终关心的是：定期清算后，账面上的收益是否超过这个 1.5% 的比例。这要看具体的情况：例如，投资整体获得了 6% 的收益，而资本价值却保持不变；或投资获得 3% 的收益，而资本价值一年内也增加了 3%；或者，在股息和红利方面一无所获，而资本在市场上增值 6%。

不过，不管是盈还是亏，或是盈亏持平，我认为 6%，即每季度 1.5% 的开支比例，是完全合理的。如果是我，我一定会选择这一比例的。这样做，当赢利的时候，人们的开支自然就会按比例增加；当账面亏损的时候，开支自然就会减少。假设净资产为 100000 美元，按照 6%

的比例，每年的开支为 6000 美元；投资一年之后，如果净资产增加到 150000 美元，那么每月开支也将增加到 9000 美元；反过来，假如净资产下降到 50000 美元，那就只有 3000 美元可供支出了。这种规划开支的方法非常简单易行，虽然也许投资者账面资金透支，减少现金量，甚至会让投资者不得不变卖部分固定资产，或者增加负债。但这种方法还是有许多优点的。因为首先，这种规划开支的方法，可以让投资者避免进入过时的"收入"观念的误区。打个比方，某人以 1 美元的发行价格购买一只预期赢利为 6% 的债券。假如，一年以后以 70 美分的价格卖掉，虽然能收回 6% 的收入，但事实上，如果投资了 1000 美元，利息收入 60 美元，本金的市值只剩 700 美元，出现了 240 美元的净亏损。这样算来，那还不如把这 1000 美元存在银行里不去投资，提取 6% 也就是 60 美元用来消费，这样的话一年下来还能剩余 940 美元，净亏损只有 60 美元。抑或购买那种无固定收益但能增值 50% 的激进型的理财产品，这种产品一年下来会达到 1500 美元的市场价值，扣除放弃的 6% 的债券利息收入，即 90 美元，还能剩余 1410 美元。

当然，买激进型的理财产品很可能不赚反赔。但是，假如操作得法，也有成功的可能性。我认为，如果在投资的时候把"收入"二字看得太重，太在意一城一地的得失，就很难合理地进行投资。因此，按照我前面提到的方法去操作，就可以尽量客观地做出判断，避免许多人为因素的干扰。而且，这样做必然可以打开一条通往更大成功的道路。还有一点也很重要，在投资者操作信托账户时，依照我前面介绍的方法，对资产的市场价值进行定期清算，这也是非常重要的。受托管的一方如果是以"保本"作为目标进行证券投资，他们在出现错误的时候，往往会竭尽全力避免亏损。可是，如果一切"顺应市场变化"，那么，他们在改变投资方向时就不会犹豫不决。个人投资者必须重视账目清算工作。如果可能的话，最好每个月都对资产的变化进行一次清算。而且，如果要按照清算价值结清账户的话，还要预留出一些资金，用于支付税款。这样既可以防止过度交易，也可以防止对利润过高估计；还可以防止因为税务因素导致的犹豫不决，不愿交易；这样做的好处还有许多，在这里就不一一列举了。

另外，无论最后是否兑现利润或者清算亏损，都一定要预留一笔资金，以备纳税之用。因为到了年底，税收等级也许会发生变化。如果在下一个结算年中，实际利润刚好够提高税收等级，那么这样做也会让投资者在随后交易中的税后净利润相对较少，不适用提高了的纳税标准。

此外，在进行每笔交易之前都要好好衡量一下预期收益和能承受的风险，这非常重要。所以，比起高税收等级的投资者，低税收等级的投资者可以把仓位建得更高、承担更大的风险。

第8章　为什么不能随便下单

不要匆匆忙忙地杀入证券市场。在进入之前，先弄清楚几个问题——为什么要建仓，自己的预期是什么，打算持有多长时间，能够承担多大的风险？对我而言，我通常在建仓之前就一定要把这些问题搞清楚，这样我才能确定合理的价位和恰当的清仓时机。

我觉得，千万不要草率地做出清仓决定，当然，毫无理由地将股票放在一边置之不理也不可取。如果你确信，某一只龙头股将会在短期内出现一波有力的行情，那你就快速跟进；可如果不幸判断错误——它并未按预期上涨，那就要毫不犹豫地清仓。当你在建仓的时候，如果只是把它当作一次短线交易的手段，并不在乎它的价值，但你也应该慎重，不要因此而把它视作一次随意的投资。另一方面，如果你预感在两个月之后红利会增加，那么你就坚定地购买这只股票吧。除非你能肯定预期的分红无法兑现，或者由于行情的变化导致舆论认为这只股票无法高派现了，如果这样的话，你再考虑卖出这只股票吧。

在决定卖出股票之前，心里先要确定一个止损卖出或获利出货的价位点。如果你对收益的期望值越低，你获得成功的概率就越小。如果你预期的风险率小于1~2个百分点，那你将赚不到什么钱，因为扣除的佣金和缴纳的税金把这1~2个百分点的收益抵消了。当然，你把风险率定于1~2个百分点的时候，你的判断正确率几乎能达到100%，只是不赚钱罢了。在理论上，你可以把预期风险率从3%提升到30%，不过，人们认为要想实现30%的收益几乎是不太可能的。因此，在中间这段时期不要轻举妄动，而要慢慢找到一个最恰当的点，再开始行动。

我的看法是，在刚开始投资的时候，不要一上来就酝酿大规模的交易——这是相对于可用资金总量而言的。投资者应该力争用小规模的交易，去博得长期收益。与其用1000股股票在短期内获得1个点的收益，倒不如用100股同样的股票获得1个点的长期收益。因为这样做可以让你减轻资金压力，预留下足够的现金，以应对各种突发状况。在交易的时候，在做出任何投资决策时，都应该从经济的方面去考虑，而不应该从欲望、恐惧、贪婪等这些人性的弱点出发。因为这些人性的弱点会对你的证券投资造成毁灭性打击。另外，要想让你的投资账户运作良好，一定要有充足的保证金。如果交易所向你发出"追加保证金通知"，那我只能遗憾地说，你的运作太糟糕了。

我比较反对利用保证金或者依靠借贷来投资。除非少数极特殊的情况，比如：资金实在不足——其实，即便资金不足，也可以试着进行一些短线交易。总之，我觉得利用保证金或者依靠借贷来投资是毫无必要的，与其那样做，还不如提高你的资金运作效率呢！资金运作效率高，即便投入规模小，也能获得巨大的回报。过度投机也是不可取的，因为它有很多弊端。

另一方面，如果资金运作效率太低，就必须通过大规模的投入来保证利润的获得。可最终的损失也很可能抵消掉前期的收益。我承认，我也曾经发表过一些文章，阐述在通货膨胀时期借贷投资的优势，但我的观点都是相对的。在一些特殊情况下，需要靠借贷来周转资金，但即使是借贷，也最好采用合理的小额借贷。时下流行的大比例保证金交易的方式，风险系数实在是太高。

从持有股票的种类来看，持有很多种零散的股票，还不如重仓持有某种或几种较大数量的股票。

不过，重仓持有并不意味着倾囊买入。我认为，重仓持有的股票总额应该控制在可用资金的30%以内。在进行大宗交易之前，最好先用充足的理由说服自己。因为只有你对这只股票的情况进行了透彻的了解之后，才相当于为你的投资安全和收益上了一层保险。否则的话，只要有一点点失败，损失就会被无限放大。但如果你用小额购买了很多种股票，由于金额数量少，在建仓时往往会麻痹大意。即便出现了损失，也会因其金额较小而忽略，但是，这些少量损失累计在一起，却是惊人的数字。因此，在购买股票的时候不要过度多样化，那只是投资者掩饰无知的一种拙劣方法。

第9章 安全策略中的"不可为"

投资中要保证资金安全必须克服以上几章提出的那些障碍，如货币购买力的变化、政策、战争因素、普通投资者的情绪影响及正常的个股的涨跌起伏等，记住：永远不要奢望找到一种一成不变的投资法则——那是不存在的！如果天下真的存在一种能够解决投资过程中所有困难的"万灵公式"的话，那么投资也就不会成为"一场关乎生死的战斗"了。

这一章主要讨论的是如何改变投资者的投资思路以期获得更好的回报。这并非一个"不可能完成的任务"，只要我们为之努力付出，就完全能够实现目标。

在前面的几章里，我们已经简单地列举了一些必要条件，如对困难的充分认识和树立明确的目标等，接下来，我们还应该记住下面这个基本的操作原则。那就是：千万不要草率投资，无论你是为了谋生，还是为了"让自己的闲置资金得到利用"，或者只是"对抗通货膨胀"，除非你的选股能力非常强，否则，贸然出击会让你得不偿失。

遵照这一原则，投资者在买入任何股票之前都需要经过认真细致的分析和判断，只有认为获利的可能性远远大于可以预见的风险的时候，才可以行动。而且，还需要小心谨慎地对待这些风险。

我们开始投资时，一定要对它的前景有所预期。一个优质的投资项目，在未来能够产生可观的利润，让投资者的资本增值，同时又不必冒太大风险，那么它就值得我们为它投入大量的资金。

换句话说，如果投资者具备了这样的选股能力，就应该集中资金选一两只股票，至多三四只股票——这就足够了。只要你在购买之前是经过精挑细选的，并且在最佳的时机买入，那么你将获得最大的潜在收益，并使你的可用资产的风险降至最低。

因此，要么就别买股票，要买的话，就只在最好的时机买入最好的股票。

可是，在买股票的时候该如何降低风险呢？

有两个方法：一是要认真选择，二是要确保手上留有大量现金以备周转。

如果你集中资金，把精力放在少数几只股票上，那么你就有足够多的时间去研究、分析每一只股票，尽可能地掌握它们的每一个细节。

怎样在最好的时机买入最好的股票？降低风险的方法有两个：只投资一只或几只股票可以保证投资者有充足的时间来研究每只股票，并掌握更多的重要细节。

除了避免投资的多样化以外，让资金适时地闲置也是必要的，只有这样，才会真正从众多亏损股票中甄别出那些物超所值的低价股，并等它一跃成为高价股后而获利，当然，这样的股票可谓百里挑一。不过，你要知道，正因为大多数投资者因为惧怕风险不敢买入低价股，才使得这样"天上掉馅饼"的机会一直存在。

相反，一旦某只股票受到众多股民的追捧，大家都在争先恐后地购买，就应该远离它。成功的投资者总是在市场过热的时候让自己的资金暂时"落袋为安"。只有当较好的利润可以预期时，才会再次出手。记住：任何时候都不要满仓！它会占用你所有的精力和财力，而且，那些你没有预见到的新情况会顷刻间颠覆整个局面。

的确，在美国，现金的购买力会持续下降，但是，起码在我们有生之年，货币购买力下降的速度还是要比股市下跌中资产的快速缩水速度缓慢许多。更别提在股票买进卖出中赚取差额了，这才是所有交易者关注的焦点。

　　要想在投资存亡生死战中获得成功，必须掌握的另一个基本原则是学会着眼于长远的投资效果，而不是只计较眼前的得失。无论是购买单只股票还是进行投资组合，如果短期内过分追求预定投资收益的话，势必要加大投资力度至满仓——这很容易导致失败。真正的投资目标评价应该是通过一个较长时间的周期性投资而获得较为满意的平均利润，无论年景的好坏。

　　这一观点看上去好像显得太投机了，但事实证明，它比那些为广大投资者所熟知的其他原则更为稳妥和安全。

第 10 章　读懂公司财务报表

我始终认为：不要奢望从大多数上市公司的报告中得到有用的信息，除非你具备独特视角。要知道，只有那些行业专家才会使用会计测试的专业方法，结合他们掌握的行业内部信息，将各种综合情况分析得明明白白，从而得出需要的结论。

而绝大多数投资者并不具备如此高深的专业知识，这导致他们在做出判断时难免有失偏颇，普通投资者往往习惯性地依据公司业绩报告的标题来判断公司的真实情况，而不是对企业情况进行全面了解，凡此种种都可以解释为什么在大多数交易中的出价和实际价格背离甚远了。

这个简单的方法会使你的交易更加接近实际估价，那就是：不要追加投资在那些没有现金流来改进工厂设备、增加运营资金和进行股利分配的企业（年轻且快速成长的企业另当别论），如果是成熟的大企业，此种状况的出现往往是企业行业利润率不高、管理不善或盲目扩张的后果。

现在有许多企业维持自身发展的新资金来源于高额借贷或发行优先股，可这些筹措资金究竟有多大部分或在多长时间内才能变成企业自身的赢利资产是一个需要商榷的问题，当然，这个问题过于繁杂，已经远远超出了我们普通投资者或统计分析人员的决策范围。

此外，要重点关注销售企业的财务状况，尤其是那些销售价格波动较大的大宗商品的企业，有些大宗产品在经历了采购、促销、销售及售后的全过程后却没能带来预期的销售利润和生产利润，只能依靠涨价才能赚取些许利润，反之就要赔本。公司只有放弃经营大宗商品转向去经营日用品以降低管理费用。要知道，一些销售企业的股票价格会在商品的销售旺季飙升。我的观点是，要时刻保持清醒，坚持自己买进这只股票时的出发点才不会迷失。当然，也有一些公司总是能保持财务的稳健发展，虽然销售也是它的主营业务。

只有垄断行业才不必体验竞争的残酷，否则，高额的利润率无疑会加剧企业间的竞争，投资者会格外关注那些只需要很少的固定资产，特别是用较少的运营资本获得较高利润的行业。所以，当企业在股东的允许下减记固定资产（降低资产的账面价值）时，往往预示着股价即将被推高，这种"计策"被企业广为利用，即使它很不体面很不光彩，甚至会给企业形象抹黑。但对投资者来说，能够准确预见此种消息的话是可以考虑买进的。但切记持有时间不宜过长，以免股价回调造成不必要的损失。

仔细分析企业的资产负债表会帮你找到值得投资的企业。这样的企业很多，它们的共同点是：不管财务报告利润是多少，总有充足的资金收益用来负担支出，如清偿债务、增加运营资金、维持或者扩大生产规模和效率，以及支付股息红利等。在众多的企业当中，我个人更看好商业和制造业的利润，有些企业的零售利润相当可观，甚至有些企业的经营业绩也可以和其他普通行业旗鼓相当。

新兴行业在美国历来受到投资者青睐，但过分的追捧往往意味着风险，如果是在经济萧条期，企业能以很低的价格增加固定资产，那么投资者冒这样的风险还算值得，如果在经济繁荣时期，这样的风险就会加大很多，除非企业税后的预期利润可以在短时间内摊平由于扩大生产而增加的成本，甚至能够达到用原设备生产时的平均水平。

一个简单的例子可以说明这个问题：一个工厂原来生产平均价值为100万美元的产品，可获年利润10万美元，在经济繁荣时期它如果想增加价值50万美元的产量，就要增加产量价值2倍的成本，即100万美元，这部分因经济繁荣时期而增加的额外成本如果可以被增加成本后的第一年获得的利润抵消，扩大生产还是行得通的。

如果增加产量后，必须靠提高产品价格以摊平资产账目上的再生产成本，这样的扩张就是盲目的，应该延迟进行。

此外，投资者在情况分析时要注意企业是否预留一些扣税后的额外折旧空间，由于税法限定设备折旧费用不得超过设备原值的一定比例，但这一比例往往低于实际上设备更新的成本，这使得某些企业的实际收益能力远远低于表面看上去的收益能力，也会使企业因设备更新的成本不断增加而陷入资金短缺。

现在，越来越多的公司，包括新泽西标准石油、海湾石油公司、国际纸业公司、辛克莱石油公司等大型企业，在其年报中加入了现金流量表，用来说明他们在这一年中所有资金的收支情况。那么，什么是现金流呢，"现金流"是登录账目时用来表示进账和支出的专业术语，通过它可以帮助你更加清晰地看出问题的实质。

这些大型企业对现金流极为重视，国际纸业的财务报告标题为"综合财务摘要——减少流动资金的详细说明"，海湾石油为"资金使用情况"。而新泽西标准石油所提供的财务报告更加详尽地给出了六年内流动资金的综合情况。

以下是新泽西标准石油六年财务报告的一个截面（1955—1956 年）（见表 1）和辛克莱石油 1956 年的财务报表（见表 2），通过以上两份图表可以看出财务报告的重要性。

表1　新泽西标准石油两年内流动资金的综合情况

单位：　百万美元

	1956 年	1955 年
资金来源		
原油、产品和服务的销售	712.7	627.2
投资收入	15.5	14.3
资产销售收入	2.6	3.4
长期借款变动净额	2.7	6.1
其他净收入	2.5	3.0
总资金收入	736	648
资金分配		
购买石油、原材料和服务	453.4	390.5
工资和雇员红利	90.6	83.9
税收	57	54.4
资产、工厂和设备的额外支出	88.8	69
股东分配	41.2	34.3
附属企业股东分配	42	39
资金总支出	735.2	636
流动资金的增加额	8	12

表 2　辛克莱石油 1956 年的财务报表

单位：百万美元

资金来源	
固定收入	91.1
出售 W. H. 公司的股权	4.8
非现金收入	101.2
出售非转换公司债	167.2
出售资产	7.0
其他净收入	4.5
合计	375.8
资金分配	
资本支出	180.3
投资	52.5
股息	44.3
长期债务支出	18.4
合计	295.5
流动资金增加总额	−80.3

第 11 章　财经消息中的"好"与"坏"

一般情况下，如果普通的投资者打算购买某只股票，一定会被种种原因所驱使：或者是该股票此前的行情分析让他印象深刻；或者是该股票的一次价格波动让他对其深信不疑；或者是他从某种渠道获得了"权威消息"。总而言之，投资者看好某只股票不外乎这些缘由。

其实，只有很少的人能够准确地判断出哪些"消息"有价值，哪些"消息"是误导，对于大多数人来说，他们还不具备这种能力。那些向股民们散布虚假消息的人都是些别有用心或者非常愚蠢的人。换句话说，即使这些消息本身是对的，但它们对市场的深层意义和影响，在大多数情况下普通投资者也是难以理解的。证券交易委员会和纽约证券交易所够权威和专业的吧，可它们发布的各种信息也同样没用。这样也有好处，可以让那些所谓的"内部人士"和所有证券交易者基本处在了平等的位置上，他们无法再像过去那样占据获取信息的有利地位了。客观地说，即使这些"内部人士"有提前得到消息的机会，除非这些消息准确无误，他们可以抢占先机，否则他们中的大多数人也难以从中获利。再来说投资者，即使他们偶尔得到了某些准确而重要的消息，但却又不懂得如何在股市上利用，白白地丧失机会。所以说，能否将消息层面的东西转化为收益目标的实现，不仅是人们千方百计获取消息的动力，也是考验一个投资者投资的基本能力，无论过去、现在还是将来都概莫能外。

举个例子，美国铁路运输业曾根据美国政府州际商务委员会的要求公开发布了大量数据。但是，这些重要消息却没有产生任何作用，或者说没有让广大投资者赚到一点儿钱。这里可能存在两方面问题：一是投资者是否平等地获得了真实的消息？二是投资者虽然得到的消息是平等和真实的，但他们自身缺乏分析判断能力，又没有人来帮助他们，所以这些重要的消息在他们那里就变得毫无价值了。我分析第二种可能性更大些。我还听说有一家公司的管理层私下表决通过了一个分红方案，这个方案的内容远远超出人们所预料的，他们曾设想方案出台后会引起轰动，但后来市场对这一消息的反应却令他们始料不及。

不实消息带给人们的危害是显而易见的。多年来，为了切实抑制不实消息的传播，人们做了很多努力。比如，美国证券交易委员会就曾对证券市场进行了专门研究，报告的结论以及提醒与忠告，无疑对股市上的人们，尤其是那些外行人都会有许多帮助。如果人们都能仔细阅读，一定会受益匪浅。不过，与要想阻止那些谣言传播和不负责任的观点、建议的难度相比，这种做法恐怕也是很难奏效的。

令人遗憾的是，现在有些人连脑子也懒得动了，他们滥用某些合法的市场机制，总是盼着天上掉馅饼，希望照着别人的建议就能快捷轻松地赚钱。结果呢？他们总是以失败而告终，一次次地投入多少，又一次次地收回多少，根本无利可图。显然，他们忘记了"适者生存"这条亘古不变的老规律，这些人总想搭别人的便车，最后必然是被淘汰出局。与这种人不同的是，也有很多人对自己的投资和交易行为非常认真，他们不仅诚恳地希望别人对自己的投资理财给予帮助，而且还真心实意地回报别人，不仅是酬金方式，更重要的是"信任"二字。充分信任自己的顾问，坚信他做出的判断，当某些难以避免的失误出现时，依然对自己的顾问充满信心。与这样的投资者相处，真是理财专家们的幸运。

不过，我还是要给这一类投资者一点忠告，即当你面对某些消息的分析或专家的建议时，一定不要被这些建议、消息是所谓"专门研究"

"内部途径"的来头所左右。你必须要清楚，找专家给你提出一些如何在股市上获利的好建议并不难，难的是针对还未上市的某些股票，让专家给出一些有价值的建议。事实上，这是任何专家都不可能做到的。如果你仔细想一想就明白了，那些专家在他们熟悉的领域，指导你把握时机赚钱是一回事；而要他们在任何情况下都能预知每只股票是否有价值，并给你阐释消息或提出建议就是另一回事了。如果某位专家真能那样神，包括对投资者提出的所有问题都对答如流，我倒开始对他产生怀疑了。我觉得，与投资者咨询时的专家有问必答相比，还是无偿获得的建议更有优势。

有些投资者总喜欢不停地问别人："我怎样才能防止亏损呢？""我什么时候卖出股票才能获利呢？""听说金字塔式投资会让资产快速增长，我该怎么操作呢？"等，总是一遍又一遍地征求别人的意见。说句这些人不爱听的话，根据我这么多年的经验，虽然这些人"不耻下问"，但我知道，真正能够提供有价值消息的人，是绝对不会向这些人提供的。唯一例外的可能就是他们之间的关系相当密切。

最后，我还有一个建议给投资者：你的账户里是否还有那些已经过时的所谓热门股或以往运气欠佳而未抛出去的股票？如果不考虑税务问题，你与其留着那些股票还不如在账户里放上现金更好。想想看，我说的是否有道理？

第 12 章　选股与择时

在现实中，让投资者尤其是一些新手经常感到困惑的是，究竟买什么样的股票好？什么时候买入好？这些的确是投资中很重要的问题。我发现，有些投资者只对那些有巨大增值潜力的股票感兴趣，甚至被视为投资原则。当然，购买有巨大增值潜力的股票并从中获得丰厚回报，肯定是一种理想的投资了，然而从长远看，这只不过是投资者的一厢情愿罢了。

事实上，任何人在投资中都必须要适度妥协才可以，没有人会相信能让投资完美无瑕的所有因素同时出现，退一步说，即便是出现了人们也根本察觉不到，这并不是个人能力问题。

但我们还是可以将这些有利因素描述出来，帮助投资者在投资中参考。注意，如果这些有利因素中的大多数出现时，即是你购买的好机会。

一是大环境有利于买入。具体说就是大多股民抱有看跌情绪，交易情况很差，市场赎回量也在不断增加，股民普遍对未来市场走势不乐观。

二是就所投资的证券本身而言，不是普通股就是债券，再不就是那些不被股民看好的走势不稳、价格较低、评价不良的优先股。如果要选择投资企业，一种情况是在企业出现亏损或是业绩很差的时候；另一种情况是虽说企业赢利不错，但公众对其估价直线下降，这种股票可能没

— 51 —

有分红或是低于正常水平，人们对能否从它那里得到持续丰厚的分红表示怀疑。

三是股价必须反映出普遍看空情绪。人们普遍认为无论是目前还是未来，行情都对企业不利（或是持续不利）。而此时买家的看法则不同，他们基于可靠的信息来源及判断，对这些表面现象持相反观点。

有些人表现出对大众情绪、观点和预测对股价产生影响力的过分担心，我认为大可不必。因为，虽然人们对市场萧条的担心始终存在，但很多人并不是在市场严重萧条时购买的。经常有这种情况：某只股票出现了下跌，是什么原因造成的呢？经分析是因股民被误导而对该股票的未来产生担忧所致，而不是像人们通常认为的企业亏损。尽管这只股票的收益和分红都很一般，但参股将是非常有利的。相反，如果某些公司的业绩并不理想，低于正常水平，但在股民预期它将会向好的方面转化的拉动下，股价同样会强势上涨。

投资者应当明白，当你买入股票时，企业的实际收益水平并不是最关键的，决定性因素是目前的股票价格将企业的未来收益低估了。比如，有这样一家公司，它的发展势头很好，但它目前的股价如果已经含有对未来几年上涨趋势的预期，往往买入该公司股票的人就不会赚到钱了。

在以往的大牛市中，有些股票曾异常活跃。投资者应对这些个股紧紧锁定，因为它们非常重要，极有可能会再次迎来活跃的市场。不过，你买入它们的时机却要讲究，必须是在它们表现不好——不热门、价格低、评价差，人们普遍对它们的前景失去信心的情况下。看似有些苛刻了吧？

还有一个绝好的机会，就是最优秀的那些股票每隔一段时间出现的低潮。在许多人的投资生涯中，这种机会都很少遇到，或许只出现一两次。面对如此天赐良机，投资者应该怎样做呢？简单地说就是：如果大多数人都认为是投机时，你就买入；如果大多数人都认为已经到了值得投资的水平时，你就卖出。首先是考虑价格，其次才是企业的类型、特点。如果按照这种思路操作，不仅安全，而且一定能获利。

也有很多人的想法与我前面说过的观点相反。他们坚持的理论是，投资要持续地进行，每隔一个月或是一个季度，就要进行一次投资。所以，只要他们的手中有富余资金，就马上拿来投资。如果按照他们的思路，所购买的股票必须是那些走势最稳定、发展最强劲的公司，其中更受他们青睐的自然是消费品板块的公司，因为这些公司的劳动力成本不高，实际现金收入也比公司报告中的赢利数额更高些，且其赢利能力完全可以抵御通货膨胀的影响。至于受政策性干预较多的制造业、服务业则往往不在他们的选择之内。

我认为，这种近乎完美的投资对象在现实中往往是很难遇到的，因为它不可能达到一个十分诱人的优惠价格。事实上，投资者要想获取更多利润，还是应该将仍有一定负债，且管理层持股量较少的公司作为参股对象。如果对未来走势能够准确预测，投资者之所以买入它的重要原因就是这种公司的负债将会逐渐减少，直至完全清偿。这时公司管理层的持股量将会加大，并且公司管理也将得到进一步改善。

关于被机构大量持有的股票，我建议投资者也要谨慎把握，除非因市场恐慌而出现了超低价格或是接近这种价格的状况，否则你不宜买入。为什么呢？因为这种股票经常是处于较高的价位，所以你很难以低价买入。与其如此，我觉得你不妨选择那些并不热门的股票，虽然现在机构对这些股票持有不多，或者根本未持有，但我相信，机构不久可能就会对这些股票产生兴趣并会以较高的价格将它们买入。大多被机构所持有的股票，通常意味着不仅它们的价格可能偏高，而且还有大量的潜在卖盘存在。正是这些，或许它们还会出现股价调头下跌的情况。

在投资这场生死战中，真正的制胜法宝是：冷静稳健地持币观望，耐心等待真正的机会，拥有耐心才有可能获得成功。在选择股票时，有些投资者发现有些股票的市值变化要比直接的投资回报更重要，因为大部分股票的市值变化的数量会在很短时间内就出现巨大变化，竟然可以相当于数年的红利和股息。

　　前面已经说过，就投资而言，理论上的理想状态在现实中是可遇而不可求的，即使真的出现，人们也难以察觉，更不要说利用了。如果要在获利的可能和亏损的风险之间寻找到平衡，最好的办法就是投资者亲自动手去做，在实践中获胜。

第13章 精准买卖点的重要性

投资者一旦买入了某只股票，就必须要决定是继续持有呢？还是将其卖出呢？由于无论哪种决定的结果都是不可逆的，所以不仅令投资者很费思量，而且在这种情况下能做出正确决定的概率也会降低。鉴于此，许多聪明的投资者可能受心理因素的影响，他们宁愿在结束交易时承受更严重错误的苦果，也不愿意在刚开始交易时就出错，因为出师不利对人们的打击太大。

我的建议是：你在决定股票是否买卖时，一定要择时、择条件而定。如果你手中只有现金，除非所有的条件都让你满意，否则就不要做出任何决定；如果你手中有现金，又出现了绝好的买入机遇，那么就可以马上行动；如果市场状况利弊共存，你最好是静观其变，什么也不要做。

不过，如果是在上面说的第三种情况下由于谨慎过度而错失良机的话，当然也是一件很让人闹心的事情。我以为合适的机会总还是会出现的，只要你本着适度投机的态度，并根据我讲述的原则调整自己的投资，不仅利益不会受到损失，而且心态也会平和许多。

与买入相比，那么能否在恰当的时间卖出则更难。我为什么要这样说呢？其中一个理由就是，由于很多股民只选择了超值低价股。一只股票在某个阶段可能会被过高估价，于是大量股民纷纷看好。可往往随之而来的却是一段低迷萧条时期，这又令股民大失所望，甚至过早地对市场失去了信心。结果，导致原本很好的交易环境也瞬间变得糟糕起来。股票在活跃期可以高价出售，甚至价格可以远远超出很早就逢低买入的人们的乐观推测。可是当股票的估值真正回归到它的正常价值时，或者是股民已经发现先前对股票的估值过高时，这些人就会感到相当沮丧，并且对市场不再抱有任何信心。你想想，这时人们手中的股票还容易卖出去吗？

换个角度，就算投资者曾经有过将股票卖出变现的成功经历，但此一时彼一时，并不能以此证明他就可以抓住买入的良机。如果我们现在讨论的是何时清仓才是最好时机，倒不妨将此作为一个案例。而我们现在所关心的是手中已持有的股票如何处理的问题。假如股票只是长期持有而不能适时出手，那么股票投资效果肯定不尽如人意。还有些股票，人们在刚买入时都曾预期它会走势良好，但实际结果却达不到最初预期，持股人如果要卖出也会带来损失。在这种两难的情况下，恐怕投资者只得选择卖出了。

这些情况经常会在市场上出现。为了让自己在实际操作中有所遵循，我认为你最好是制定一个操作准则。这样做的目的并非以条条框框去限制你，更主要的是培养和提高你的判断能力、逻辑推理能力，掌握正确获取信息的方法，进一步打牢成功投资的基础。如果你原先预测某只股价走势良好，但后来出现的下跌验证了你此前的判断是错误的，你也不必为此而过分苦恼。依我看，这恐怕是帮你摆脱长期困境的一种妥善方法。这是证券交易中的一个自动执行过程，其间不必再做出任何判断。

对待亏损，所应采取的唯一有效措施就是"割肉"（也就是人们熟知的"割肉止损"），而且还必须要果断、迅速，争取在亏损可能造成更严重的经济后果之前就了断。如果以"割肉"的方式抛弃了一只股票后，可能你当时会感到内心郁闷，但我认为从某种意义上说，抛弃可以帮助你忘记，尤其是要忘记这种失败的交易经历。接下来，也可能很快，也可能过了一段时间，当你一旦重新买入一只看起来很不错的股票，并全身心地投入后，就可以让先前失败的阴影彻底从你脑海中消除。也许从此以后，你会呈现出更好的投资状态，任何让人不爽的事情都不能再干扰你的心境。

我们前面说过，应对亏损最简捷有效的措施是"割肉止损"。可以说，它不仅是股市的准则之一，也是唯一可以保证你始终正确的规则。如果我们仅从理论上阐述，其中的道理恐怕是偏僻乡村的小学生都能理解。然而在现实交易中，由于人性的弱点，即使是很多成年的投资者面对要从自己碗里往外抠肉，也是极难做到的，甚至有些人把割肉看作像要他的命似的。因为无论是谁，所想的都是获利而不是亏损，他们对在比自己卖出的价格高的时候重新买入自然也十分痛恨。可见，人类的好恶居然可以将所有的投资计划都打得一败涂地。所以，要想避免失败并获取成功，投资者不仅要遵从逻辑、理智、信息和经验，还要有超越人性弱点的能力才行。

有些投资者明明是因为偶然把握一点机会而获利，但却往往被看作是源于整个决策过程的合理性。我们不妨计算一下，假如你一次操作成功，那么大概会获利多少呢？估计能让占你投资总额最少的那部分得到100%的回报，这相当于你 16 年的存款获利（按 6% 的利率，不计算复利和税金调节）。如果是投资在 1 年之内就能够实现翻番，你一定要冷静，不要像一般股民那样草率地连续满仓操作，因为那样可能会出现亏损，甚至影响到最终的投资成功。你不妨将手中现金长期闲置着，直至新的良机出现。

关于择时卖出的原则及主要做法是：

◇ 从一开始交易时起就应该明确择时卖出是最好的办法。

◇ 要储备必要的购买力，做到有备无患。当那些可遇不可求的机会到来时，要保证手中有足够的资金予以应对。

◇ 如果看好某只股票值得买入，可以采取先小额买入验证的方法。如果该股票出现下跌，就及早卖出，避免损失增大。

◇ 密切观察股票价格变化。如果股价上扬，当初买入的股票在指数支撑下不断上涨，就可以在仍低于正常水平的价格时继续跟进；如果发现股价已升至正常水平或估值过高、报价升高时，就坚决果断地减持。

第 14 章 统计分析、市场趋势
和大众心理

据我看，目前在以统计分析的方式对个股进行估值的整个过程中，还存在着不少需要改进的地方。因为，这种分析往往忽视了最重要的基本的市场趋势，而且在具体方法上也显得刻板、迂腐，所以在很多情况下，依靠这种分析得出来的数据丝毫没有价值。相比较之下，我认为对基本市场趋势的分析倒比对个股的统计分析更重要。

作为一个投资者，最关心的当然是要保证股市利润。但你知道它的基本要素是什么吗？就是要准确判断大形势。比如，目前是处于怎样的形势？是通货紧缩时期还是通货膨胀时期呢？如果是通货紧缩时期，那我们就没有必要耗神费力地去分析大多数股票了。现在，有不少人缺乏甚至是完全排斥对市场因素的考量，他们将目光锁定在那些有各种公司报告做保障的高价股上，仅根据各公司的报告来购买股票。接下来呢？很可能在某些研究机构提出应远离这只股票时又匆忙卖出，最后不但没有获利，反而是亏了一大笔。也有的股民相对聪明一些，尽管对个股没有太多的分析和研究，但他们瞄准了一点，就是在货币贬值、资产升值的情况下买进了龙头股，结果是赚了一大笔。从这两种情况中我们不难看出，投资者应该首先把注意力放到对市场大趋势的判断上，然后再去寻找活跃股，抓住获利的机遇。

有些人觉得凭着自己对"在股市上，底部便宜，顶部昂贵"这种观点的理解，就能弄清楚某只特定股票的价格究竟是"昂贵"还是"便宜"了。其实，这种估价是任何人都难以真正搞清楚的。比如说，股票有一种特点，它们在上涨初期的价格往往会看上去很高，接下来还有可能会爬升到更高的价位上，然而，这时会有一些让人们意料不到的新变化，会让它们重重跌落下来，重新变得很便宜了。这说明什么呢？只能表明其中根本没有规律可言。

我个人认为，人们与其费尽心思预测股价，还不如紧紧追随市场向上或者向下的趋势更可行。你不妨在实践中试一试。

现实中，有些股票的价格在走低时，往往会低得让人难以置信，因此在股市探底时，几乎所有人得到的建议都是尽快清仓。而如果是在牛市的巅峰时期，则会出现完全相反的情况。假如有些资金无论是对股市的高峰还是低谷都没有任何"反应"，那么这样的资金是不可能增值的。当然，这之中我们还是对诸多影响股价因素中能够解释清楚的那一部分最感兴趣了。大家都知道，在股市上高抛低吸是件很畅快的事情，然而又有谁能晓得什么时候是高？什么时候是低呢？如果靠猜测来判断，那你的损失可就大了！说来说去，投资者最理性的还是应着重选择那些可以实际操作的获利方式。

接下来，我们再谈谈大众心理问题。应该说，在日臻成熟的股票市场中，大众心理已经成了一个最重要的因素。读者或许从我前面的论述中，已经看出我对那些理论演算出来的结论并不太感兴趣。为什么呢？因为究竟哪只股票才值得股民去买，这种结论目前是靠计算机通过一系列复杂运算完成的，它只是运用了一堆枯燥的数据，而没有考虑到大众股民的心理因素对股市及其价格的影响。我觉得有时个人经验更为重要，它基本可以预测出未来6个月至一年半哪只股票走势良好，同时还会提醒人们对某些市场因素应予以重视。我们通过广泛研究发现，在影响价格变动的诸多因素中，人们的心理状况是一个不可忽视的强有力因素。说起来你可能不信，对于同样一只股票，一个人因受到心理因素影响，可以让他在某种条件下以40倍于账面价值的价格毫不犹豫地买进；

而在另一种条件下，他可能又会拒绝以 10 倍于账面价值的价格买进。同样的道理，如果人们在某个阶段内普遍降低了对某只股票的关注度，即使是这只股票表现不错，收益也在增加，但仍无法唤起人们对它的热情，因为这是人们的心理因素使然。或者说，市场可能会根据某只股票的预期收益，暂时给予它 20 倍市盈率的预测，但后来资本市场根据这只股票的实际利润所给出的估值，往往要比这个比率小。反之亦然。

投资者选择股票时，上述观点也同样适用。所以，那些热门行业的板块，像自动贩卖机或摄影器材的股票等，都可以作为投资者的首选，因为这些股票在特定的时间所带来的资产收益、红利及利好前景等，都要比其他板块高很多。也可能这些股票在不久之后不再红火了，但按标准评判，它们的确是绩优股。只不过这时人们已不再对它情有独钟，而是将注意力又转向其他板块了。市场上还经常有这样的情况，就是某只股票的价值本来没有那么高，但却被大众持续几年地高估着，人们会毫不吝啬地给出这只股票比理论估价要高出很多的价格。当然，理论上价格低估持续多年的现象也存在。无论上述哪种情况，都不利于人们在投资时对正在上涨的一只股票是否短期内被高估，或者一只还在下降的股票是否被低估做出准确的判断。

既然公众的心理倾向如此重要，所以，我们应该集中精力去分析和推测，无论是对还是错，准能从中寻找到获利的方式。另外，股票的名称如何，也是能否获得股民好感的重要因素。有的读者可能要说了：股票名称和它的理论价值也没有什么明显关系嘛！但你还别不信，事实就是如此有意思。如果在 1929 年表现优异的某些股票换了另外一个名称，那它们在股民心中的看法可能就不同了；另外一些货真价实的股票，由于起了一个不受欢迎的名称，它们的股价就可能会受到严重影响，尽管它们真正有价值，却也只能得到无奈的低价。

我个人的看法是：对个股的分析研究应该密切联系市场，做到高度实用。只有将与市场有关的所有因素联系起来，才能指导人们准确地推测出市场价格的走势。由于我每天都是在进行这方面的研究工作，探究存在这些现象的基本原因，所以我才能在个股分析和市场价格走势方面做出明确的判断。

一些人在从事证券分析之初，都会对预测利润和股息的变化趋势感兴趣。但是要知道，如果不是在市场估值上已经考虑到了该公司此前的赢利能力和收益，还有不断变化的市场条件，那么你面前这些数据的实际价值就会有很大的水分。比如，有一家假设股价为 1 美元的公司，如果你不考虑变化的市场条件和这家公司此前的赢利背景，就用整个理论体系中的个别规律来推测当前的市场走向和这家公司的未来赢利会是多少，这样做是没有任何实际意义的。还有对收益的预测，如果不是将所持有股票的市值及净资产的价值计算出来，并与即将购买的股票价格做比较，那么这种预测也不会有什么价值。

综上所述，包括特定证券分析在内的所有股票分析，都应注意与过去的市场估值联系起来进行。当然也可以单独使用，对未来市场可能发生的各种变化做出预测。

第15章 价格波动及其他市场行为要素

无论是对市场趋势进行总体评价，还是对具体个股进行选择，都要由多种因素构成。那么，在这所有因素中哪个又是最重要的呢？我的看法是价格波动因素。

因为在市场交易中，无论是估值的"高"还是"低"，能够确定投资人股权资产价值的只有一个——不断变化着的市场价格。很多股票会从一个较低的价位开始上涨，直至升值数倍，可是没过几个月，它可能又开始出现下跌，最后价格甚至会比之前上涨时更低。我想，任何人如果不是考虑市场价值波动的可能性，无论是在股价上涨时做空的人，还是在股价下跌时做多的人，肯定都会被这反差巨大的价格变化搅得心力交瘁。

所以，我认为投资者应该调整思维，不要只考虑某只股票的理论价值应该是多少，而应将思考重点放到什么样的股票才更有价值上。

在市场上，人们观察价格和成交量变化的方式会有所不同：有些人是将眼睛紧盯着"显示器"，来跟踪价格波动；有些人是目不转睛地瞧着"K线图"，来观察价格动态；还有些人对这两种方式都不喜欢，他们只看每天的股票报价表，从中掌握当日的价格趋势。虽然人们采取的方式不同，但对价格和成交量变化的关注却是相同的，并且有时还是在不知不觉间受其影响。我认为这些都属于市场行为，无论是重要的还是不重要的，只要是与之相关的因素。此外，从某种意义上说，这种市场

— 63 —

行为本身还能对买卖活动起到稳定的促进作用，甚至有时还能通过对来自各方面消息的验证，做出市场利好的某些预测。市场价格和成交量的变化，不仅能对人们在技术分析和利好消息预测基础上形成的市场期望（或反之）加以验证，而且还能提示人们注意某些陌生股票，必要时要改变自己的投资方向。

我把受市场行为影响的股票交易者大致划分为三类。

1. 大众化的投资者

这类人数最多，他们往往经受不住价格和成交量波动的冲击，一发现有变化就会盲目甚至冲动地大量进行交易。如果说这种行为发生在《1934 年证券交易法》颁布之前，并且有业内人士指导还算合理，那么如今再出现这种行为就是极不应该的了。由于大量人群盲目跟风，蜂拥进入股市，更要命的是他们还经常自以为聪明，不时地以自己的主观想象来推测市场趋势，几乎每个人都会受到此前的买家或卖家的影响。最后的结果是，假如不计算他们刚开始时得到的那一点点利润，那么除了无法挽回损失之外，这类投资者得不到任何好处。

2. 专门研究市场行情和趋势图的投资者

我自认为也属于此类。这类人比大众化的投资者要理智些，他们善于观察分析 K 线图和大盘走势，能够从 K 线图的线形和大盘走势的种种迹象中得出自己的推测，而且这类人还有一个特点，就是只受自己的想法支配，不容易被其他观点所左右。虽然他们认真、执着的精神可嘉，但是我以为，如果从长远的角度来看，他们仅用依据市场活动的理论来推导出自己的结论，那么最后的结局恐怕同样会是失败。我为什么要这样讲呢？（包括我自己都是属于这一类的）因为，面对如此复杂多变的市场，我不认为能有人如此精明老到，仅凭自己的头脑和慧眼就能看透这些市场表象，从而获得成功。

3. 更为专业，人称"阐释者"的投资者

这类人要算成功的典范，因为他们懂得市场行为与其他因素相比应该占有多大比重；他们对价格波动也有着独到的认识，意识到在价格波动的折射下，市场会出现各种现象，不仅有买、卖的利好，也可能诱导着盲目无知的投资者鲁莽、草率地投入；他们对市场究竟是"牛"还是"熊"并不很在意，尽可能让目光看得更远些；他们洞晓只有认清表象背后的真正原因和动力，并尽力做出准确的验证，才是保证投资安全和获利的关键。与这些人相比，另外一些投资者却缺乏辨别优劣的能力，他们认为市场活动会有不变规律，甚至到了迷信的程度。所以，他们会屡屡受到市场趋势所折射出的交易信息误导，结果给自己带来很多损失。

投资者要认识到，当你对一只股票的仓位做出最终评价时，在需要考虑的诸多因素中市场活动是最重要、几乎随时都不能忽视的因素。同时，你对那些导致错误的判断也要认真探究原因，总结经验教训。我分析，之所以出现这些判断失误，原因不外乎这么几点：要么是投资者对市场趋势的分析还不够熟练，把握不住要点；要么是投资者忽视了对各种相关因素的研究，比如技术水平、股票发起方及公司发展、统计和经济方面的影响等，很可能他们没有全面了解或者是低估了这些因素的作用。

另外，"时间"也是我们分析市场表现时不能忽略的重要因素。一方面，在整个市场周期的各个不同时期，有时"强势"或者"低迷"的含义可能与它们的本意正好是相反的。比如，有一只股票在经历过长期下滑之后，又出现了强势平稳、交易量放大的情形，这往往是个股即将快速上扬的表现；接下来，如果出现了其他重要个股也开始追随这只领涨股的现象，那么很可能就预示着大盘即将全面反弹。另外，当对所

有股票都有影响的牛市最后才波及某只个股，并使之出现大幅上扬，那么这种迟来的强势与活跃代表着什么呢？恐怕并不像人们想象的那么乐观，它很有可能表示该股票的强劲走势只是短期的，甚至是整体反弹的终结，假如那些早期的领涨股这时候也没有任何动静，结局就更是如此了。所以，广大股民是否知道的各种消息在对市场做判断时也很有用，必须要联系起来才可以。市场上还经常会有这种情况：在某个特定消息层面下，往往一些被人们普遍视为利空的表现或许又变成了利好。比如，现在有一个人们普遍认为会颠覆市场的坏消息，于是纷纷交易，成交量巨大，这看似不好的事情却成了市场最为利好的信号。反之也是如此，假如现在有一些颇具刺激性的利好消息，然而市场却对此表现得无动于衷，那么可能预示着熊市的日子快要到了。

再者，投资者对市场做判断时，还应注意将个股的波动与活跃同整个大盘的波动与活跃紧密联系起来，这样做出的判断才更具准确性。我们前面谈到要把握好"时间"这个有利因素，所以你一定要注意那些活跃的股票，因为在大盘技术性调整中，它们的下挫速度是最慢的，而在大盘整体反弹中，它们的上涨势头又是最强的。至于那些单纯的强劲或低迷现象，则没有任何意义。

随着参与股市投资的人越来越多，对于帮助投资者准确判断市场无疑是有利的。比如一个训练有素的股市分析员，他在这种情况下要想推测股市的大幅调整就是件很容易的事情。不过，如果是在另外一种场合，比如由极少数个人或者机构所控制的专业化场上，就不那么简单了，因为仅凭对市场活动的常规分析，是很难做出准确判断的。但是，不管到什么时候也会有精明人能看透市场玄机。比如，有的人就不忘市场上的任何事情都与价格波动有联系这一点，他们会根据大量的散户涌入这一迹象来对市场的潜在危险进行预测，并且从中揣摩出市场特点，有时甚至还会采取反向操作的方法谋取利益。简单地说，就是他们可能从某种市场环境中已经预测出了风险，并抓住时机在牛市卖出去了。

现在，关于市场活动的观点有很多，其中比较流行的一种是：被投资者"广泛关注的阻力价位即将彻底突破"。虽然这种观点有时也被证明是对的，但我却认为它只是暂时性的。这种观点乍听起来能让不少人感到兴奋，可从实质上看，它是对人们的误导。我为什么要这样说呢？因为，即使是这方面的专家，他们也只是在理论上对相关的市场活动有兴趣，而此前，他们早就在一个更为有利的价位时发现了判断市场趋势的某些信号，甚至还对最终能否成功做出了预测。所以，如果一个投资者要想依据这些信号进行交易，我劝你还是稳妥点，哪怕是付出一些额外损失，也要等到对这些信号的准确性再次确认才会更安全。

虽然人们对市场做技术分析的方式各不相同，但都是基于相同的理论，目的也都是努力探究事实真相。另外，一个人对市场是否有敏锐的直觉也很重要，因为市场能否出现全面疲软态势，凭直觉是会有感知的。如果一只股票在经历了较长时期下跌之后，开始出现散户买入现象，这可能意味着形势将发生变化，可能是该股票将要上涨的信号。但是这种结论，或者说预测对不对呢？为了不被误导，投资者在一些方面还是留有余地才好，包括市场点位、大盘走势、资金容量等。"柯立芝"市场初期的情况人们大概还能记起吧？当时，很多人都是借钱买股，在历史上的高点他们将股票抛出。这个高点如果是依照以前的经验来看，的确让人感到很危险，但是你知道吗？在股市大崩盘之前，一个又一个新高点远远超越了它，与那些新高点相比，它也只能是小巫见大巫了。尽管这是 20 世纪 20 年代早期的事情了，但与现在的道理仍然相通。

这么多年来，我曾亲眼见识过大众买卖所形成的巨大风潮，那情形真是让人感到惊骇。最终人们可能会为此付出很大的代价。退一步说，即使是投资者知道这样的事实，但是面对如此巨大冲击力时，恐怕任何人都难以阻挡。在这种大趋势下，投资者是很难做到减少损失的，即便不随波逐流，要想获利也是很困难的。

人们最关心的莫过于在什么时候、什么情况下购买股票了。那些理论家可以依照他们个人的不同看法，或是说股价"太高"了，或是说股价"太低"。股价真的就像他们说的那样吗？不一定！我认为，真正的股票价格应该是基于大众的估价。然而，现实中的大众也并不能真正决定股价，只有他们的钱袋子可以广泛、长期地向股市撒开，他们才能向好处估价。如果有充足的资金支持人们的理论分析，然后再买入符合自己理论标准的合理股票，接下来再高位放量出货，人们才可以通过市场手段决定股票的价格，然而这在现实中是不可能的。虽然大众决定不了股价，但是却可以影响他人。举个例子：对于1932年的股票，当时人们都觉得卖得太便宜了；而对于1929年的股票，人们又觉得卖得太贵了。其实无论是贱还是贵，在当时这两只股票正好就值那么多。由此我们可以看出，一些错误的看法会导致投资失败的。所以，只有在投资者对市场的期望值及是否拥有实际购买力的基础上所给出的合适的市场评价，才是成功投资的重中之重。

我在本书中，较少谈及如何获利的方法，而将更多篇幅用来讲述哪些情况可能会误导市场，因为我觉得有必要告诉投资者：第一，不要把股市投资当作一件很容易做的事情而任意妄为，它实际上是意义更为宽泛的一门科学；第二，大众心理可以在市场价格形成的过程中扮演极其重要的角色；第三，鉴于大众心理对股市价格的作用，投资者不要轻信那些被别有用心的人精心设计，看似简单且具有决定性的单向思维，也不要轻信充斥市场的各种观点，切忌冲动、草率。根据我个人多年的体会，只有对所面临的各种困难有着充分和清醒的认识，才能总结归纳出成功投资的法则。所以，我建议投资者要敢于质疑某些结论的正确性，并从多角度去检测、验证它，在此基础上形成一个综合的观点。

第16章 技术观测能力修炼

有些人曾建议我列出一些规则，帮助人们成功地选择适合自己的股票，并学会如何在股市上扬时买入；在熊市中卖出。但是我觉得关键是在应用这些理论时，要有很强的判断能力。比如，对股市上的种种迹象，凭直觉就能清楚地知道什么时候应该相信，什么时候不该相信；如果是在相同的情况下，还要对这两种完全相反的推理究竟会出现哪一种做出准确的判断。虽说经验也是必要的，但准确的判断能力是决定一个人是否能从那些似是而非的纷繁迹象中捕捉机遇的关键。

在牛市的调整时期里，一方面是那些跌幅最小的活跃个股，往往表现得极为抢眼，它们的价格会在下一个上涨狂潮中涨幅最大；另一方面，当股市开始回调进入下行时，看似更坚挺的那些个股虽然不免最终下跌，但在时间上通常可以推迟。人们称这些坚挺的个股为"独立于大盘"；而那些因缺乏刺激因素使之成为牛市的领涨股，在反弹中落后的个股则被称为"落后于大盘"。那么怎样区别这两种情况呢？简单地说，就是在熟练运用规则的同时，还必须要有准确的判断力，如果只按照一种模式投资是难以获得成功的。

如果投资者具备全面观察的能力，再将自己广博的知识背景和熟练操作也应用于实践中，那肯定是大有裨益的。

如果我对某只个股的总体趋势做出推测，往往更偏重于通过大盘，或者说通过价格波动来进行。当我一旦确定大盘开始抬头时，就会瞄准走势最为强劲的活跃股，紧紧跟进。因为这些活跃股的特点就是在下跌时调整最少，在上涨时却反弹最多。它们要想最大限度地降低风险，就必须使自己始终保持足够的"活跃"才行。当然，这样一来对我的判断也会有利，可以让我避免受到无关紧要的市场表象所困扰，导致判断失误。投资者要注意，有些股票在上涨时会比调整时显得更为活跃，它们可能就是你理想的选择（某些特殊情况例外）。你大可不必为这些股票此时的价格探底所担忧，因为，它们此时的疲软走势实际上是为迎接下一轮更强劲的上涨而进行"打压洗盘"。这种超越一般规律的判断力，可以说是我多年来成功的要素和必要条件。

不可否认，一只股票在上升时的"太过活跃"，也可能出现另一种情况。因为它"太过活跃"，很可能会导致它进入了"阻力"区域或到达了"最高点"，正像那句老话说的，"高处不胜寒"，接下来，这只股票就发生了不可阻挡的逆转，与前面说到的"打压洗盘"恰恰相反。如果是在场外交易或是在较小的证券市场内交易的股票，包括那些大的证券市场里不活跃的股票，都不可能出现这样的情况。所以，你不值得去费心费力地观察、判断它们，因为这片天空既无风雨也无艳阳。

投资者普遍认为，只有当一只股票比起其他一般的活跃股势头更强劲时，才值得自己买入。所以，他们总是费尽心力地要买那些难买易卖的股票。不过值得投资者注意的是，我刚才所说的股票的表现，是有特定时间段的，主要是指在市场明显上涨的最初阶段、暂时回调时期或者是市场刚刚摆脱疲软状态时的表现。

我所说的强势，就是人们所熟知的上涨，凡是有一定股市经验的投资者都可以观察到。不过我认为，这种强势表现在很多时候可能只是一个征兆。我在这里用概括、精练的语句将其描述为：如果大量无知股民"看好"某只股票的强劲走势，你千万不要以为这是获利的绝好机遇，因为它是一个危险信号！那些只想短期套利、卖空或者等待调整的小股民看到它的强势，往往会认为这样的股票值得跟进。从本质上说，如果是没有根据的买进，通常都不是到达高点的信号，它经常是预示着具有危险性的上涨。所以，把握时机又是最重要的因素。我前面的表述也是需要有一定前提的。

当人们没有任何根据就盲目买入，将自己的资金白白浪费时，不知你是否意识到真正的熊市快要出现了。要知道，这样一个看似简单的问题，却几乎难倒了这个世界上的所有人，因为这是最难做出准确判断的事情。那么有没有能提供帮助的办法呢？我觉得，你应该在买进之后仔细观察它的效果：要是这只股票轮番出现上涨和下跌的情形，那就属于正常，你不必担心；要是这只股票尽管吸纳了大量游资，但价格却止步不前，那就可能有危险，你要提高警惕了；要是自你买进这只股票后就开始出现下跌，那就预示着最坏的情况，你离真正的险境就不远了。

很多人经常对即将发生的事情担忧，但我却并不这么看，我认为更多地思考事情何时发生，有备无患更重要。比如，与其你孤立地观察一只股票的价格波动，就不如将两只股票的走势相比较更好；你重视消息层面对股价的影响是对的，但不要被消息本身所困扰；你要同时看到市场供需两个方面，不要像有些人那样，在某个时间段内只是看到了市场的一面，只窥一斑而不见全豹。

现在，很多人讲话都充满了华尔街的味道，不仅大量运用零散的词句和辞藻，特别是他们在描述自己买入某些股票或成功或失败时，让人满耳都灌满了对此前买入或卖出事情的讨论，包括 1932 年的"无人炒股"和此前的 1929 年却是"全民炒股"事件。其实，在人们的各种讨论中，有很多说法并不准确，至少有失偏颇。例如，在指数达到最高点的时候，往往买盘也会出现最高点；而当指数跌至最低点时，卖盘经常也出现最高点，这说明所有股票都是各得其所的，而关键在于究竟是谁在持有这些股票？实际上，在股市中每一个卖出的操作必然会对应一个买入的操作，反过来也是如此，我们所关注的是在这买入和卖出的两边究竟都是谁呢？所以，我们应将整个市场和有限的局部区分开，因为前者更有意义。

经常听到有些投资者说：有的股票难买易卖。情况的确如此。在某些条件下，虽然有些股票可以大量买入，但是由于买入它们与买入其他活跃股相比，要付出得更多一些，所以我们还是将其归入"难买"一类。当然，这并不是指那些根本就买不到的股票。我这里以 A、B、C、D 四只股票为例说明：A 股票，从 50 美元下跌到 45 美元，它是大盘中的普通股代表；B 股票，它的叫价为 47 美元，即使是出现小幅上扬，甚至是当它再次突破 50 美元之前，都仍有数量可观的筹码可供买入，这种股票就是我所听到的"难买易卖"股；C 股票，它从 50 美元下跌至 43 美元，这是一个不可靠的家伙，还是警惕一点好；D 股票，它也从 50 美元下跌。这时出价为 47 美元的买盘有 1000 手，而开价为 49.5 美元的卖盘只有 100 手。这种股票我是不打算要的，因为我不能接受这样的价格。

"看多"和"看空"都是投资者经常听到的词汇，它们在实盘操作记录中会经常出现。实盘操作记录就是那些股市高手们实战操盘的下单记录。当年，这些操作记录曾经风行一时，备受投资者的关注。然而，现在它们却不得不退避三舍了，因为与那些业内的新标准相比较，它们已经明显地落伍了。不过，我倒建议投资者不妨再看看这些记录，也是蛮有意思的。尽管你只能从中大概地了解当时这些股市高手下了买单还是卖单，但个中所阐述的原理与现在还是相通的。尤其是当时他们所依据的观察分析数据都很全面，很多消息来源也很权威，有不少都是从那些权威的券商机构的经验中总结出来的。

实际上，"看多"的实盘记录就是一张清单，它将操盘高手的买单和卖单记录进行公开，并由此判断出某只股票的价格将会上涨；而"看空"的实盘记录则是，对某只股票很可能会出现下行趋势做出结论。很多不明就里的外行人都认为，如果股市高手的操盘手册中出现买单多而卖单少时，股价上涨的可能性会大于下跌的可能性，因为其股票价格会有所支撑，反过来也是如此。

在股市实际操作中，无论是"看多"者还是"看空"者，他们大多都有自己坚信的理由，为什么会这样呢？因为，常规情况下的市场运行必须与限制最大的规则进行抗争。通俗一点说就是：那些无人出售的股票，你不可能买得到；而那些无人出价的股票，你也不可能卖得出。或许在许多事情上都会有例外的存在，然而这个原则却是基本不变的。我们在市场上经常能看到这样的情况：一些企业高管和大股东们为了使自己的股票顺利出手，就想方设法先拉高股价，试图增加散户们的买盘。而那些新手们呢？他们看到有机可乘也积极买入，为的是让自己的股票升值。其实，无论是买方出价还是卖方报价，它们之间必然会存在着小幅差价。如果说你现在是个庄家，我相信你此时也一定会把股价尽力拉高，以便将股票卖给更多的人，并且让他们在高价位的吸引下不断地加仓，或者是介绍自己的亲戚朋友们也去买 TY，然后再高价出手，从中获取丰厚的利益。按照这样一连串的动作，势必打乱正常的市场秩序，一个本应开放、自然的市场就逐渐消失了。

有很多投资者，当他们买入一只股票后，就希望以更高的价格尽快出手。所以，他们必然是在期待股票容易出手的同时，也希望市场秩序保持正常。无疑，假如投资者知道某些股票的价格是被人为所左右，肯定不会购买这样的股票；假如投资者知道某些股票被一些居心不良的庄家故意误导，所传出的虚假利好消息让盲目跟风的股民遭受损失后，也肯定不会购买这样的股票，因为稍微有些头脑的人都不希望自己上当受骗。

根据以往的经验，那些居心叵测的庄家所施展的诡计，大多是发生在那些不怎么活跃的个股上，而对于那些长期活跃的个股却极罕见。不过，投资者对那些偶尔活跃的个股还是要特别小心，因为曾有过这方面的例子。我这里再次提示投资者：在牛市中，如果你肯花较高的价钱购买那些看似很"难买"的活跃龙头股，或是稍微领先于其他龙头股的领涨股，通常是会有很大收获的。这就好比你出行，乘上追逐涨停这列车总要比在月台上苦等下一趟慢车好得多。

不知你是否意识到，"时机"二字是读懂大盘走势、K 线图及价格波动中"迹象"的最重要因素。在实际操作中，"时机"是既重要又难把握的。如果有谁不考虑"时机"要素，只是看到某只股票创了新高或突破阻力价位时，就认为值得买入，其实这种想法和做法（如果你已买入）是大错特错的，因为你忽略了"时机"要素。你要知道，在一个操作周期内，如果这种迹象发现得越早，就越有意义；反之，如果发现太晚，就没有任何价值了。比如通用汽车公司股票，在大盘长期走低的情况下它突然出现了上涨迹象，与别的股票相比在时间上也早出好几周，这极有可能是股价上涨的重要提示；如果是在牛市，一些股票先是步履蹒跚，待几个月过后才晃晃悠悠地被别的股票带过它以前的价位高点，虽然它也上涨了，但是时机如何呢？我认为这种情况出现并非预示着买入的信号，很有可能是该股票到了转跌点的重要提示。上述例子不难看出，"时机"二字对你判断、选择股票多么重要！

要正确选择一只股票，我认为有三点要注意：一是分析大盘走势，它能在很大程度上帮你做出判断；二是需要有直觉的帮助，通过直觉来预测一下龙头股的未来前景；三是将一只股票与另一只股票的基本行情做比较，看谁更强谁较弱、谁活跃谁迟缓、谁时机有利谁时机不佳。只有做过比较的股票，它的某些基本行情变化才更有参考价值。

说到这里，我还需要再强调一点：什么是一只股票最危险的信号？简言之，如果你发现某只股票在让人们捉摸不定地持续走高之后，突然又被急速地拉升，而且非常明显的获利回吐现象开始呈现时，你就要格外小心了。一般情况下，一只股票在股市交易中出现多次涨跌是很正常的事情。就算卖出是为了短期兑现收益，那总不至于都卖空吧？恐怕还是要留下一半以上乃至99%。可是此时一旦股票开始加速上涨，再有人想利用第二次机会搭上车就难上加难了；记住，这时假如它出现了股价回落，再一次将"良机"送给人们时，你千万别动心，因为这只股票对你已经不再有价值了。让我感到奇怪的是，这种股票还很容易抛出，原因只能是在股价突破的开始阶段，众多散户的大量买盘往往都会成比例缩减。

某些投资者的精明之处就是当股市再创新高时，他们能够运用金字塔式交易来打理自己的股票，而且在资金的投放上也是做了精心考虑的。在金字塔的底部，是具有流动性和安全性的最大那部分投资，安全系数很大；在金字塔的顶尖，则是风险最高的一小部分投资。相比之下，另外一些投资者就很愚蠢了，他们是用"平均法"来经营自己的股票，如果真的有了风险，岂不是损失太大？有时，投资新手们还会对那些新的高点产生陌生和恐惧的心理，当他们看到某只股票一旦出现20美元、25美元、30美元，40美元、45美元、50美元、55美元的走势时，就会忐忑不安，觉得十分危险。但当这只股票的价格有所回落，从55美元又逐步调整到49美元时，他们悬着的那颗心才会放下来，觉得终于可以安枕无忧了。

在现实中，我发现有些人往往越俎代庖，他们把大量精力放在大盘成交量上，或者是关于谁在买、谁在卖的盘后报告上，其实这些都是专家们职责范围内的事情。比如，"某某买入了1万股价格为50美元的股票"这样一句话，可能就包含着多种含义：或许是某些精明老到，手中资金又雄厚的庄家或者机构想买入这只股票而有此举动？或许是某个自营交易者为自己买入的？或许是某些经纪人为了快速转手套利及规避风险而买入的？总之，无论是哪种理解恐怕都有道理，难道不是吗？

我想，那些市场管理者对于这样的交易行为肯定也不满意，甚至在考虑如何控制的措施。当然了，这恐怕也只是我一厢情愿的想法。试想一下，如果这1万股价格为50美元的股票，是由全国无数个零散小卖盘拼凑而成的，那么这些散户卖家可是卖了个好价钱，收获不少。而那些买家或许是专业的，但此后不久他们就会有所损失的。买、卖双方都为什么要这样做？我相信他们肯定都有自己的理由。

通常，如果某个人急于想买进像1万股这样数额巨大的股票时，他不可能悄然无声地顺利进行而不惊动市场；也不可能在交易记录上毫无买下将近1万股的交易企图的任何痕迹，尽管盘面上不会出现未成交的下单。当然，这和所谓"止损指令"的买卖是不同的。

下面，我们再谈谈关于谁是经纪人问题。先举个例子：假设史密斯汽车公司的总裁是 J. J. 史密斯，而他的儿子小 J. J. 史密斯则是纽约证券交易所的成员。在需要交易时，为了避嫌，老 J. J. 史密斯不让他儿子直接操作，而是让他儿子指令其他经纪人进行交易。这样做不仅不会让事情变得那么张扬，而且这笔交易的花费也很划算，只不过是佣金总数的很小一部分。事实上，其他经纪人为了赚钱，也会很乐意替小 J. J. 史密斯买入 J. J. 史密斯汽车公司股票的这份买单。我用这样一个假设的例子，就是想告诉读者股票市场是有不同侧面的，它并没有表面看上去那么简单。

这种现象如今已经很少见了。倒不是不存在这样的土壤，而是没有哪一个经纪人傻到为别人交易后还会有意地对别人说自己曾做过什么，毕竟这是不宜张扬的事情。

换一个角度看，如果某人做出了交易决定，那么他的委托单就会被即刻执行。于是，通过技术性细节，及时抓住每一次利好机会就是投资者最关心的事了。为了及时买入或卖出股票，他们会把买、卖订单下派给交易所，并以打电话的方式告诉自己的经纪人，要求替他们买、卖。如果是他们亲自到交易所去，那样花费的时间就太多了。

关于经纪人执行委托单也是有区别的。我熟悉的一个经纪人，他手头就有两部电话，一部是处理紧急委托单的；另一部是用来处理一般业务的。还有，放在他桌子最上面的委托单是必须要立刻执行的，而排在后面的那些则需要等待，甚至有时还要冒着失去成交机会的风险。

第17章　再论股市技术分析
——解读与意义

在股市上，当投资者需要对"买""卖"还是"等待"做出决定时，哪些才是最重要的因素呢？显然是对股票市场的技术层面的分析。而且，这种分析不仅可以对短期交易做出指示，而且对长期投资也很重要。

既然技术分析这么重要，那么要想获得最有价值的消息便很难了。不过这也难不住一些聪明的投资者，他们往往会通过各种途径从某些经纪人那里得知。这些经纪人大多有着丰富的市场经验，他们得出的结论也不是依靠各种数据，而是凭借自己的直觉判断。

从技术的角度看，无论是讨论"弱势""超买"现象，还是讨论与之相对应的"强势""超卖"现象，都必然会涉及股权所有人的能力问题，因为股权无论在任何时候都是有归属的。归结起来，只有认真观察分析市场的各种迹象，才能得出准确的技术分析；只有在准确分析的基础上对市场形势做出的准确预测，才能给投资者带来真正的经济效益，它们之间有着因果关系。

在技术分析中起到重要作用的，往往是那些专门受理零股业务的经纪公司。它们熟悉并掌握市场中的交易形式，通常都是利用有限的交易额度来填充经纪人的交易指令，因为它们计算得很准确，相信最后总会有一些买家和卖家自动互相抵消交易。有时，零股卖单会像潮水般地涌来，这让那些零股交易的人不得不转为长线持有，实际上这是短期强势即将出现的一个信号。此时我们可以得出这样的结论：如果小额卖单大量涌现，那么预示着暂时性的卖出高潮可能会出现；反之，如果小额买单大量出现，则预示着暂时性的买入高潮可能会出现。

如今，投资者如果要想了解关于某个时间段内的零股交易情况，只要翻开报纸的财经版面就可以了，而且还可以把报纸上刊登的内容制成图表来研究。然而多年前却不是这样，那些零股投资人或交易所的专业人员，往往会采取押宝的方法，把宝押在市场主力的趋势上。后来这种理论又被推翻了，因为有很多原因使得这种押宝方法不灵，比如那些以买入零股的方式建仓的股票，经常是卖出它们时，零股又变成了整数交易等。结果是小的投资者不但没有变聪明，最后的股票反转期限也被延迟了。

为了在操作买卖委托中获取最大的经济利益，受理零股业务的经纪公司经常会以多种面目出现，有时会和客户站在同一战线，成为一致对敌的战友；有时会作壁上观，俨然保持着中立；有时又会毫不客气地与客户背道而驰。其实这也不奇怪，因为这些经纪公司的战略和目标始终就是为了赚钱。

我认为，投资者最关注的应该是已公布的那些零股交易情况，因为那些信息能帮助你做出技术层面的分析判断，以便做出买入还是卖出的决策。你应该清楚，那些零股交易情况与你追求的利益密切相关。此外，那些对零股已有充分认识的投资者，通过掌握零股交易情况，还可以从中感知市场上的风险程度和未来走势。

无论是发布零股交易情况还是技术性的消息，对投资者来说都是非常有价值的，也可以说是对投资者最有帮助的技术手段。问题是有不少投资者还没有真正意识到这一点。比如，明明市场已出现逆转并朝新的方向前行一段时间了，有的人都没有看出，更不要说他们进行基于市场活动本身的技术性预测了。还有一些投资者盲目跟风，当市场已从谷底反弹或是从高点回落了很多之后，他们才搞明白原来这是股市上涨或低迷的信号，这种反应也太慢了！

什么人更具有优势呢？我认为还是那些依靠零股交易情况获取更多信息，并以此做出买、卖判断的人。这些人对零股交易信息比较重视，他们通过对零股交易的正确分析，往往在股市真的发生变化之前，就能提前得出与未来市场走势更加贴近的预测，与那些比较偏爱研究市场动态的人相比，他们也是更胜一筹。研究市场动态的人通常是等到大盘出现突破之后，才能从交易趋势中看出市场走向，即便如此，他们的判断也可能出错。我为什么要用"更加贴近未来的预测"来说明零股交易分析的重要呢？这是因为，任何预测都不可能是绝对的，无论交易趋势是"集中"还是"分散"。这是一种科学的、实事求是的态度。比如，有时从零股交易情况看，显示出未来 6 周可能会出现买入不足，但这也可能是因买盘数量和力度的增长，引发了大盘不降反升突破高点。即便这样，零股交易仍能对风险做出正确反应。一般来说，公布某只零股行情的间隔时间都比较长，通常是几个月才一次。但是一些精明老到的经纪人却能独具慧眼，经常能从并不多见的公开信息中找到市场变化的端倪，并准确地对未来做出预测。

充分利用零股行情固然能够获得大量数据和信息，有效地指导投资，但是这种方法学习起来难度很大，实际上能掌握的人很少。

虽然一些聪明的投资者能对股价做出很好的预测，但是要让他们从股价中说出哪些"便宜"哪些"贵"，几乎是不可能的。另外，如果从交易规模上判断，也同样是很困难的。因为，投资者对个股的兴趣究竟会对市场趋向起到多大推动作用不好说，那些潜在危险往往会随着外部因素而发生改变。这里有个非常实用的标准：即股东结构如果发生了急剧变化，市场本身对此或有所回应，或缺乏回应。

在股市中，有些现象须密切注意。如果由于大量股民卖出或是机构放款量减少，使得股价下跌或下行，那你不必紧张，因为这都是非常正常的走势。而当这种走势正持续着却又突然停止时，那你可要提高警惕，因为这是即将出现反转的明显提示。说到这里，有的读者可能要问了：什么才是最危险的信号呢？简言之，就是当市场出现对其影响趋弱的买入或卖出，以及持股量没有明显的膨胀或收缩时。这才是真正最危险的事情。你可能想象不到，如果成千上万的股民都蜂拥抢购或者是抛售，那会是怎样一种情景？它所形成的风潮就会具有超乎寻常的力量，任何强力恐怕都难以阻止。最终的结果是：不仅任何方式都不能减少挑战这个趋势所带来的损失，而且也无法弥补由于未利用这个市场趋势而丧失的利润，只能是以众多股民付出惨重代价而收场。

在分析市场时，还有一个值得重视的短期市场运行的技术指标需要掌握，它是由全面地比较市场上扬和下挫时，限价订单之间近似的比例所得出来的。如果出现权威的后市分析结合限价大买单成比例下降及数量相对较小的限价卖单成比例增加的情况，这就预示着大多数股票价格将会下跌，而且市场通常也都会朝着这个方向发展，反之亦然。为什么会出现这种有悖于常人最初预期的现象呢？我认为原因很明显，就是无论大量地卖盘出价或者大宗的买盘报价，对于大额买盘的实现或是大量卖盘的实现都是必需的。

通常，评价一个投资者能力的重要因素之一，就是当他看中某只股票时，是否能迅速、果断地大量买入，而且不会受到价格的太多影响。假如某只股票在涨停时只有少量股权可供出售，人们就会比较容易地判断出该股票未来的买家将会转向其他个股，并据此作为对在特定的条件下，股票在大量卖单出现时上涨而在大量买盘出现时却经常下跌这一现象的解释。现实中经常有这样的例子：一些企业管理者缺乏市场经验，他们为了拉高自己股票的价位，就会采取一些手段。但这样做的结果却往往事与愿违，无意中引发了大量抛售变现风潮，使本来可以避免的事情变得无法收拾。任何企业都想开拓自己的股票市场，这本无可厚非。那些真正的企业管理高手当然也都希望自己的股票能有更高的市值，不过让他们也搞不明白的是，为什么他们将自己的股权卖出却推动了股价的上涨？由此我们也可以看出，如果为了刺激价格上涨而采取买入办法的话，那肯定是错误的。

投资者作技术分析时，最后还要考虑到股东的类型，这样做有助于进一步丰富和完善对长期投资的评估分析。在实践中，往往股东类型的变化也会产生一定影响，虽然我还无法将其总结概括为一个明确的表述，但是我认为，如果其他方面都相同，为了达到长期投资的目的，你最好是选择那些与股东管理意愿最贴近，而且是由很少的持股人控制着大量股权的公司。

当然，这种理论并不适用于那些管理能力低下，手里还紧紧地攥着大部分筹码的公司。如果出现股价上扬，相当一部分股权就可能会转移到了机构手中，从而导致股权分散现象的缓慢出现，最终很可能形成股权进一步转移成现金购买的零股，从而产生庞大股东人群的投资布局。比如，《财富》杂志就曾把"美国工业中的大输家"的帽子戴在了美国毛纺公司的头上，同时又将它评价为"典型的低风险高回报的权重股"。其实美国毛纺公司只是众多类似股票中的一个。当这种股票的股东人数急剧膨胀时，它们往往会极受追捧，被认为是"最热门的股票"之一，不仅是股民这样看，就连机构投资者也会持这种看法。挺有意思的吧？

在股权分散的最后阶段，随着企业收益能力的不断下降，股东的缺席和管理层的唯利是图愈发凸显。我想，原因大概是由于这些管理者只是拥有公司股权的很小一部分，并且他们的报酬是以薪金为主，而不必像拥有大量股权那样为企业分担风险和收益。虽然企业的收益能力在下降，但它依靠惯性运转还会继续前行，并且过去的积累也会让它维持很长时间，再加之公司拥有非常稳定的用户和它通过广泛宣传形成的社会影响力，所以作为投资者来说，是很难及时发现它的问题的。我要说的是，一旦出现了这些问题，尽管刚开始它的市场萎缩缓慢，但其颓势却是注定的，只不过时间早晚而已。有人或许会说：在这个世界上的任何事物中总会有例外情况存在，难道这个公司不会成为例外吗？不过，我还是希望你在选择投资媒介时，最好是更加关注对这种问题的思考。

第 18 章 短线交易的优点

很多投资者都对做短线感到望而生畏，他们总希望持有一些不断升值，并且安全可靠的股票悠闲地获利，如果是进行短线操作，不仅要为如何买入卖出股票而耗神，有时还会带来很多烦恼。这种看法不仅在投资者中普遍存在，就是那些股市评论家们也对打短线感到头痛。他们认为，短线操作和长期投资相比，会让人感到更加不安。他们的这些言论也必然影响着投资者，使人们对自己能否有打短线的能力产生了怀疑。

虽然在投资者挑选股票时，都希望自己能选到一只无论任何时期都表现优秀的股票，但事实上，这种好运气只有极少数人才能有幸获得，而且还必须是在合适的时机。因为这种好股票太难得了，并且它们还极有可能成为下一个时期投资者们的首选。在股市中，也经常会是此一时彼一时，让投资者时喜时忧。比如，在牛市中，很多人眼瞅着别的股票价格呼呼猛涨，而自己手里捏着的那些曾是费尽心思挑选出来的股票，不是尚未成熟，就是颓势不减，丝毫没有上涨的迹象，他们内心会是怎样的滋味？难道还会是"悠闲安逸"地面对股市吗？而那些选择长线投资的人，在漫长的熊市中等待的日子也不好过，恐怕也是不胜烦恼。

前面说到短线操作带给人们很多不安，甚至连评论家们都是如此。但是我却并不这么看，我觉得无论对待任何事情，都不要太过忧心，最重要的是想出解决的办法。打短线也是如此，只要你及时应对，还是能够最大限度地避免失误的。所以，我在面对短线操作时，就始终保持着一种气定神闲的状态。现实中肯定会有这种情况，就是当你买进一只股票后，满心希望它价格上扬，尽可能多地得到回报，但它却总是不如你意，眼睁睁着价格晃晃悠悠地往下跌，让你心急如焚却又无可奈何，那种滋味肯定不好受。更让你欲哭无泪的是，如果你一旦采取忍痛割肉的措施，那么损失可就付之东流了。我认为，投资者采取实用方法选择出的那些股票更适合于短线操作，因为这些股票并不是建立在投资者很有可能落空的期望之上，而是根据当前的股价和市场行情的。实事求是地说，打短线的确不是件简单的事情。但是如果运用得法，我觉得短线交易在世界上所有投机形式中，还是最安全的一种。

现在的"短线交易"定义和前几年的表达有所不同。前几年，它的定义是几小时、几天或者几周，而如今则是半年到一年半。我认为，这样的适当延长也好，毕竟人们是为了投资获利，而不是为了更多地纳税。

如何才能使自己的资本像金字塔般不断地增值呢？正确的方法应该是持续投机。举个例子：我现在手中有能买1000股的资金。经过分析和比较，我认为斯图贝克汽车公司的股票会上涨，于是就先买了100股，接下来观察它的表现，如果不像我所预期的那样，而且还出现了糟糕的下跌，于是我就毫不犹豫地卖出去。对这之中出现的损失我是这样看的：要么是当作我付的保险费，要么是当作刚起步的必要成本，要么是当作学习投资的"学费"或者说经验教训也可以。接下来，我预料戴姆勒—克莱斯勒汽车公司的股票价格会涨，买了100股，结果它果然开始上涨了，我再买入200股。如果它的表现始终良好，我就会不断地买入，不断地加仓。我这样做的结果是，以开始时冒了较小的风险为代价，但却在后来的一系列加仓中，成功地做多了一只好股票。如果我一开始就把手中能够买1000股的资金全部投进去，那风险可就太大了。虽然我在100股的斯图贝克上失败了，在100股的克莱斯勒上冒了风险，但这些只占我手中资金的很小部分。况且，我后来在上涨过程中所买入的股票，并不像最初所买入的那样是拿真正的资本在冒险，而只是账面收益上存在着的风险。当然了，我这样说并不是表明就万无一失了，这样做也还会有其他风险的，比如，可能你意想不到的灾难会突然降临；在紧急情况下因急于补偿损失而低价抛售，受到双重损失等。当然，这种极不利好的情况还是极少见的。总之，我认为"持续投资"这个原理是有效的。市场活动本身就是人们衡量自己买什么、买多少的标准，人们完全可以以合适的数量做多合适的股票。

关于如何买入股票我已经讲了不少了。现在，我们再谈谈应该如何将股票卖出去。简单地说，你可以将一只股票先抛出去，然后再买入它。事实上，一个投资者要想正确地结束交易，远比他开始建仓要困难得多。因为刚开始买入股票时，买什么、买多少，他完全可以自作主张；而当他打算要结束时，就比较麻烦了，因为有时他不知道该怎么办，犹豫不决，但即使这样，他还得就留还是放做出决定，而这种决定也可能是被迫的。如果他一直没有介入股市的话，还可以在局外作壁上观，可一旦把脚踏进去了，就无法回避了，必须要对是拿还是放做出决策。

就我个人的体会，每当我决定卖掉一只股票时，最重要的原因，要么是它的价格停止上涨了；要么是它表现得太糟糕，出现价格下跌了。往往市场中的实际情况比我说的还要复杂。比如，有时当你思虑再三卖掉一些股票后，结果却发现它们的价格涨得更高了，可按惯例无论如何都不符合再次将它买入标准，怎么办？遇到这种情况时真是让人闹心。其实，如果一只股票的价格是从 40 美元涨到 100 美元，在这个过程之中，你不停地买进或卖出，要比只在 40 美元时买进更安全可靠。要是你在 40 美元时买进，后来这只股票出现下跌，你不会因担心而卖掉它；要是你在 100 美元时买入了最后一手，那么你的反应会特别迅速。如果是一个希望资本像金字塔般快速增加的人，当将要下跌的迹象出现后，他肯定不会再买入了，并且会尽快溜掉；如果是一个稳中求利的人，他们在 40 美元时买入这只股票，也许错过了股价 100 美元的良机，出手的时候又是在股价跌到了 60 美元。股市变幻莫测，虽然我写的这本书告诉了投资者很多道理，但与投资者在实践中学到的知识和本领相比，还是有差距的。

有时候，市场的变化会让人揣摩不定。比如，有些股价波动刚开始时让人们觉得似乎只是又一次的市场小幅调整，可是后来的结果却证明，股价从看似调整时已经从顶部开始大幅下挫了。几年前我就有过这么一次经历：当时，一只股票的价格为8美元或9美元时，我开始买入。后来随着这只股票价格不断上涨，在它12美元、17美元及其他几个价位时，我又继续买进，加了一些仓。到了股票交割日期，当时的股价是25美元，我根据各种迹象分析有可能还会突破新高，于是又一次买入加仓。从14：15起整个股市都为之沸腾，但出人意料的是，这只股票却突然大幅下跌，直到收市都没有好转。无奈之下，我只好在第二天早上清仓了。因为我一直看好这只股票，并相信它这次下挫只是暂时的，所以我非常希望再过几天还能把它买入，但它一直表现不好，甚至没过多长时间就停盘进入了破产清算阶段。

获得巨额财富的主要途径究竟是什么？有人认为是不畏艰险，始终拿着自己看好的某些股票而得到的；有人认为是通过不断换手交易而得到的；也有人认为是通过个人的判断长期持有而获得的。我觉得虽然上述说法都不无道理，但是只有极少数人的财富是通过长期持有而获得的。为什么这样说呢？因为在现实中，真正能股市淘金的人是很少的，至于睿智到能在企业到达顶峰时及时换仓的人则更少了。对于绝大多数的普通投资者来说，只能是从买卖中赚取利差获得财富。现实的问题是，究竟是依照我所建议的那样不断地换手交易获利呢？还是把希望寄托在长期持有上呢？我觉得，还是不断地换手交易获利的方式更好些，那样投资者就能在每日的领涨股中找到实现目标的机会。假如是按照更保守的方式，可能就不会有这样的机会了。

最后我还要补充说一点。如果有一个人春风满面地对你说："知道吗？我投的钱在某只股票上赚了，足足翻了一番甚至是两番！"你先别忙着替他高兴，最好问问他："这种翻番你拿了多长时间了？"其实，要是6个月就能翻一番，那可真是好运气；可要是用了12年的时间才翻一番，那可就不值了，因为他的股票年增长率只有6%。

第19章 "强势股"与"滞涨股"

有些人为了保证投资"安全",就把目光锁定在基于货币保值的投资上,他们认为限定在"安全"股票上的投资才是明智的。这种看法究竟对不对呢?我对此是持否定态度的。

所谓"安全"的股票,实际上是指那些价格相对稳定、波动相对缓慢,或者是价格相对低廉、绝对成不了炒作目标的股票。这种"安全"的股票在大牛市或熊市时,会带给人们不同的信息。比如在大牛市时,当别的股票都不停地涨时,而你看着自己手里这样一只不紧不慢的股票,心里一定很焦躁;反过来说,假如在熊市中你打算做长期投资,那么手中持有这种对市场反应迟缓的"安全"股票,你心里一定会有种安稳的感觉。实际上这是一种错觉,那些"安全"的股票,往往都是些价格低廉、缺乏波动的个股,即使是在市场交易非常活跃时,它们的爬升速度也很缓慢,甚至是进进退退,始终表现不出良好的状态。我不知你对这些所谓"安全"的股票是否有着深刻的认识?其实,上述表现是那些过了积累期的股票所特有的。

我认为,投资安全与否,并不在于你是否只选择"滞涨股"或者低价股,甚至是更糟糕的这样一组股票。投资者要想迅速获利,就必须将目光瞄准那些对自己的追求能有所回应的投资品种,尤其是那些业绩佳、流通快、走势好的领涨股,如果你是在最适当的时间买入这种股票,那么你不仅可以获得理想的收益,而且安全系数也更强了。我就看到过这样的例子，某人买了一只这样的领涨股，从他买入股票到他确认买入成功这短短的时间内，买盘上的报价又变化了，比此前他听到的给出价格又上涨了。这种股票可以在市场波动中将价格大幅拉升，并且中间不出现任何调整。

可能有的人会担心在投资一只"强势股"时犯错误，我建议你不妨选择一只"滞涨股"与之相比较，当然，你在开始投资之前必须要明确自己这样做的目的。在具体操作时，你要始终提高警惕，如果发现股价一旦有变化，与自己的预期不同，那就赶快撤出，这样做才能保证安全。由此我又想到了一个问题：投资者不妨借助这个机会，建立起资金相对雄厚的收益储备，专门拿出一部分作为保障资金，用以弥补你今后可能出现的损失，这也可以看作是"有备无患"。

在现实中，我发现有些人就像守财奴一样，他们宁可买现实的东西死死攥着，也不愿意将钱用于投资，感到这样才会安全。我认为，这些人的想法和做法都不够聪明，如果他们用钱投资一只股票，甚至包括支付个人投资所需要的保证金的话，那么与前者相比，也会更加安全可靠。因为当人们决定投资时，就会加强心理防线，为了资金安全和稳获收益，一定会谨慎地建立起保证金账户，并且在接下来的所有操作中，也会倍加小心。

由此，我们再来讨论一下关于"高价股"和"低价股"问题。"高价股"自然是指那些每股单价最高的股票。不过，我们如果将股价与包括其他数据在内的总收益能力相比较，就会有趣地发现，与每股单价最高的股票不同，它们的公司的总估价往往是最低的。就我个人而言，我看好那些每股单价很高的个股，为什么呢？这是因为它们经常会出现高速波动，由此受到更多高水平投资者的追捧。有不少投资者往往考虑更多的是股票的"指数"和"份额"，如果手中资金允许，他们并不太介意究竟是买1000股的高价股好，还是买同样数量的低价股好，反正他们觉得这两只股票没有多大区别，无论是在这只上赚"5个点"，还是在别的股票上赚"5个点"，都没什么两样。

　　我认为，这种理解表明投资者的思维上出了点问题。你应该明白，计算投资收益的基准并不是点数，而应是百分率。并且这也是用来衡量股价涨幅的基准。告诉你一个简单的方法，如果采用对数图来作提示的话，那将会很有效的。比如，有一只股票从 5 美元波动到 10 美元，涨了 5 美元；另一只股票从 125 美元波动到 130 美元，也涨了 5 美元，虽然同样是 5 美元，难道会有人认为这两只股票波动的含义相同吗？显然不会！问题是，这种涨幅往往会给投资者带来错觉，假如一只低价股从 5 美元涨到 l0 美元，对这种成倍的增长，投资者们肯定不会感觉到有任何风险；假如另一只从 125 美元涨到 175 美元的股票，也就是涨了 50 美元，这时投资者们会有怎样的表现呢？他们大多会坐立不安，担心有风险并竭力回避，甚至是干脆卖空。他们大概猜想不到，这类股票原本还可以翻番涨到 250 美元的，如果投资者有较强的判断力，是不会失去这种获利的好机会的。我这样说并不是空穴来风，因为从走势图中可以看出，这样的价格仍属正常范围内的波动。

　　某人购买了一些公司总资本并不大的低价股票，当时有人还笑他太傻，认为这些低价股票根本无利可图，然而这个人却如财运当头，从中赚取了惊人的收益。当然了，这种现象并不存在普遍性，只有在正确的时机，在极个别业绩好的小盘低价股中正确地挑选出一只，才有可能实现，可见这种概率还是极小的。在现实中，投资者拥有低价股往往有利也有弊。

　　如果是熊市持续几年，那么平时价格很高的股票也可能会变得低廉，就像 1932 年、1938 年、1946 年、1957 年出现的情况那样。遗憾的是当时投资者不可能对局面有先见之明，否则，如果当时有人既有资金又有远见的话，那肯定是获利的绝好机遇。既然没有这些先机，那么拥有庞大资本的低价股，也是让人不胜烦恼的事情。

第20章 买得"好"还是卖得"好"

我经常听到那些华尔街的高手们说：不用管其他的，只要紧紧盯住股市行情板就能赚很多钱。再进一步说，如果你真的能读懂行情板，那就好比给自己的投资设置了一个安全阀，它能自动检查你所做的一切，当你将要出现失误时它会提前报警。

我相信这个观点。先前我之所以坚决支持活跃的领涨股，其中也包括这个理由。当然了，如果判断其他股票，用这种方法可能就不灵了，因为那些证券交易都是在场外进行的，不享有活跃的二级市场上的利益，必然要面临很多风险。打个比喻，就像一个人贸然将一个没有安全阀的蒸汽锅炉点燃了，随后可能就会传来轰隆的爆炸声；或者说就像一个人在信号系统完全失控的轨道上开火车，瞬间可能就会发生车毁人亡的事故。哪位投资者敢于这样做，其勇气真是令我咋舌。我猜想，他们可能根本就没有意识到自己所面临的险境，还在莽撞行事。这么多年来，我在股市中摸爬滚打，曾经历过成百上千次的股市涨涨跌跌，也看到过很多投资者失败的惨状，上述告诫其实都是我的经验之谈，我真的不希望再有人重蹈覆辙。

前面说到读股市行情板的重要性，那么投资者怎样才能学会读懂它呢？其实方法并不难，就是实践，在小盘股上进行反复实践，只有实践才能出真知、练本领。虽然人人都希望能得到懂得行情板的高手们的指教，但是又有多少人能有幸结识他们呢？只能是极少数。也有的人想通

— 91 —

过阅读有关书籍解决问题，可是现在的很多书籍和教程（极少数除外）又都是理论性的东西过多，人们读过之后仍然缺乏感性认识。我在一所学校给学生们作演讲时，为了更贴近现实，与时代的步伐更近一些，我以"更多地解读市场行情"为题专门讲过这个问题。

投资者必须要清楚，无论你是对行情板、图表，还是对这个系统中所有的一切进行分析，实际上都是一种预测，是在对目前市场动态分析的基础上，对市场的未来进行一种预测。这方面内容如今已被很多人所了解，所以我就不在这里赘述了。

你一定要注意行情板上出现的每一笔交易，因为它们都会对大盘产生或多或少的影响，尽管有的是微不足道的。下面我以三个投资者为例，说明对待行情板上交易的不同态度所产生的不同结果：当第一个人看过之后，觉得这些交易的显示只是偶尔出现，与自己的投资没有多少关联，因此而忽略了，甚至他的行为还与这笔交易所预示的情形完全背道而驰；当第二个人仔细看过行情板后，发现了这笔交易的特点，他觉得这只股票未来的发展会和此前的表现一样，仍是买盘强大，所以他决定在现阶段跟进；而第三个人就很特别了，他只关心自己想买入或卖出的股票，至于其他的交易则一概不闻不问，更不要说探究为什么会产生这笔交易了，因此他最后又得出了一个完全不同的结论。从这三个人的表现你看到了吧，如果这笔交易的真相始终是隐秘的，那么不同的思路就会产生完全不同的结果。

不管怎么说，投资者学习解读股市行情最重要的目的，就是使自己能够从实际买入或卖出中，发现各种迹象的差异。由于这些迹象的差异都很细微，不易被看出，所以做这件事情并不简单，但这却是投资者必须要学习掌握的一个最重要的本领。我们看一个投资者是否能读懂市场，只要看他按照行情所做的一切事情就清楚了。国家从法律上明文禁止市场操纵是 1934 年之后的事情，在此之前，市场操纵行为屡屡出现。所谓市场操纵，就是指某些人通过对市场的掌控，设法让不明就里的买家或卖家按照他们的预期做出反应，并参与实际买卖。有些老到的市场操纵者知道，此时如果他们不进行一定数量卖出的话，那么人们就会从他们吸引购买行为在价格波动中留下的痕迹，明白事实的真相，所以操纵者也往往会卖出一定数量的股票，用以掩盖他们此前的真实目的。

在实际操作中，有时会出现 "买盘不足" 的情况。对此，投资者应该仔细分析并采取适当的措施。如果这种情况只是刚刚出现，你就不要犹豫，应该继续跟进。这是因为如果大量股民都希望参与购买的话，往往需要几个月的时间才能将所有的场外买单消化，这里面存在着一个时间差；如果时间差已经过去，到了连清洁工、电梯工都开始炒股的程度，股市又突然出现了 "买盘不足" 的情况，我建议你就不要再继续跟进了。

在股市投资中，我赞成现实主义的观点。我看好的只是那些价格高，并且继续走高的股票，这种股票才有价值；而对于那些看似 "便宜"，并且价格越来越低的股票，我丝毫不感兴趣。

现在的很多人都对自己过分自信。比如在华尔街上进行交易的人中，几乎有 99.99% 都认为自己是正确的，有错误的只是行情。其实并非完全如此，要知道，市场行情始终都是在证券监管方和税务征稽员的严密监控之下。

我们在前面谈到过统计分析问题。在人们投资时，统计分析也能提供很多帮助。比如，当股票出现停滞不前时，如果你运用统计分析及其他要素，就能比较清晰地了解这些股票摆脱平衡后的趋向。讲了这么多内容，有些读者可能要问了，从重要性而言，如何排列它们的序位呢？我的看法是：排在第一位的是市场行情。因为它左右着人们的投资方向，是必不可少的；排在第二位的是从经纪人和银行那里得到的信息。因为这些信息可以告诉我们买家、卖家、贷款的数量和种类等；排在第三位的才是统计分析和其他内容。

还记得在 1929 年，我曾看到过一家上市公司写得非常详尽的报告，该报告的装订非常精致，用的是少有的皮面，当时我想那份报告起码应该值 1 万美元。我能看到这种报告，应该说是享受到非常 "特殊的待遇" 了。后来，我买了这家公司的大量股票，本以为能获利很多，但结果却亏得一塌糊涂。原因就在于，那份报告只强调单独的统计分析，而忽视了最重要的市场行情；而我自己也犯了常识性的错误，忘记了正确"选择时机"的重要性。

像我 1929 年那样的错误，我相信是任何一个懂市场行情的人都不愿意犯的。我还记得当时我曾替一个客户买进了 1 万股广播公司的股票，每股价格是 110 美元。当时我预料它的价格会不停地上涨，但结果却并不像我所想象的那样。后来我预测股市在 1929 年会见顶，于是在股价为 109 美元时及时抛空了股票。

那时的情景我还能回忆起来：当时，根据并不是所有股票都同时达到最高价位的现实，我采取了不断变换交易股票种类的做法，看到哪只股票开始表现不佳时，就及时抛出，转向那些表现还好的股票。在不断变换的同时，我手中的股票数量也在不断地减少，最后就完全退出了股市。当然，那时还有一些征兆在提示着我，单凭普通的统计分析是不行的。那时的钢材价格不低，已经超过了 250 美元，人们认为每股至少会有 25 美元以上的赢利，因此普遍看好钢材股票。

那时候，投资信托公司比较流行，我记得有一家非常出名的信托公司，当时他们是第三次发行股票。要说在当时的形势下有哪只新股票发行成功的话，肯定就是这家公司的了，因为在它的背后有"大财团买入"这种超乎寻常的利好支撑。当时人们都以为市场的巅峰到了，蜂拥买入，以至于经纪人尽力设法阻止自己的客户买入更多，因为他们已负荷太重了。我想，假设市场能给出一个信号，告诉人们这是超卖现象；假设当时的人们对那些实际上是他们下了单的股票失去兴趣；假设……当然这些都是假设，现实是人们都兴奋异常，市场似乎在向他们传递着绝好的消息——市场的巅峰到了。人们预言巅峰过后一切都将重新焕发活力，但是，真实的市场行情却给发烧的人们浇了一瓢凉水，因为 1930 年和 1931 年的日子并不好过。我们不必再去回顾 1929 年的股市了，因为很多道理投资者是应该明白的。

第21章　优秀投资者和投资顾问的特质

　　根据我多年的研究，在投资领域里真正完美无缺的永久性投资模式是不存在的。虽然一些人拥有当前剩余购买力，并希望能在保证这些购买力安全的同时还能从中获取一部分利息收入，但是这种成功的机会是很少的。我觉得这些人不妨进行有周密计划的投机或是财富积累，也不失为一种明智的选择。

　　现在，不少人对我上面说的选择"财富积累"或"周密计划的投机"有些不同看法。比如财富积累问题，目前在我们这个国家里对财富积累还有些偏见，认为它解决不了多大问题，因此也并不怎么受欢迎。所谓的财富积累观点，就是主张人们将辛辛苦苦积累下来的资本中的一部分周期性地用于花费，而让其余部分继续升值，以便对通货膨胀时期出现的债券购买力和利润的贬值，或是通货紧缩时期因投资失误所带来的损失进行弥补。

　　在那些习惯于普通行业或商贸行业的人们看来，对于他们所持有的盈余资金来说，"周密计划的投机"未必是一种安全的投资方式，因此他们不满意这种选择。而那些退休者和下岗失业者也不看好这种方式，他们认为这对于他们的保障金和收入来说，更加不安全，而且采取这种投资方式，还必须要随时严密监控这个投机方案的实施，这是他们都不愿意做也完全做不到的事情。

　　看来我们是无法在大范围内找到解决这个问题的办法了，或许是永远都找不到！因此，话题又回到我此前曾经多次说过的，投资者唯一的办法就是：要么尽快提高自己的能力，丰富自己的经验；要么虚心接受那些水平高、可信赖的行家里手的指导和帮助。这些人可以是你的朋友，也可以是提供投资信息的专业人员，总之，他要有能力，对你忠诚才可以。我这样说并不意味着无论是谁，只要肯付钱就能找到对所有人都适合的投资顾问，事实上能找到具有这种超常天赋的人很难，即使是人力资源雄厚的团队也难以做到，因为这种人必须是在统计学、经济学方面有着超人的资质和才能。尽管人们对一些获得成功的社会名流极其追捧，但我认为那不过是暂时的，人们还并不清楚这些人之中也极少有超常天赋的人。退一步讲，假设按照万分之一的概率真的找到了，然而在真正成功的投机投资者（或投机经营者）眼中也丝毫没有用处。因为这些投机者清楚，他们的成功是受到所掌控的资本数量的巨大影响，并且这种成功让委托人支付的那些报酬也显得无关紧要了。

我总想列出一些必要的、准确的条件，以便给投资者在选择投资顾问时一定帮助。我认为，首要的一条应该是严谨正直（必须100%地做到这一点），真正具备道德规范。这种要求自然是很高的，需要有天赋才行。我为什么这样说呢？因为这意味着他们需要有善于灵活变通的头脑，而脱开了他们这个人本身。假如时代和他们的步调吻合，他们就会进步神速；假如时过境迁，他们就毫无价值了，总之是随形势而进退。另外，这种人还能够真正意识到什么是风险，避免因信心过度而受到致命打击。投资者要注意的是，如果有人无数次建议你在某种条件下可以做大宗交易时，你一定要多留点心，往往这种人都是最差的投资顾问或投资经理，或许就是一个地地道道的骗子，他们之所以反复劝导你，极有可能是想把你引到那些聪明人根本不会投资的项目上去。总之你要提高警惕，不要轻信这样的人，重蹈某些人以往的覆辙。一个明智的投资者，必须做到思想上不偏不倚，而且不受束缚。如果他经常被渴望获得最高收益的思想所左右，或者说如果他确定了一些必须达到的目标，那么就会干扰他的判断，导致出现偏差，其结果要么是让本来正常的方向发生偏离，要么是使事情进程出现逆转，甚至走入歧途。只有在他不仅是因为渴望或者需要获得利润，而且时机恰当时，他才有可能安全地达到目的，取得真正的成功。

我这样说并不意味着投资又变得简单了。事实上，投资者对市场要时刻保持高度机警的状态，丝毫都不能懈怠。打个比喻，如果你的挚爱就是市场的话，那么你无论白天还是夜晚都不能离开，要始终真心守护。

我们前面谈了不少关于理想投资顾问的问题，有些读者或许要问了：既然这么难寻找，我们谈这个问题还有什么意义呢？实事求是地说，我的确也认为，要寻找最接近完美的东西，希望很渺茫。我们讨论这些问题的意义就在于，要引起投资者的缜密思维和借鉴，尽力提高自己经营投机交易的能力，或是用以鉴别自己所接受的投资指导是否更加准确。这样一来，你的投资成效就会大大高于平均水平。即使是你只能做到在获得收益时减少损失的程度，我认为也是值得你为之而努力的。

第 22 章　勇于承担损失才能更好获利

从保证资金安全的个人投资策略而言，我认为能否敢于接受损失是最重要的。可这也恰恰是很多人并不了解，或者说最不愿意提及和进行操作的事情。

虽然我从 1921 年起就开始涉足投资领域，不仅研究投资、给别人投资提建议，而且我自己也实际进行了投资。但是这么多年来，我始终没有找到真正的结论。其实不光是我，在我之前还没有听说哪个人找到过。虽然这是一件憾事，但我毕竟有了很大收获，从中也领悟到许多事情。其中"干脆地接受损失"就是我多年来领悟到的一件最重要的事情，并且我把它看成是未来获得成功的第一秘诀。

这些年，我见识过的投资者和投资何止成千上万，要说最常见的，还属多样化的投资类型。这种类型人手中股票的情况当然也各不相同：有的已经获利了；有的还处于市场观望之中；也有少部分出现了亏损。假如这些股票不时地出现数额较大的亏损，那就是很严重的问题了，必须要引起投资者的警惕。也许有的人会不以为然地说：没关系，我的这些损失只是账面上的。其实这种说法反映了他们看问题的片面性，他们只是看到了股票的红利和资本收益这一面，却忽视了出现一些资本损耗是无法避免的这一面。投资者对于可能出现的损失必须要有所准备，如果损失真的出现了，就必须从收益中将其扣除，只有这样才能准确地掌握自己的投资账目，不至于被虚假的情况所误导。

关于如何面对损失，我发现有以下三种典型的情况：

一种典型的损失是发生在那些看似自信的人身上。"别担心，股价跌下去肯定还能再涨回来"，我经常听到市场上有人这样说。其实这种看似自信的想法毫无道理。试想，有谁会愚蠢到将无数次能换成好股的机会放弃，而日复一日、年复一年地守着那些垃圾股呢？而且眼睁睁着它们越来越差，丝毫没有好转的迹象。这种例子不胜枚举。比如，纽约中央公司和西联公司的股票，如果有谁在1929年之前购买了它们的股票，就是颇为不幸的经典案例。在当时购买这两只股票的人中，有的至今才慢慢地解套，并得到了一些红利。再比如，跨区快速地铁公司的债券和纽黑文铁路公司的股票曾是人们热衷谈论的对象；库罗哥尔公司的股票也曾是备受人们关注的，然而这些股票究竟怎么样呢？实际上它们都是些人尽皆知的烂股！还有无数个像这种小股灾的例子我就不再一一列举了，虽然它们可能会被人们所忽视，但它们对投资所带来的负面影响却是毫无二致的。

第二种典型的损失是发生在无数正在交易的账户上。这种账户主人的特点是只要看到有一点小收益就立马取出来。但如果他们遭受了账面的亏损时，就会一直攥着这只股票不放，盼望它的价格能够再涨回来，结果不但没有上涨，最后反而账户也被冻结了。

第三种典型的损失与前面两种不同，或者从某种意义上讲它并不是损失。比如一个账户为了适应市场形势，它要不断地进行调整，当那些价格上涨后又出现回落的股票，其价格也必然会再次降低，其实这种降低并不能看作损失，只能称之为减少了的收益。这时可能读者要说了：你讲的道理我明白了，可我遇到这些问题该怎么办呢？

有些人无论对任何事情都喜欢用一个机械的公式套用，而这恰恰是我最厌恶的。在这里我想告诉读者的是，无论任何时候、任何事情，你都要运用自己的头脑，按照逻辑和理智来做事，而不是依靠那些刻板的条条框框。对于前面读者的发问，我接下来的回答严格地讲不是一个公式，只能算作一个引导或者警示，以便引导人们遇到这种问题时，首先是要冷静下来仔细想一想："我该做些什么?"尽管有人一再鼓动我把具体做法变成一个公式:"不管其他,拿出来卖就是了。"我不赞成这种做法,因为它对投资者运用自己的思维和理智没有益处。

我认为,在所有可能发生实际损失的情况下,当一笔新的投资缩水10%时,首先是要停下来,仔细观察形势、了解信息。比如你做了10000美元的一笔投资,当它的市值缩水到9000美元时,你就应该果断地卖掉它,然后再重新开始。通常,在这种情况下明智的做法就是干脆承担损失,并将它尽快卖出。

或许不久之后你又将相同的股票买了回来,但这时你就发现假如以前卖了它,会得到完全不同的东西,可能你不会再次购买它,而是去选择其他股票了。人们无论何时都应该保持冷静和理智,而不要让操作被自己的情绪所左右,这才是最重要的。如果你将一只正在下跌的股票尽快出手是聪明的做法。然后你就可以按照自己的意图,轻轻松松地做自己想做的事情了。

相信许多读者也都在实际投资,可是如果遇到个别投资缩水非常厉害,甚至几倍于10%时,你应该怎么办呢?我告诉你一个公式(不得已违背我先前的原则):如果你的一只股票已经严重缩水到仅值原始购买价的50%,或者是25%、33%时,就应该卖掉一部分。虽然我不清楚这部分究竟是占1/4、1/3,还是1/2,总之卖掉一部分是对的。接下来的市场形势如果出现看多,你再想想是否还要把卖掉的部分再买回来,不过,我估计你可能压根不想这样做了。

下一次如果你根据一些理由,又对市场做出了熊市或是普遍看空的判断,那就再卖掉1/4或者1/3。假如你前一次卖的是1/2,这次就干脆把剩余的全部卖掉,将得到的这部分闲置资金,转而投入到真正能给你带来利益的项目上去。

有人可能要问了:如果我有一只正在上升,而且账面收益很高的股票那会怎么样?我们这一章节里并不是在努力寻找最高点,而是讨论如何接受损失,防止收益过多缩减问题。顺便我再介绍一种与处理损失时相类似的方法：假设某只股票与最高报价时相比缩减了10%，你可以卖掉一部分。如果以后根据某些理由你认为它又出现了看空，就不妨再卖掉一些。当然，你所依据的理由或许会导致多种情况出现，比如，有时这个理由可能是让你感觉到会出现反弹，但实际结果却并不是；有时这个理由可能是让你感觉某只股票不如其他股票表现得好；有时这个理由可能是让你感觉它的走势会更坚挺，但实际上市场却可能出现疲软。不管有多少种可能，我认为都是你卖掉一部分的理由，无须过多犹豫。

还有一些小额投资者想知道，如果他们也卖掉一部分会怎么样？我们上述讨论的主要是针对500股以上规模讲的。至于零股或者是每笔交易在100股的股民，我认为在上述情况出现时，最好也马上把零股全部卖掉。不过也有一个原则可以遵循：如果你手中的股票是一组的话，那么可以在卖掉一些的同时攥住其他的股票。因为你还要确保利益，毕竟最差的那只被你卖掉了，而收益最多的那只还在你手里。

除了上面所讲的，我还想提出另外一种规则：不管账户大小，每年都坚持卖掉10%（也可能是20%，或者更多些）。我为什么要这样做呢？就是希望自己的账户始终保持流动和增长状态，不断将新的资金投入到随时出现的活跃个股中，而不像现在一些人那样，让资金总滞留在流动性很差的过时股票上。如果人们认可我的这种规则，操作起来就非常简单了，只要你每年不假思索地卖掉一部分股票就行了，无论多少。如果你非要找出一个卖掉的理由而又实在找不到时，那么"为卖而卖"就当作理由吧。

缴税多少也是很多人非常关心的事情，尤其是在兑现收益的时候，他们总是拿不定主意。而我却不这样看，我把缴税情况看作是在一些仓位上卖掉某些股票的重要理由，尤其是在这些股票此前收益较大，但目前已经出现萎缩的情况下。我认为，与其几年后任其累积成巨额税款，给自己带来沉重的压力和苦恼，倒不如通过卖出部分股票，每年只需缴纳少量税款，借此分散总的税务压力要好。

1942年国家曾有过税务减免政策，当时很多人都与这么好的机遇擦肩而过，为什么呢？因为那一年他们没有兑现收益。虽然他们的账面收益很大，却因担心缴税数额过多而迟迟不愿兑现。投资者承担税务责任是应该的，而采取多多少少缴纳一些税款则是个好方法。如果当时这些人顾及长远，而不是被眼前利益所迷惑，按照我前面说的每年兑现一部分收益并缴纳一些税款，他们不就成了国家减免税务政策的受益者了吗？

关于如何缴税还有一些学问。比如，投资者在决定未来要缴纳多少税时，不妨先看看自己以前所缴纳的税，它会起到很重要的参考作用。未来的税款如何计算我们不清楚，但有一点是可以肯定的，就是你每年的缴税记录如果比较均衡，而不是忽冷忽热，头一年缴了一大笔税，而第二年又一分没缴的话，那么肯定对你是非常有利的。尽管人们无法总是提前计划这些事情，然而这种做法对于大多数账户来说还是可以尝试的。

哪些人能在长期的投资事业中做得最出色？我认为有两种：一种是时刻关注自己的损失，并且能够及时止损的人；另一种是时刻关注自己的收益，并且在收益减少时能够及时兑现的人。我的体会是，任何投资原则都远不如这条原则有效。

刚才我们又提到及时止损，如果从缴税的角度看，它也是一个相当不错的方法。不知读者是否清楚，最关键的止损点通常是指还只是短期亏损，或者是六个月，或者是更短的时间。

说实在的，投资者往往最难承受的就是亏损了，尤其是有时还会经常出现这种情况：当你刚刚将一些股票卖掉之后，它很快又调头向上反弹了。这就是严酷的投资现实，你无法左右。唯一的办法就是让自己在这种情况下不妨洒脱一些：不就是在错误时机卖出股票受到损失了吗？就当作是一笔保险费吧！

第 23 章　不能准确预测并不妨碍你赚钱

或许真的是老天不公，有些幸运的投资者一年到头都在赚钱，而有些不幸的投资者则是从年初盼到年尾，总是深陷亏损之中难以自拔。那么他们之间的区别究竟在哪里呢？其实并不仅在于是否把握了正确的时机和选择了正确的股票那么简单。

下面我以个人的经历为例，希望能对投资者在获得成功、减少失败上有所帮助。记得那是 1920 年即将来临之时，我在股市上得到了第一笔风险投资。自那时起，我为了能找到成功投资的秘诀，不惜花费了大量时间和精力。这期间，经济学家们的一个共识引起了我的注意，他们的观点是：客观地评价，假如投资者的预测准确性能达到 1/3 的概率就很不简单了。

按照经济学家们关于预测成功的 1/3 概率，如果有个人只是依靠判断力选择正确的股票和正确的时机，并且买进的价格也很合适，应该是成功的吧？但依我看却未必！我认为正确的分析离不开直觉和理性这两个方面。经济学家们的观点曾影响了很多人，不过后来也有人对他们做过"精彩"的描述："不错！他们是解剖学教授，但居然还是一个无任何经验的处男"。看来这人说得苛刻了一些，不过，我从自身的经验也证明了这些观点。

在实践中不断学习提高是投资者最重要的任务。我个人之所以很早就涉足股票投资，并且多年前就开始雇用股市研究机构的人员也源于此。我的弟弟对股票投资也感兴趣并让我教他，我同样是采用在实践中学习提高的做法，不仅向他推荐一些实用的书籍（这些书的内容并不浩繁，阅读速度快一点的话，不消几个晚上也就读完了），建议他阅读主要的财经杂志，而且还带他到银行、金融代理机构、财经出版机构、咨询服务机构等地方实地考察，甚至带他参加企业的会议，目的就在于让他更多地学习，更多地见识。

此外，我还有一种最重要的方法，就是让他亲身体验和操作。比如，我将10000美元交给他，放手让他去购买他自己认为有价值的股票，我所提出的唯一条件就是：每次他只能购买一只股票，而且不论是赢利还是亏损，必须将前一只股票结清之后才能再购买下一只。我的弟弟也是一个聪明人，他为了让自己的账户始终保持活跃状态，就一直不停地倒手，效果自然不错。所以，在实践中学习提高，是每个人学习股票投资的最好方法，很多实例都证明我的这种观点是正确的。即便你认为大环境很好，无须多谈实践，但活生生的事实也会教育人的，让人们看到自己对投资市场理解的浅薄。

还有一个例子足以证明我的见解。当1949年的股市预测出来后，为了做比较，我将1948年的各种预测也都找了出来。我发现在这许多预测中，第一条都是说某只非常有名气的电台股在本年度表现最差，也是"最不受欢迎的"，这个结论是1948年1月做出的。然而，到了同年12月，结论却变了，它又成了广受欢迎的电视股。其实，无论是电台股还是电视股，它们都是同一只股票，只不过它后来的价格却要高许多。

应该说搞股市预测的都是些学识深厚、身价颇高的研究人员，可是为什么这些人会在自己的专业研究领域大出洋相、错误百出呢？我刚才不过是随便举了一个例子，其实类似这种情况还有许多。我现在竟然有些搞不明白了，难道这些专业研究人员只管作理论研究，而对现实的股市投资了解甚少？难道他们一再宣扬的"1/3"的准确率就真能作为市场预测的标准吗？他们这个经济领域的及格分数真的及格吗？

或许，这些人的研究过程没有任何问题。然而，他们（当然也包括我们及所有的人）却没有意识到自己正在做着一件根本不可能完成的事情。当有人问到戴维特·W. 莫罗先生是何时看出 20 世纪 30 年代的通货紧缩时，这位美国著名的律师、金融家和政治家是这样回答的："对不起，是在它发生了 6 个月之后我才知道的。"戴维特·W. 莫罗先生说的是实话。虽然我的预测也离不开经验和实践，但其准确性与人们所认可的科学标准还相差很远，尤其是对于长期趋势的预测上，可是我却能屡次获得成功，其原因何在呢？

其实答案非常简单。我的超人之处就在于对自己的长处和短处始终有清醒的认识，并不只是善于从普通股中挑出更赚钱的股，或者是了解更多的买进良机。

有关止损的内容，我们在前面的章节中已经有过叙述。在此，我只用一句话概括：止损是投资成功的基本组成部分（另一个基本组成部分是求利）。假如你手中持有很多你认为是最好的股票，就给它们留有更多的上涨空间。对于市场时机的选择也是同样的，如果在你判断正确时要持有更多的股票，在判断错误时则反之。

一些人在启动投资时，往往不知道具体该怎样做。我认为有这样几个步骤：

◇ 在建仓的过程中，如果你想更多地获得机遇，就要随时考虑哪些是理想的买入时间、买入价格及最好的股票；

◇ 随着股票行情的不断发展肯定会分出好与差，如果是好的就继续加仓，如果是差的就趁损失还不大时尽快退出；

◇ 你所购买的几只股票走势可能并不相同，这时就要有所选择，放弃那些对自己吸引力降低的股票，而把精力放到你认为是最好的股票上。

如果你调整和操作稳妥，最后很可能会由先前的多只股票而集中到一只股票上。

如果从更深一层意义上讲，我认为学习成功投资的方法，不仅要在股票选择和时机把握上比普通人更出色，更重要的是要学会如何充分运用自己的聪明才智，如何从容坦然地面对财富。这就是我多年的实践总结。

第 24 章　盈利策略

"我也没想发多大财，只要能赚点儿补贴生活的钱就行了。"这是不少人的想法。我不赞成这些人的想法，因为他们是在冒险。他们所持的观点必然会导致对现实自觉不自觉地反应迟钝，其结果是在未来的某一天，他们的资本就可能会出现缩水，损失之大也可能会超过他们这一时期的总收入。那么，什么才是最安全、最好的投资方式呢？我觉得还是经过周密计划的投机交易。因为这种方式安全可靠，它可以为投资者免受损失、保护资本购买力，或者让资本具有持久的变现能力提供更好的机会。

如何利用和维护资本，是人们普遍关心的。我以为，明智的做法就是以"收益"为目的去运用资本。所谓"收益"，是指人们投入资本当前出价的市场价值的净增长再加上红利或利息收入。假如市场的贬值超过了收入，就会导致净亏损的出现，当然也不会有任何收益或收入了。

很多人对"投机者"这个称呼心存顾忌，因为多年来他们所接受的教导都是只有稳定的收入才堪称美德。假如让他们看到自己的投资价值整天不断地波动，自己岂不也成了"投机者"了吗？其实，这是一个认识上的误区。要知道，红利都是为此前几年所支付的，至于它将来会不会减少，甚至会不会完全停止支付谁也无法保证。如果真的减少或中止支付了，势必会造成人们的收入降低甚至完全没有收入，包括已经实现和未实现的资本亏损。一些人攥着那些没上市的股票，满怀希望地幻想着能够得到丰厚的利益，然而他们却不懂得，尽管手中这些股票每天的价格都在变化，但其实际价值却并没有变化。不过，在1929—1939年期间出现的个人房地产抵押贷款、抵押债券及不胜枚举的投资价值萎缩事例，又都证明了这种见解的荒谬性。

我们从纽约证券交易所挑选了几只比较有名和活跃的股票，制作成下面两张图表。在表1中，我们将1956年的股价按照从最高到最低的大致范围列出，并对它们的分红情况及每只股票交易1万美元时所产生的费用情况进行了比较。这样做的目的就是想告诉投资者，波动（即资本的赢利和亏损）与分红或利息（即收入）相比，具有相对的重要性。在表2中，标明了在各个价格水平上的股票交易成本。投资者可以从中清楚地看到，其成本要远低于通过其他方式购买的有价证券的花费。我们这样做的目的，主要是为了告诉投资者，在你决定什么时候买卖时，没有必要将这一点作为考虑的因素。

表1　1956年股价年波动范围、红利

股票名称	1956年股价范围（美元）	点位波动幅度	1956年红利（美元）
通用汽车	49~40	9	2.00
美国钢铁	73~51	22	2.60
标准石油	66~47	19	2.10
斯普瑞—兰德	29~21	8	0.80
西屋电气	65~50	15	2.00
美国电话电报公司	187~165	22	9.00 *
宾夕法尼亚铁路	28~21	7	1.55
克莱斯勒	87~60	27	3.00
海湾石油	147~83	64	2.50 *
恺撒铝业	70~35	35	0.86
纽约中央铁路	47~32	15	1.50 *
格伦马丁	45~31	14	1.60 *
共和钢铁	60~43	17	2.62

注：＊未上市股票或权益

表 2　股票交易成本

单位：美元

股票名称	截至 1956 年 12 月 31 日的股价	买入价值 1 万美元股票的成本（a）	买卖交易总成本（b）
通用汽车	40.25	82.64	175.41
美国钢铁	73.50	68.94	143.52
标准石油	58.75	74.74	156.48
斯普瑞—兰德	22.75	117.68	253.17
西屋电气	57.50	75.63	158.43
美国电话电报公司	171.375	46.42	95.36
宾夕法尼亚铁路	21.25	122.41	263.87
克莱斯勒	70	70.71	147.35
海湾石油	123.875	44.29	92.03
恺撒铝业	45.75	87.51	183.99
纽约中央铁路	33.625	98.75	209.58
格伦马丁	41.75	91.52	192.85
共和钢铁	59.50	74.60	156.12

注：（a）包括纽约证券交易所的佣金。

（b）包括纽约证券交易所的买卖全额佣金，联邦和纽约州的税费、登记费。

　　能否获得投资或投机成功，首要的策略是能够接受最真实的周期性估价。即使是亏损，它对决定未来政策的重要性同样很大。

　　鉴于本章节的内容主要是针对有着另一种生活方式的普通的资本所有人，所以在我看来，如果他们能遵循以下六项原则，即使是初出茅庐的股票卖家，同样会迅速成功的。

◇ 雇用合适的经纪人，帮助你下单、获取信息并做出选择。

◇ 只购买那些每天都会出现在主流媒体上的领涨、活跃、公开发行的股票。

◇ 不仅考虑利率，更多地还要考虑价格波动。

◇ 避免投资太过多样化。

◇ 100%的满仓绝不可取。

◇ 切记及时止损。

通常，对一个优秀经纪人的管理是很严格的，不仅是他所在的交易所管理，而且位于华盛顿的证券管理委员会也要管理。但如今，原本不应该出售证券的经纪人却有很多同时也在做着证券推销员工作，由此可以获得一些额外报酬。实际上，股票买家和经纪人之间是有责任和义务约定的。股票买家将公开的、一定比例的佣金付给经纪人，让他做自己的代理，实际上也是代表了自己的利益。经纪人向股票买家提出的建议和提供的信息也都是真实和中肯的，这之中不仅会有股票间的孰优孰劣，还会有何时是买卖交易的最佳时机等关键问题。由于买卖交易时所支付的费用并不高，未来的情况如果适合，无论是调仓、收益兑现还是及时止损，这个因素可以不必考虑。当然，也的确发生过投资者控诉少数经纪人由于只为赚取佣金而忽视股票买家的利益，促成了一些不当交易的事情。这种事情虽说是偶尔出现，但也是非常令人遗憾的。我建议投资者在挑选经纪人时，除了看他的经验和资深经历外，更重要的他必须是一个诚实正直的人。你还可以当面向他说明：为了实现我的投资目标，我充分信任你，你可以独立操作，做我的经纪人、代理人及资产受托管理人。

经纪人看起来更像是一个推销员，他们不仅在做证券销售工作，有时为了赚取特别佣金，还经常向人们宣传推荐一些很有诱惑力的投资产品（不少产品恰巧就是他代售的）。其实证券推销员和股票买家之间的关系，就像其他任何卖家和买家一样，没有什么区别。在整个商业系统运作中，好的证券推销员是必不可少的，而使新的资本向工业流入过程中，证券推销员也是功不可没。很多人对经纪人推荐的产品感到良莠难辨，但也有一些人不仅理智，而且还深谙推销门道，所以他们很清楚经纪人所推荐产品的好坏。

对于那些还不很熟悉投资股票证券的人，我的建议是你最好只买那些知名、活跃和公开发行的股票证券。这样做的好处是：（1）你买入的供货报价与在市场上竞价出手的出价之间价差很小，甚至与较为安全的商业投资中的差价水平相差无几；（2）你买入和卖出的价格当即就能在证券交易所的自动收报机或是不久后的报纸上进行核对；（3）银行会表现出异乎寻常的积极态度，它们不仅会迅速地以最低利率对大宗资金流动予以支持，而且乐意为那些活跃和公开发行的股票作担保。如此一来，你投资的安全系数就大大增加了。

投资者不仅要对整个市场及同一板块上的其他股票（包括新股）进行认真分析，还要注意对某只股票每天的价格变化进行追踪，借此不仅可以了解到该股票的公司内部情况，或许还能偶尔发现危险的信号。对投资基金的评价来源于市场公布的价格的正确引导，而消息所传递的内容又可以让投资者在这些股票上最大化地应用。

综上所述，如果投资者在雇用经纪人时坚持我所说的两条原则，在购买股票时遵循只买领涨、活跃、公开发行股票的限定，那么你每年在增加收益和减少损失方面，就肯定会获得理想的效果。

有些人认为我上面讲的六条原则中的第三条不太好把握。的确如此，因为它们并不是精确的规则，把握起来还需要有判断力才行。

在所有真正的蓝筹股尽人皆知的情况下，投资者对于时机的把握则显得格外重要。比如，通用汽车公司是人们所熟知的好企业，但是，又有多少人知道它的股票何时买进，何时卖出才最为合适呢？即使是成了好公司，也无法阻止其收入、红利等反映出它在股价上的一些涨跌，有时幅度可能还会较大。所以，在合适时机买入或卖出那些真正好公司的股票，所冒的风险就会极小。与其相反，假如投资一个刚刚发掘出，又未经过实践证明的投机对象，则要危险得多，虽然人们也会逐步了解这些投机对象并最终获得成功，但我觉得人们还是仔细挑选一个经纪人，由他去慎重把握市场时机更稳妥。

通常情况下，如果时机把握正确，这只股票就应该是只领涨股；如果它被人们注意到，就应该毫不犹豫地买进。或许还有两三只股票具有不同风险度，但也值得买入。投资者要切记的是，一定不要在多只股票之间进行多样化操作，即使资金数额巨大的股票账户也应有所禁忌。这是因为，如果将各种股票都混杂在一起，肯定达不到那些一流领涨股的优异表现。同时多样化操作还会导致零股买入，极易形成买卖交易成本更高的局面。当然，也有些人觉得多样化操作有好处，同时选择过多股票是采取了一种两面下注、平衡风险的安全手段。其实这些人的认识是错误的，事实上，一个人只能做到对很少的股票了如指掌，而当他面对种类繁杂的股票投资清单时，是绝不可能做到全面、清楚地了解每一只股票的情况的。再说了，无论是谁对着那份长长清单上的所有股票，要想保持消息灵通，肯定比只需很短时间就把几个精选股搞定要困难得多。多样化投资的结果必然会使判断失误的概率大大增加，所以这是最不可取，也是最愚蠢的做法。

坦率地说，投资者的目标很明确，就是将所有未承诺股价大幅上涨的股票拒之门外，要实实在在地获利。为了实现这一目标，我建议投资者不妨这样做：

◇ 如果你还未找到有如此承诺的股票，或者是对某只股票的投资感到难以操控，那么就干脆原地止步、持币观望；

◇ 对于你希望获得丰厚回报而买入的那些股票，如果你运用聪明智慧来操作的话，就能比你在它们达到预期目标之前早早卖出（尽管也是完全可以的）在收益上要好得多。如果是好的股票，可能还会超过预期收益4%～8%；

◇ 要善于投机。对于那些只能支付股息，或者其估价已充分表明了内在价值的股票，当它们出现下跌，甚至速度比承诺回报最高的那些股票一样快或者超过它们时，你不要慌乱，要耐心等待天赐良机，否则就不要投资。

　　这就是人们公认的"投机性"策略，当然这种策略也不是随处可用，只有碰到对投资者有利的机遇时才能进行。我们在市场上经常会看到，有的人买入了一只股票，满心希望股价翻番，可它却不升反降，这是出现了决策上的失误，后来又因期望获得稳定的收入，故而将远远超过了"投资中"的资金收回，结果又白白地将它的分红机会放弃或错过了，这种人从头到尾都出了错。

　　尽管如此，错误总是难免的。在股票投资中任何人都有可能犯错误，关键是一旦犯错就要及时止损，这是代价最小的保险措施。如果用句战争术语来描述，这叫作战术撤退而并非投降。我经常在思考：为什么有的人总不接受教训，他们在一系列风险投资中每次都出现5%～10%的损失，却不采取补救措施，致使失误继续不断？显然，这种情况对于投资者来说是非常艰难的抉择。此外，还有的人明明看到一些新股表现不佳，但他们仍然顽固地坚持持有，此举颇让人不可思议。他们竟然不知道，他们所谓的"投资"可能就在不知不觉中被牢牢地套住，且很长时间都无法从困境中解脱。我认为，投资者不仅应该具有坚强的信念，还要善于用开放的思想来认识眼前的局面，即便自己处境糟糕时也要这样，这里面最关键的一点就是及时止损，否则是难以做到的。

　　我们上述讲的这些原则对债券和优先股都适用。还有些读者请我对如何购买债权提些建议，我的看法只有三点：

◇ 购买政府发行的、有定期回购价的债券；
◇ 购买回报率很高、期限很短的债券；
◇ 购买那些价格具有投机性质的活跃债券（因为这种债券能通过人们对实际的把握和个人对前景的乐观而使形势好转）。

　　如果有人质疑"证券利息要比证券价格波动重要"的观点，我建议人们不妨看看前几年那些回报率较高的股票，它们的利息都很低，可还是有以低于面值30美元、40美元，甚至50美元价格的大量债券在出售。为什么这些债券会降价？或是由于它们内在价值的失败，然而更多的还是由于利率的上升。在债券整体降价中，总会有一些能成功摆脱这些不利因素的高回报、高价位的债券，它们仍可以作为投资者的首选。

第 25 章　不停流动的账户

现在还有一种关于投资管理的理论。我想如果以"不停流动的账户"来为它冠名，肯定是最为形象和精练的。

"不停流动的账户"，亦即以这种方式来管理，资金总是在流动。通常，这种账户内的资金都是未投资状态，就是现金或其他"等价物"（指任何具有充分流动性的短期证券或商业本票）形式，账面价值与市场价值时刻保持相同，收入包括利息、股息、资本收益（已实现和将实现的）及少量的资本亏损，当然这些都是由市场所决定的。"不停流动的账户"兼有投资和投机性。

我相信持有这种投资理论的人内心会平静许多，因为他们似乎从这种理论中看到在通货紧缩时期会获利更多。其实这个世界的本质已经决定了任何事情都不会百分之百的安全和稳定的。不过，这种方式还是让人们注重了这一现实，不会误选股票。表面上看虽然眼前的回报是减少了，但却给人们的资本安全提供了一种保护，从而避免未来因"满仓投资"而出现巨大的亏损。

那么，"不停流动的账户"是以怎样的方式帮助人们获得收入和增值呢？具体说，如果你发现股市走势与相关情况明晰确定，并在买进之后即刻就能得到账面收益时，就可以进入市场买进股票。另外，为了让你的账户始终保持流动性，在每笔交易时你必须要根据总投入按照百分比设定一个止损点，如果资本收益达到此前规定的总投入的百分比之后就应立刻停止。有人在总投入的百分比上设定了3%，也有人设定了10%。如果不是市场趋势的确定十分明朗，或者说中途因失败而退出的可能性极小，投资者就绝不能买进。当然，任何事情都会有例外，我们也不排除偶尔会出现些失误。

人们都是根据个人所掌握的标准来判断在市场上究竟买什么，何时买，其中肯定各有不同。我是掌握什么标准呢？简单地说就是"情报"和"观察"。所谓情报，是指所有被公开的包括对经济整体解读、统计分析在内的市场情报，通过与各企业管理层的私人接触所搜集到的资料；所谓观察，重点是对买盘和卖盘的特征进行观察，在此基础上进行选择。我最后所看中的，肯定是一只十分活跃、流动性好的龙头股，或者是得到极明确承诺，并有望能成为龙头的潜力股，而且我无论选择持有哪一只，它的股价还必须是正在上涨。在我的选择中技术因素占据首位，而其他因素则在其次。

由于这种投资理论强调必须明确并保证投资的准确性，所以在股票买进时，更注重于单只集中买进，而不是四散铺开。股票种类或投资多样化的方法，只能是防御性地资本保值，说穿了这实际上是一种试图掩盖判断错误，平衡损失的方法。

股票的最低点和最高点往往都很难判断，只有在市场走势确定并顺势发展时，才能被人们所辨别，从而达到获利的目的。所以，不停流动的这种投资方式也很少是在最低点买进。

如果做个比较，我觉得不停流动的投资方式类似于金字塔式交易法——在股价上涨时就逐利，在损失来到前就撤退。如果投资者操作得当，这种账户的投资就会始终集中在一个方向上。有人提出一种"在低于平均价格时买进"的策略，我认为它和不停流动的投资方式理论是完全不同的。

什么是普通市场？就是指股票种类丰富，在发展上不受任何小道消息或传闻左右的活跃市场。投资行家对这种市场的态度也很积极，他们会在合适的时机将看好的某只龙头股迅速买入。不过，在精选的领涨股上他们还是不会立刻重仓买入的，他们认为比起多样化投资中单只股票所占的仓位来，这个仓位显然要大得多，而且它的资本收益率也比传统的分散投资或投机方式要保守得多。在多样性投资中的单只股票收益率上，或许有人会定为总投资额的 20%~25%，但这样的比率是否合适还要看资本量，假如资本量过大或者过小，就不会使用这样的比率。在市场上，无论是资本数量、一只股票的市场宽度还是投资账户主人的纳税收等级别，它们之间都有着紧密的联系。

投资者需要把握的是：如果市场出现上涨，就可以将同一只股票更多地买进；如果市场幅度狭窄，且受到各种传闻影响，就要少买或不买。无论投资任何一只股票，最初时的数额应尽量以少为标准。这样做的好处是可以避免大起大落，如果股价上涨了，就可继续加仓；如果股价下跌了，亏损也很小。投资者如果能将少量资金运用好的话，同样也可以获得丰厚利润。就一个投资账户而言，有时大部分资本看似未产生收益，但从整个账户来说就可以获得丰厚的总回报，即使是偶尔在某一笔上出现了失败，但整个账户充裕的资本储备总能帮你奋起再战。

有一种情况不利于继续持仓，就是你已知的因素似乎都表明利多，但实际行情却显然是在下滑。还有，当出现小幅下挫之后，投资者也要果断处理，可以不问任何缘由，按照流动性的操作方法立刻清仓，因为市场出现下挫本身就是占主导地位的绝对因素。我建议投资者可以先将资金收回锁起来，因为连续数月的大额跌幅一定能让市场下跌的真正原因变得清晰。

现实中或许还有这种情况：一只股票会因某些暂时性原因先行出现下跌，而后才开始真正上涨。此类情况在这种流动性很强的账户中也是难以掌控的，因为它无法阻止再次出现的低价或者是将已经卖出去的股票再以高价回购。此时，我认为一直持有反而不如用比首次清算高的价格进行回购更为有利。为什么呢？因为当人们普遍持看空的观点时，实际上市场的走势却很强劲，这等于间接地告诉那些一直观察着市场变化并勇于跟进的人们，这是一个绝佳的买入时机。事实上，最先止损退出市场的也是这种流动性强的账户，因为这类投资者时刻紧盯着市场，并等待着反弹。这期间如果条件合适的话，他们肯定还会将同一只股票再次买进。或许时间不长这一只股票就真的会复苏反弹，并且它这时的价格和走势对人们的诱惑力更大。我最后的这两句话富有深刻的内涵，请读者留意。

虽然这种方法可以让投资者获得高收益，然而要真正运用好却并不容易，因为它需要投资者具有广博的知识和丰富的经验。事实上许多人很快就将这方面的弱点显露无遗。也有的人试图凭借运气，但运气在这里起不到丝毫作用。最能反映真实情况的应该是账目核算。有时一只股票明明潜藏着巨大损失的风险，但投资者却未察觉到，他们不仅持有并且有时还会在自认为"低价"时卖出。这种自欺欺人的方式，虽然暂时满足了人们股票分红、兑现股票等星点收入（还要纳税）的愿望，然而这种做法是不可取的。

能否成功地投资或投机，运作流动性高的账户是一个严峻的考验。目前在股市上获利的方法有很多，但据我了解，还没有哪一种是不依靠机会（当然也包括运气）和从账目核算中所反映出的结果来实现的。

事实上，资本的流动性和机动性，是投资者保障资金安全，应对市场变化的最得力助手。我这里打个比方：流动性的资本运作就像一只兔子，不停地在草地上蹦来跳去，反应机敏灵活；而固定的投资，就像一直趴在土地上纹丝不动的一幢建筑，它实在是太过稳固，但却难以抵御包括战争、体制、税务、政策等在内的各种风险。所以，投资者应该有"不停流动的账户"。读者朋友，你是怎么做的呢？

第 26 章　债券的现实评估

通常，投资者会考虑某些因素而特地保留大量现金，等待股价的下跌。然而，他们可能还不清楚那些品级高、期限短，又确有质量保证的债券是现金最理想的替代品。此时，他们应该选择暂时投资这些高品质的项目。实际上，人们选择质量最好的债券并不难，就像我们刚才说过的这种高品质债券，如果你买了一定有价值。至于其他的自然不在其列。所以，人们应该对大量持有现金或其他等价物的行为慎重考虑，除了在通货膨胀时期可以这样做之外，其余情况下未必妥当，尤其是因贪恋比当前平均收益率高出一点点的蝇头小利而招致风险的话，就更不明智了。

通常，那些资金托管机构是债券的积极追捧者，而股民个人并不是这样。

说到这里，有的读者可能要问：对于那些品级高、期限长的债券来说，投资者该如何把握呢？我认为，只有在它们预期收益丰厚，其利息和本金在市场上成功兑现，通过其购买力能看到真实的收益时，将资金投入其中才能获得满意的效果。另外，有一种情况下的债券你最好不要买，就是当人们对预期的基本收益普遍认为会看涨时。要知道，收益率上涨必然会导致价格普遍下跌，而债券背后的股票却没有任何质的变化。比如：一种收益率为 3% 的 20 年期债券，回报率是 3%，售价为 100 美元。如果与它相类似证券的回报率升到 4%，那么它的价值就会

— 121 —

降低 13.625%，到了 86.375 美元。即使这种债券将利息加上，再扣掉税款，如此计算后仍然得到了 4% 的回报率，可这时人们的生活成本已明显增加，如果拿最初购买债券时本金的购买力与兑换成货币的利益（再加上本金）的购买力相比，竟然相差无几，有时可能还会有所降低。

人们对股票的评判都比较熟悉了。债券也是同样，无论是中等级还是低等级；无论是长期还是短期，主要还是直接看它们增值的可能性。假若是专家来选择，他们会认为这些债券与那些依照常规品级高、眼下又最火爆的债券相比更可靠。就我个人而言，我宁可选一只虽然品级为"B"，但前景看好的债券，也不会购买那种品级达到了"AAA"级，但却在一步步衰退的债券。可见对那些高品级债券的选择标准也是格外挑剔的。虽然一只债券的质量品级最高，但并不意味着它就一定能继续增值，只有在对其利率和货币购买力的判断完全正确才可以。此外，还有一个因素也可能会导致它失败，就是最初评级时出现了错误。由于债券难以大量地买入或卖出，因此那些小投资者最看好它们。

什么是评价债券最精准的标准？是企业的业绩报告书。好的业绩报告书内容应该全面、严谨，对各个方面都做出估算，如果有前期费用，也应将全部费用标明。对全部费用进行估算，有助于投资者对该企业准确而全面地了解。我这里要提醒投资者的是，现在有些报告很不严谨，尤其是在债券的定期利息费用方面，投资者一定要注意辨别。投资债券与投资股票一样，权衡实际现金收入和预计现金需求量之间的关系最重要。后者不仅包括已经赢利却因通货贬值等带来的现金收入损失，而且还包括其他偿债的资金等。此外，对人们的投资选择能带来启示的还有：票面价值、赎回、清算价值、优先置留权之间的对照、次级置留权的市场价值、股票净值的对照等。

前面，我们谈到报告书对于评价债券的重要性，其中关于利率与通货膨胀率的比较至关重要。

现今，惧怕通货膨胀几乎成了所有投资者的通病，所以对持有现金、银行储蓄、固定资本、有息债务（债券）都感到难以从容淡定。与对债券进行分析相比较，我更关注的是对目前通货贬值的研究。在压力越来越大的通货膨胀时期，实际现钞远不如最有保证的付现承诺更安全可靠。比如：在 1920—1923 年期间，德国马克急剧膨胀，当到了以惊人的万亿作单位时，许多债券的情况却出人意外地相对较好，可见再估值和再调整起到重要作用。一些有良知的债券经理就认为：对于那些普通商业债券来说，用那些不能与金银兑换的法定货币与债券持有者清算，未免太不公平了。虽然这些事情都过去了，而且将来也不可能再发生，但这种事情的根源、状况还是需要我们进一步深思的。我至今还记得持有类似德国通用电气这种最好的工业债券的投资者，他们真是命运多舛，在惶恐中经历了超级通货膨胀之后，手中所剩下的资本大约只有原来的 15%。不过，就此认为他们在这场灾难中一败涂地的说法还是不够妥帖，因为他们的买进时间、持有时间、卖出时间都不尽相同，所以每个人的情况还是有所差异的。

我们谈了很多关于社会和政策方面的问题。下面我想转换一下话题，就是再从伦理道德方面做些考虑。

假如你向债券销售人员了解个人投资者目前对哪种债券更热衷时，他一定会说是那些可自由兑现的债券。假如你继续询问，他还会告诉你那些私人证券买家更愿意向保证金很低的长期美国政府公债投资。事实的确如此，真正受众多投资者追捧的都是可以自由兑换的债券，也包括那些允许转投附属于这些债券的股票。

我从 1921 年就开始为财经杂志专栏撰稿，当时购买债券是一种很普遍的个人投资方式。而现在，债券利息主要是来源于机构。有些资金雄厚的投资者也开始购买免利息所得税的债券。还有一些人在股票市场处于熊市时，为了保证基本收益，也会暂时转投回报率高的债券，或是价格更为稳定的短期债券。不过，持有美国政府公债的人还是最多的。

为什么可自由兑现的债券那么受欢迎呢？这是因为在某些特殊条件下，它让投资者有了货币安全与兑现利润的双重自由。投资者买卖债券的信用条款更为宽松自由，即使实际数字不确定也问题不大，因为一只走势良好的债券在它以高溢价水平被卖出时，银行只收取 20% 的保证金，而按照有关规定，一只走势活跃的股票则要收取高达 700/0 的保证金。

由此你就会发现，只要是认真选择、估价合理、把握良机，就能得到很不错的收益。此外，我们还会发现一种现象，就是一些预期利息比率很高的可自由兑换债券，居然也在票面价值的基础上打折促销，这说明债券本质上也存在投机性。

预期投资价值构成了可自由兑换债券的市场价格。假如对自由兑换提供优惠，就要把这一优惠所产生的溢价再加上。后者会因获利可能性大小、优惠期长短等因素而不断变化。

在现实中，我发现有些投资者经常犯的错误有两种：一种是过于看重溢价；另一种是在将债券兑换成可以转投的股票时过于在意兑换价格。这两种做法都不可取，如果你是用借贷的资金购买了这些可自由兑换债券，就更要小心谨慎了。我的看法是：你首先要观察可兑换股票的具体情况，如果这只股票的总体趋势是看多，并且你的资产净值也从一开始就不断增值，这样你才能够赚钱。在此基础上，你再看那些控制着债券价格的数字方面的因素。

通过银行购买政府公债是很多投资者欢迎的，有人甚至愿意支付 5% 的保证金。比如，有人出 5000 美元保证金，就能买到市场价值为 10 万美元的公债。随着保证金比例的提升，还可以少支付代办费（每提升一个点，就可以少支付 1000 美元）。价格波动最大的是那些利息较低、到期时间长的债券。

总之，如果判断、时机都把握得当的话，投资债券市场还是可以得到丰厚回报的。除非你是因债券的贷款信用条件比较宽松才投资债券的，这种方式必须要小心谨慎，因为它比股票可能带有更大的投机风险性。

第 27 章 矿业股的优劣

由于矿业股是一个特殊的板块，所以我要单列一个章节专门探讨。通常，矿业股的收益总是高于平均水平，因为这些股票的红利只有一部分是收入，而其余的都是资产重估。事实上，矿业公司从矿山开采矿石，必然是对资源的逐步消耗直至殆尽的过程。

虽然矿业股的收益不错，但人们在投资时却很少关注它，更不要说作为投资对象去购买了，反而都对普通领域的投资更感兴趣。为什么会这样？如果拿矿业公司和其他公司相比较，我们就会发现一些比较好的矿业公司远比其他公司的生存时间长。即使是一些矿业企业出现濒临倒闭的危险，需要继续支撑的话，发掘出一个矿脉与其他企业要寻找一个全新的可赢利项目来比，也还是要容易得多。

如果要判断某家矿业企业的前景如何，只要请那些业务能力强、品行诚实的矿业工程师进行仔细调查就可以了。我相信，他们所做出的评价一定比其他行业做出的更准确。当然，这种工业调查需要大量的人力、物力及技术手段，可以说费用是很昂贵的，也只有那些极有实力的大投资者才能提供。至于大多数散户股民，只能从经纪人、研究机构或投资顾问那里获得信息，因为他们都拥有巨大的业务量，所需负担的这种专业服务费用可以向他们的客户身上分摊。

除了矿业股这种公认的有价值的投资外，也有许多领域的投资纯属投机性质。我在此提醒投资者，尤其是普通的小投资者最好不要冒险染指，因为这些领域的风险巨大。如果你听到一些别有用心的人用类似"稀土""铀"这类词汇来形容某些股票的优势的话，千万别轻信，也不要被所谓"丰厚的利益回报"所诱惑。

关于矿业方面的投资，其基本因素不仅是矿体本身，还要涉及某个具体的矿（如生产成本）及整个矿业（如金属或矿石的价格、税务、政策等）。

具体来说，一个矿的生产成本高低是随着这个矿的开采深度和现有生产条件而不断变化的。前面我们说到国家对整个矿业的政策和税收，这也是很重要的，政策会对价格产生影响。比如，金银和铀的定价就有不同，金银可以人为定价，而铀则必须由政府定价。还有一些价格是由供需关系确定的，但在囤积居奇的状况下也会产生波动。比如国家在战争时期实行的管制，也是控制价格的重要因素。为了刺激某些行业的生产，国家在政策上还会给予相应补贴，比如铝业生产就是如此。

就矿业的金属和矿石价格而言，虽然也会受到这些因素影响，但更主要的还是受供求关系的影响。

我们谈了矿业股所涉及的价格、政策等，看似很复杂，但我认为，如果一个投资者能准确地获得消息并对该板块做出准确评价的话，还是应该把目光投向矿业股，因为矿业板块和石油业一样，都是创造了大量财富的行业，这里面的利润和价值都很高。可能有的人会说：一些新开发的项目税率也很高哇！让我告诉你，不管新开发项目的税率如何高，它也是有限制的，只能在资本收益的25%左右。

通过矿业投资信贷公司，是一种相对保守的矿业投资方法。在美国，纽蒙特矿业公司是做得最好的一家。这些优秀公司的共同特点就是管理团队出类拔萃、发展业绩突出、国内外声誉良好。它们最初是由自己投入资金，承担矿山设计、勘探和发掘新的矿产；当成功勘探出矿产之后，它们再继续投资，其中有一部分则采取公开融资的方式。如果将矿业投资信贷与普通的投资信托相比较，我认为矿业投资信贷更吸引人，也更具有投机性。为什么要这样说呢？一个原因就是我们前面已经说到的，在对矿业企业的前景判断上，其准确性要比其他工业企业高；另一个原因就是矿业本身的特殊性，这也是其他工业企业不具备的优势。我们都知道，矿业经济中存在着非常频繁的转让行为，但这并不是件坏事，因为伴随着转让行为而来的可能是人们无法预料的巨额利润，与投资者所承担的风险相比，这种可能性要大得多。

下面我们再谈谈金矿股。在英国伦敦证券交易所所在的思罗克莫顿大街上，这类股长期以来一直都是最佳品级，它们完全不必像普通行业那样通过扩大机构、巨额花费去拓宽销售市场，因为几个世纪以来，黄金的价格总体上就是只涨不跌，所以金矿企业根本不用发愁自己产品的销路问题。多年来，金矿股的意义就在于为未来保存通货购买力，也就是合法地进行黄金储备。千百年来，人类对黄金的追求与推崇反映了最根深蒂固的商业本能。所以，黄金股也是人们普遍看好的一种保值方法。

一般来说，过度税收是对矿业企业产生不利影响的主要因素。此外，劳动力的原因有时也会给矿业企业带来利空。虽然人们准确地判断可以规避投资中的巨大风险，但矿石在储存过程中，必然会因损耗而带来的少量损失，这是谁都无法避免的。黄金可能偶尔也会失去购买力，但要想让黄金非货币化那是无法想象的。

人们在谈到矿产尤其是金矿收益时，往往只注意到它们回报丰厚的那一面，而将包含在其中的资产回归却忽视了。要知道，无限期的投资不会总像人们期待的那样乐观，它终归是要消逝的，所以我建议你定期从金矿中取一部分现金，一来用于自己有生之年的消费；二来减少纳税的数额；三来可以用现金对你看好的项目进行再投资，有利于保护你的资产安全，这可谓是三全其美的事情。

据我观察，目前的时机对黄金投资多少有些不利。但从长期看，政策调整是主要原因，再就是黄金也与其他商品一样，都会出现周期性波动。由此我们也不难看出，"时机"二字对任何投资来说都显得极其重要。不管人们信与不信，我预料黄金的价格最终还会再次上涨，或许在某些特定条件下，价格在一夜之间翻番也没有什么奇怪的。这样终归是件好事，总算是对那些很早就买入，又眼巴巴地等待多年的投资者的一种心灵慰藉吧。

第 28 章　多样化投资

和前面一些章节内容有所不同，本章是专门为那些经验丰富和专业的投资人士写的。至于投资新手要想进行投资多样化研究，只能在摸到投资诀窍之后才可以。

在多样化投资上，那些经验丰富的职业投资者们理应能熟练运作，但他们为什么也会出问题呢？我认为主要有三个原因：一是在他们的许多账户里合适的股票量不足，而错误的股票又太多；二是他们在投资比例配置上没有重点，比如，在石油板块上的投入比例和汽车板块、铁路交通板块上的投入比例都一样，不分主次；三是他们在投资对象的质量上没有选择的标准和侧重，不仅过多地投入了"国企股"，而且很垃圾、投机性很强、无分红的一些普通股票也赫然列在他们的清单上。当然，如果他们是大额资金投资，那么有一些地域性的多样化还是可行的。

我讲的投资多样化，是要有一定前提的。比如，当资本数额巨大到难以操控的程度时；当无人有能力监管时，等等。在这些情况下是应该选择投资多样化的。如果没有这样的前提，投资者就盲目地选择多样化投资，只能说明这个人已经无能为力，能达到平均水平就是他的目标了。

在现实中，"集中"是资本运作最为明智而安全的方法。当然，这种"集中"也绝非盲目或杂乱，而是有着严格的程序的：第一步，要仔细地观察情况。如果情况不明朗，就稳住阵脚、按兵不动；如果有利时机出现，就迅速跟进、穷追不舍，直至到达顶部。这里要注意的是看它是否值得跟到顶部，否则就压根不要跟进。这种情况是以投资者具有大量备用资金为前提的。第二步，对某只股票进行少量投资。如果该股票走势不佳，就及时停止并清仓兑现；反之，其走势如果像所期待的那样，就继续按比例加仓，直到它安全地回落到当初你买入它的最高价以下之后（要记住是"之后"），你就该考虑选择下一只股票了。

什么是最重要的保险措施？我打个比方：你把所有的鸡蛋统统放进一个篮子里，然后就目不转睛地盯着这个篮子。因为你的鸡蛋都在这里，为了避免由于疏忽或错误带来的损失，你必然会对自己的每一次行动都深思熟虑。通常，理性的投资者是不会买入那些高于市场消化能力的股票的，因为这有利于他们今后售出。同样的道理，也决定了人们只能买入那些公开发行的龙头股了。这就像那些精明的生意人，他们绝不会把自己所有的资本都投入到赔本的买卖上一样。

经纪人经营融资资本的能力很重要。在过去，如果哪位经纪人能将融资资本经营得非常成功，那么就会受到银行的赞许和支持，立刻增加融资。那么银行的这种做法高不高明呢？我认为，如果银行增加的资金全部都能投在活跃的大盘龙头股上，这个决定就是很高明的；如果这些资金是被投入到混杂着一些新股和从未涉足过的股票之中，那就不高明了。也可能银行有着自己的理由，认为"这类股票一定会在它的股票池中垫底。"我不知他们想过没有，如果人们的资金允许的话，还会购买被你的经纪人闲置在一边的那些股票吗？这是不可能的！或许还有些人觉得能不能达到预期目标关系并不大，反正做多样化投资是一种心理安慰，即使在一些可疑的个股上冒点风险，甚至是损失了，还可以从其他的好股上捞回来，最后总会有一个不错的平均收益。

就像有些商品不参与商场中屡见不鲜的"特价促销活动"一样，投资者在证券市场上也应将目光瞄准主流品种。人们都去商场购买过各种商品，不知你是否注意到，那些精美的高档领带、西装、衬衫等在刚刚上季时总是标价很高，而过季了往往就要打折出售，那么它们真正的价值究竟是多少呢？看其季末价格就清楚了。在商场打折促销的商品中，一般是看不到花色经典的领带、白衬衫、合体的蓝色或灰色西装这些商品的。由此，我们联想到人们购买股票时也应是这样，要购买主流品种，即具备优良品质和分配方案并有一定剩余权益的股票。人们在做多样化投资时一定要谨慎，尤其是警惕那些振幅过大的小盘股，因为这些股的背后往往有庄家或老鼠仓等特殊利益集团在操控，如果你一味追高买入，这种昙花一现的股票肯定会让你吃亏的。

尽管是"我的投资我做主"，但我还是以自己多年的经验再次告诫你，明智的投资者所选择的可靠保险措施还是前面说过的，把所有鸡蛋都放进一个篮子里，然后死死盯着这个篮子。至于保守的多样化投资，是那些自信心不足的投资者和股市新手们的做法。

另外，人们的购买行为与股票的活跃程度和交易市场的位置也有关联。当股票越不活跃，交易市场越偏远时，人们的购买行为就越需要有丰厚的潜在收益相支撑。举例说，有一只上市的活跃龙头股，它在纽约证券交易所的预期收益可以翻番。但是如果它去到一个地区交易所（或场外），甚至是国外的交易市场时，它的潜在收益必须要比在纽约证券交易所高出许多才行，否则难以吸引人们的购买行为。人们不必为此奇怪，实际上这是一个完全合乎逻辑的基本原则。

有意思的是，由于人们担心原子弹爆炸而影响财产，也成了做多样化投资的一个原因。并且这种担心还导致了投资者更注重地域性的多元化。我觉得，如果投资者想单纯地获利的话，那么还是以集中化投资为好。至于选择为防止核爆炸而寻求安全，还是选择从投资中获取最大利益，那就是投资者自己的事情了，可谓"萝卜白菜，各有所爱"。

我还要向读者介绍一种更进一步的多样化，即在经营周期中不同阶段的多个公司的多样化，或者是处于各个市场价格周期的多个股票的多样化。虽然这种做法未见有人提及，但却值得人们去深入思考。通常，人们是将资金分成三个或四个部分，然后投入到几只股票中。由于这些股票都处于运作周期的同一阶段，不仅结果经常令人失望，有时还会遇到很大风险，因为市场价格是决定投资成功与否的最终因素。比如，有一家企业发展势头强劲，投资者眼看着它的股息分红迅速增加，接下来还有股份分拆的可能，这预示着股价将会抬高，并且有迅猛上涨的趋势。按说投资者有充分的理由购买这只股票，尤其是为了短期获利者，我相信在它的利好诱惑下，一定会有许多投资者倾囊买入。但我要告诉你的是，如果你真的把资金分成三份或四份全部购买这种股票的话，那你冒的风险可就大了。此外，那些调整后的廉价好股也是人们极力寻找的，但遗憾的是，这种股票在低谷的停留时间比我们的预期往往长很多。再说，假如人们手中都是这一类的股票，那么即使是较好的市场环境，你也可能会做得很糟糕。

第 29 章　在旅行中学习投资

　　至今，1906 年旧金山大地震时的惨状仍在我的脑海中挥之不去。我还清楚地记得，当时在这场突如其来的自然灾害的重创下，人们四处逃难，许多人多年的积蓄瞬间消失得无影无踪。有的人虽然上了火灾保险，但合同中关于"建筑物倒塌"免责的条款让这些人彻底绝望了。只有极少数人获得了地震保险的理赔。这场地震也使得土地价值发生了巨大变化，原本位置好、价格高的地段一下子变得不值钱了，而那些人们普遍不看好，价值很低的地段摇身一变竟成了"黄金地段"。我还看过一部有关难民的纪录片，银幕上那冲天的火光和难民们无助的眼神都告诉我们：他们的房子没了；他们的事业、积蓄和人际关系也许都随着这熊熊燃烧的大火灰飞烟灭了。

　　我在 1932 年还开车去了一次西部，那里有一些被称为"鬼城"的古老矿区。当年，这些矿区曾经有宽阔的街道和熙熙攘攘的人群，可谓繁荣一时。但如今却风光不再了，街道上碎石斑驳，路旁长满了荒草，一栋栋房屋大门被木板紧紧封死，罕有人迹，已经变得不值一文。

　　我知道，现今的人们都对普通股票能否抵御战争的影响、什么才能最大限度地抵御通货膨胀等问题感兴趣。可是对于像地震、火灾、洪水及其他方式造成的价值转移所引起的巨大经济变化，却很少有人考虑过，尽管人们有充足的理由应该关注这些问题。我对德国和西班牙的情况，以及为什么所有的抵御措施最终都告失败等问题也都反复思考过。

究竟什么才是抵御灾难的有效措施？我认为，一方面是采取地域的多样化，让资本始终保持机动状态；二是掌握信息，要随时了解不仅是美国的，还包括其他国家的瞬息万变的经济情况。

另外，作为一个投资者不仅要时刻保持积极、警惕的精神状态，而且还必须要与时俱进，随潮流而动。我发现有些生意人的活动范围很小，他们的目光往往局限在自己的家乡（或一个城市里），不仅房产置在这里，还在这里经营着自己的小生意，即使是有兴趣买了一些股票，可能也是同一地区企业的。总之，他们的朋友和业务关系都不超过方圆16~24公里的范围。依我看，这是一些落后的生意人，他们这种思维和做法将注定他们几乎不会有发展机会，因为他们不应该将自己的所有资产都只投在家乡，或者是选择那些流动性差并且易遭受变故的糟糕投资方式。

什么是一个人最宝贵的财富？我觉得就是这个人的聪明智慧和他广泛的社会关系。所以，我建议人们应在家乡之外多建立一些人脉关系，保不准什么时候就能用得上。另外，还要在家乡之外以投资的方式适当储备一些资金，这样做既能"有备无患"、应对危机，又能多少获取在外地投资的利益。

不少投资者都想知道如何才能借"他山之石"获取更多的知识和经验，我建议你不妨做一次伦敦之行，相信这样的经历会让你大有收获的。这样的旅行主要有两种，一种是自费的。为了节省旅费并让你的学习考察物有所值，事前你一定要计划好，所办的业务一定要是很实用的。另一种就不一定必须是自费的了，像如今很多社会分析专家组团飞赴欧洲或日本考察那样。

在这个世界上，任何事情都会不断地发生着变化，当然也包括人们的思想观念。多年前我曾遇到过一个聪明的投资者，他就郑重其事地对我说过：时间从格林威治开始，不断地向西移动。如今在英国，人们的投资和生活日益受到社会环境的影响。社会环境就如同一个风向标，无疑会做出最准确的预示。由此，我们也不难从中了解美国的投资者将会在未来几年中面临怎样的社会环境。投资者可以尽早行动，到英国的伦敦去一次，找那里的银行家、经纪人或律师们谈一谈，从中受到启迪。同时也近距离地观察一下他们，看看在他们身上都发生了些什么事情，或许还能得到一些警告，便于早做准备。总之，要尽可能地了解他们，尤其是他们如何化解那些矛盾和棘手问题的，我敢说这对美国的大投资者是极为有利的。

如果有的投资者无法出国考察的话，那么也可只在国内进行小范围的考察，这样做不仅可以对抵御灾难未雨绸缪，而且也有可能在考察中发现一些适合于自己的好投资项目。在国内考察我要首推华盛顿州、得克萨斯州及纽约市。因为，华盛顿是政府有关决策和消息的发源地，而这些政策和消息会影响着每一笔投资；得克萨斯州的企业最为出色，不仅对石油开采十分熟悉，而且它的龙头企业都非常有实力，在积极地追求资本利润方面远胜于其他州的企业；至于纽约市，其优势则在于它是处理来自全国各地一切商务的中心及票据清算机构。这几个地方各有特色，我相信投资者看过之后会获益匪浅的。

游历有助于我们学习投资。所以，每个人都应该尽可能多地走走，在游历自己的国家以及世界各地的同时，开阔眼界、增长知识、广交朋友、和睦相处。你从朋友那里可以得到帮助，使自己的事业起步，同时你还可以随时用手中的资金去帮助别人，这样的人生岂不更有意义？四处游历就如同一个大课堂，你在获得最好知识的同时，也就获得了投资中最好的防御手段，不仅让你现在或今后都受用，而且还有如下好处：一是可以让你度过一个轻松惬意的假期；二是懂得如何更好地享受生活；三是增长才干、丰富经验，可以将自己在家乡的竞争对手远远地甩在身后。如此之好，你何乐而不为呢？下定决心吧，去游历不同的地方，为自己崭新的生活奠定成功的基础。

第 30 章　关于投机的见解

很多人都非常关注股市投机问题，尤其是当看到一些善于投机的人赚到一大笔钱时，他们的心里更充满了羡慕和急切之情。估计读者看到我这一章节的题目后，就会将他们迫切想了解的问题弄明白。比如：一个投资者怎样才能把握住投机的时机？缺乏经验的投资新手也能成功地投机吗？投机的技巧是什么，如果我现在还掌握不了这些技巧该怎么办？还有一些公司老板为员工看盘炒股影响了工作而焦急，他们想知道对这些员工该说些什么？答案都是些什么？如此等等。

我不可能将有关市场投机的所有问题都逐一解答，但是我可以告诉读者一些基本原理、原则，相信这些会对读者投资或投机有一定帮助的。我认为，投资者首先要解决的问题应该是，相信你在这个市场上，是不可能完全掌控的。只要明白了这一点，诸多问题就好解决了。我为什么先要讲这些呢？因为很多人由于不懂得这一点而付出了不少代价，他们在市场中体验到了失败。

事实上，好的投资或投机机会并不像人们所期待的那样随处可见，没有太多这样的机会可供利用。所以，如果从安全保险的角度考虑，投资者最初无论以任何形式进行的投资或投机，都将面临捉摸不定甚至是不利的形势。这可不像通常人们司空见惯的开汽车、开刀割盲肠或是坐地铁去市里那样简单，因为在这些事情中，人们会比较容易地到达目的地或是康复。我们现在所讨论的储蓄资本则不同，它注定会让人们有所损失。其原因有二：

◇ 普通人是很难觉察到货币贬值的，通俗讲就是人们购买商品的价格越来越高，钱已经不像先前那么值钱了；

◇ 由于人们听到自己购买的"股票"贬值或是价格下跌了，往往心神不定，惊慌失措，难以采用超常的思路解决问题，最终达到对以往成功法则的超越。

投资者听到这些或许会产生畏难情绪，这是不必要的。我的看法是，无论任何事情，也无论在任何情况下，都要亲身尝试一下，这就像你不知道梨子的滋味，总要亲口尝一下的道理。所谓"尝试"，一方面是从精神上，要始终保持朝气与活力，对学习新知识、新招数充满兴趣。那些投资老手们则喜欢墨守成规，他们对新招数经常不屑一顾。另一方面是用本金尝试，这也是最重要的实战演练。金钱对于不同的人来说，往往有着不同的意义和用途。有的人可能将闲钱用来抽烟、打牌、喝酒；有的人可能用自己的钱做了很多事情；也有的人可能会把自己的闲置资金投进股市，甚至是在牛市中亏了个精光。但可贵的是这些人并没有对自己的行为感到一丝懊悔，他们反而认为为了自己今后的人生中能获取更大成功，亏损的这些钱权当是"交学费"了，值得！另外，如果从时间上看也可以保证，人们完全能在做好本职工作的同时，向股市投入一定精力。你仔细看一看就会发现，现在很多工作的效率都不高，人们通常用半天的时间才能做完他本可两个小时就能完成的事情。

说到这里，我们联系前面曾说过有些公司老板看到员工因看盘而影响工作，他们不愿意让员工在股市中"耗费时间"问题，如果你本身就在银行、保险、经纪、销售等公司及直接与金钱、股票打交道的企业里工作，那么这种观点很有道理。但如果你是在工业或其他行业的企业里，我觉得这些老板们的态度就不对了，如果他们依然固执己见的话，我建议你不妨选择一个上司的思想更为开放的工作环境，因为这对你很重要。

　　有很多人都对"借钱"（即贷款）投资感到恐惧，他们不愿意承受太多的负担。我就听不少人说过"可千万不能借钱呀！"也有的人告诉我说："我之所以借钱，完全是为了对自己的投资有压力、有鞭策"。俗话说：不入虎穴，焉得虎子，人们也不必对借钱太过畏惧。假如你贷款不是为了摆脱困境，而是为了事业发展或扩展投资，并且是很早就借来的，那么我告诉你，这些借款很可能就会让你未来获得成功。

　　由于人们的阅历、经验不同，所以每个人的能力也各有不同。比如：有人虽然觉得自己达不到上述所有要求，但他们对自己正确判断普通股票的能力还是蛮有自信心的，如果再有一定的资金援助，他们认为自己或许就能抓住时机。既然如此，我觉得这些人可以选择购买股票市场上具有代表性的基金，最好是那种管理可靠、竭力为股东赚钱的基金。由于比较完全的自由度对信托管理是必要的，所以出现了封闭式基金和开放式基金。封闭式基金这种信托形式拥有一定量的股本，然后投入股市，其资产价值有时会出现折价，有时也会出现溢价。与开放式基金或信托相比，我对封闭式基金更感兴趣。当然，基金是不会为了满足人们愿望而转变投资方向的。前两种如果经过多方推销扩大了新客户，其资本总量就会膨胀；而后者如果客户要求赎回，资本总量就会缩水。投资者要掌握的要点是：如果是处于牛市，就可以买进；如果有熊市的苗头，就赎回兑现。

　　与那些虽然具有很大基金规模但却没有能力的机构相比，我觉得银行作为投资管理机构更好。仅从人员配备上看，大的投资咨询机构就比小的机构有很大优势，大机构人员配备充足，有利于多视角观察市场，而且是更加自由和超前；比较小的机构大多都是围绕着一个人转，因为它们没有能力招揽更多的顶尖人才。试想一下，小机构的这个人可能是个帅才，观其一生，他的管理能力可能无人能望其项背。可这个人一旦死了呢？整个局面是否要重新考虑和调整？所以说，这类公司通常是没有什么发展前途的。

　　讨论到现在，又要联系到我在本书中一再强调的主要观点了：要想获得成功，大量的个人判断是极其重要的。要么是每个人对股票的判断力，要么就是判断人自身的能力了。假如我运用一下自己的判断力，我就会选择银行，因为在所有的投资机构中，银行更为传统。当然，如果选择之后不能100%地坚守传统并坚持到大获全胜的话，那就要赶快调转船头，绝不能在两者之间徘徊不定。对于少数的大额投资者来说，如果选择一家纽约的信托公司则更为合适。

　　一些投资者经常问到关于经纪人或代理人的作用问题，比如：请经纪人替自己管理个人账户如何？私人投资咨询师与大的投资咨询机构相比较哪个更好些？代理人的作用是什么？等等。当然，也有些投资者连问都不问，就把自己的账户交给经纪人来接管。根据我的观察，一些投资者在选择经纪人或代理人时的心态，大多是让自己的出资能使经纪人尽可能放开地去做他认为是最好的事情，而不必顾忌有时可能会带给你的不快。其实，我认为倡导这种方法没有必要，因为这样做不仅对投资者不利，而且也很少有人能真正成功地做到这一点。

　　就我个人而言，在1921年之前就曾有过为个人代理投资的经历，后来也曾有过作为专业人士操控巨大数额股票的经历。根据多年来我对股市投资的亲身观察和体验，我曾尝试着把这之中所总结出的真实结论写出来。可能这些观点或结论会与不少人的看法相左，甚至还可能会触怒一些人，但我要说明的是，这只是我的个人观点，是我多年来实践经验的真实总结。和一些人的思维方式相比，我有许多不同，比如，一些在我看来很自然、合理甚至是简单的事情，而在他人眼里却变得复杂甚至是不可思议。当然，我这里只是说我与他人的思维方式有差异，我同样相信性格与能力与我不同的人如果遵循自己坚定的原则，也会获得让我赞叹不已的成功。这就像几个人朝着相同的目的地出发，每个人可以决定自己所采用的交通方式，或步行、骑自行车、开汽车，或乘坐火车、轮船、飞机，最终都会抵达的。我提倡人们在整个投资过程中都要保持开放的心态，并且我自己多年来也是这样做的。

　　有人曾经问过我，在华尔街这 40 年中学到的最重要的是什么？我告诉他说，最重要的是认识到包括我自己在内的每个人都是那么的无知。好在我早在 1922—1923 年就学懂了，比起 1929—1932 年那段糟糕的时期要提前了许多，否则，我也会如梦魇一般付出沉重的代价。有一个很聪明的投机者曾经对我说过："现在，如果有一种奇妙的力量能担保我手中的现金和股票价值的 1/4 能维持我后半辈子的生活，我就立刻将剩下的 3/4 用来还贷，但我断定这是不可能的。"这个人的话反映了现实。直接关注当前经济状况比认为有"6% 的收益就安全了"来说更重要，也更为实际。所以说，我们的优势是成熟并有生活阅历，而对于我们的下一代来说，他们要面对的还是一个未知时代。

　　本章节关于投机的讨论就将结束了。最后我再次强调的是，千万不要轻看了投机，它与投资一样都面临着重重困难，不仅令投资者颇费心思、来之不易，而且形势变幻不定、难以捉摸，甚至还充满了谎言和欺诈。不管你信不信，这里随处都充斥着假象、欺骗，通常人们习惯说的"眼见为实"在这里也不灵了，这里的情形是眼见不一定为实，二加二也不一定等于四。我这里用市场或商家们的吆喝声再提醒你一下："货物出门，概不退换！""买家们可要小心啊！"

第31章　投资与消费

投资的目的是什么？

投资的目的就是为了让资金在将来可供消费之用。从消费的角度看，它有两个方面直接影响你的投资策略。一个方面是，怎样为了想要买的东西而兑换出资金；另一个方面是，怎样才能将资金划分为目前消费和未来消费两块，或者，换句话说，把资金分成投资和消费两部分。

在我们每个人的一生中，我们都在努力地工作着，将每个月的工资储存起来，为了让我们在有生之年的消费之用，也为了今后养老之用。

每个人都想给自己的子孙后代留下一点遗产，但因为遗产税的存在，使得遗产的很大一部分都变成了政府的税收，进入了政府的口袋。而且，由于这是个变幻莫测的年代——税收、法律的改革、战争爆发、配给制度变化等，都会让人们已经储备下来的价值不断被消耗掉。因此，我认为，不必为将来做准备而付出过多。虽然有一些事业有成的人士，他们可以给后代遗留大量的财产，但我觉得，如果在这些成功人士生前不好好享用一下这些财富，那真是太可惜了。

我认识一位颇具投资才华的朋友，他已经过世了。但在他生前，他有一种独特的生活方式。他每年只给自己留25万美元的投资资本，多余的钱他统统花掉。因为他对自己的投资能力有足够的自信，他相信，每年只需25万美元本金，就一定能获利。假如遇到形势不佳的年份，他就从这25万美元资本金中支取一部分钱来维持生活。这位朋友一生中花了许多钱，但是他赚钱的本事也不小，再加上当时税率不高，因此他的生活过得非常滋润。我之所以以他为例，只是为了说明应该在投资赚钱之余，也要注重自己的生活品质。

我想大家应该清楚，货币始终在缓慢地、持续地贬值。货币贬值的程度不单单由购买力的指数来衡量，由于营业税和配给制度使商品的价格和成本发生了改变，因此也能从一个方面反映出货币贬值的程度。在1913年，客户在英国买一辆汽车无须缴纳所谓的"购置税"，或者所缴费用极少。但现在不同了，现在客户如果想买一辆汽车，除了要支付购车款之外，还要缴纳一笔不菲的购置税。这还不算完，客户还需要等上几年，才能得到现车。日本人安装电话也是如此，即使你有钱买电话，却因为没有名额而安不成。很多日本人不得不再到黑市上去，花高价买来名额。可见，较高的购置税及商品和服务不能及时兑现，这些都与涨价作用相同——都让存款的价值发生贬值。

人人都希望赚更多的钱。如果钱不发生贬值，比如1美元永远都是1美元的话，那么人们就失去赚钱的动力了。而且不会挥霍无度或者过于节俭。然而，想让货币不贬值，那是不可能的。我们对生活成本上涨的担忧，对退休之后失去经济来源的忧虑，这些都迫使我们不得不进行储蓄。我相信，那些靠领养老金、救济金维持生活的人和那些人寿保险的受益人最清楚这一点了。

我曾经去柬埔寨旅游。当我在参观吴哥窟的时候，我在当地的酒店里偶遇了一位法国人，于是就和他攀谈起来。在聊天中，我得知他原来是这个酒店的主管。一个法国人为什么不远万里来到这个潮湿闷热的地方工作呢，我非常不解。他告诉我，他打算在这里辛苦工作几年，赚到很多法郎，然后回家颐养天年。我听他说完了他的计划后，没有作声。我清楚，他的所有的努力都是徒劳，因为不断上涨的物价会抵消掉他的收入。假如他老老实实地待在家乡，有节制地消费，这样也许他反倒能够过上舒适的生活。

而且，我还要提醒大家一点：随着年龄的增长，虽然人们的财富也会相应增加，但其享受生活的能力却在逐年下降。如果一个又冷又渴的年轻人得到一杯咖啡，他一定会大口大口地喝下去；而如果要让一个大富豪喝上两三杯咖啡，这会让他呕吐。同样，一个 20 岁的人肯定比他在 65 岁时能更好地享受一次环球旅行。人们到了 65 岁的时候，也许比 20 岁时更加有钱，但生命也进入了暮年，不要说进行环球旅行了，在摇椅上多坐一会儿也许都会感到力不从心吧。

一些人年纪轻轻就赚到了许多钱，此后他们就不思进取，坐在家里吃老本，不仅没有让这些钱以几何级数增加，反倒挥霍殆尽。这种人的行为很不可取。因为他们最初赚来的钱并没有发挥出最大价值，最后要么被挥霍掉，要么流进了收取遗产税的人的手中。

经常有人问我，怎样合理地将资金分配在当前消费和未来消费上。我觉得，人们的消费方式和投资决策，因其处在人生中的不同时期，而相应变化。虽然这一点常常被人们忽视。一个刚刚大学毕业，开始工作的年轻人，他储蓄的方式和消费的习惯肯定会受到其收入状况的影响。在这个阶段，谈论怎样投资，是完全没有意义的。只有在他的收入增加到一定水平之后，才可以去探讨投资的话题。这些年轻人在工作的最初几年内，其收入往往都只够维持最低开销。也许有些年轻人得到了父母的长期资助，或者继承了一笔遗产，那他们就需要对是否进行投资做出选择了。

如果年轻人有了一笔闲置资金，那么就应该清楚地认识并且客观地评价一些投资机会了。我的建议是：年轻人在投资方面最好还是坚持保守的路线，不一定非要把资金投入股市，期待赚取更多的钱。我觉得，完全可以把钱投资到自己身上，比如提升自己的教育背景，购买衣物让自己的仪表更加亮丽，或者拓展人际关系网，甚至花一些钱在自己的健康上，也是非常有必要的投资。不一定非要等到事业有成后才考虑终身大事，那时候很可能就迟了。

挥金如土的消费习惯会让一个人抱憾终身。对一个成功的投资者，奢侈品的消费将会让他付出非常高昂的代价。比如：如果一个人在他

30 岁的时候，购买了一件价格是 1000 美元的商品，这件商品自他买入之日起，就在不断贬值甚至最后一文不值；而假如这个人并没有拿这 1000 美元购买商品，而是投入到获利丰厚的投资中。那么随着时间的推移，他购买这件物品的代价将不断上升，如果投资成功，这 1000 美元有可能变成 2000 美元，然后 2000 美元再变 4000 美元，如此反复。

年轻人还应该尽可能地利用他人资金，这样可以加快筹措投资资本的进程。例如，一个年轻人有一笔资金，他究竟是用来购买公寓还是用来投资呢？如果他坚持用这笔钱购买公寓，那么他达到自己的财富目标的进程将被大大地延缓。如果年轻人放弃购买公寓的想法，而是租房住，那么虽然要支付少量的租金给房东，却省下了大笔购房资金，可以用于投资，去赚取更多的收益。假如能得到政府提供的长期贷款，那倒是可以考虑贷款购买公寓，因为这样可以做到资金与住房兼得。事实上，如果能得到这种政府贷款的确很划算，因为法定贷款利率相对不高，再加上分期还款，压力很小，而且政策实际上不鼓励强制收回抵押品，所以这种贷款对那些经验丰富的人来说是一件好事。当然，还是要经过认真计算来确保利大于弊。

我上面说的这些，都是希望投资者合理地安排投资和消费计划。每个人在一生中都难免要在消费和储蓄中做出抉择，就如同我们必须在辛勤工作和纵情享乐中做出选择。从前几年的趋势看，过度消费占了主流，我预计后几年就可能谨慎消费要大行其道了。作为年轻人最好还是多为将来着想，而年纪大些的或者事业有成的人就应该多想想现在。掌握成功秘诀的人士往往努力赚更多的钱，而且在生活上却对自己非常苛刻，年纪越大就越是习惯这样，其实这样并不好，因为随着他们距离人生终点越来越近，享受人生的能力也越来越弱。

第32章　投资与税收

美国联邦所得税政策自 1913 年宪法第 16 次修正案通过后，就立即成为平衡预算的重要税收工具，但联邦所得税政策作为一项宏观经济政策工具主动调节宏观经济是从 20 世纪 50 年代才开始的。联邦所得税给大小投资者们都留下"非常高"的印象。

所有投资者都应该记住的一点是：要想得到纯收益的回报，就必须对潜在收益和潜在风险做出预计。税收就是影响投资的收益的一个重要因素，任何投资者都不能绕开税收这个关键词，必须对税收的影响做出正确反应。

从美国目前的形势来看，税收环境和通货膨胀有如一对同胞兄弟，形影不离。要想成功地防范通货膨胀，投资者必须谨慎考虑实际的收入、资产负债率、税后净利等指标。举一个例子，大家都知道，分期还款必须建立在成本之上，而某一家公司当前由于资产贬值以至于不足以弥补重置价格。而且，这家公司的资产都是在多年以前建立起来的，随着地价的上涨，在当前已经不能以这样的成本价格再建立同样的资产了。这样一来，就迫使这家上市公司不得不夸大税前收入。这样带来的结果是增加了企业的缴税额，同时也就降低了公司普通股东抗御通货膨胀的能力。

影响投资有许多因素，其中税务因素具有相当重要的作用，无论在什么时候，都一定要以最认真的态度去对待。身为一个投资者必须清楚，虽然一个好的投资项目不会因为"无法避税"而使它的光芒被掩盖。但是，如果投资者选择的投资项目很容易被税制所影响，那就会导致它抵御通货膨胀的能力减弱。从另一个方面看，投资者对税务因素也无须过于担心，投资项目还是要尽量选择优质的。

1. 全额免税债券

在了解到税务会对投资带来影响之后，很多人开始研究税务制度，并将研究成果应用于投资之中。这类研究主要分为针对企业和针对个人两部分。针对企业的部分主要是研究在企业内如何避税；针对个人的部分主要是针对投资者的个人税务状况的研究。

接下来，我们就专门研究一下与税务制度密切相关的证券类型。

提到这类证券，我首先想到的就是免税债券。这种免税债券在美国是如此普遍，在美国的每个州、每个地区都能觅到它的踪影。这种债券最大的特点就是免税。也就是说，持有这种债券的人，不必为自己的收益上税。但这种债券唯一需要注意的是，它会受汇率变化的影响，也会因发行者的信用状况的影响而上下波动。因此，这种债券尽管具有免税的优惠，但如果投资失败，其亏损会让免税带来的那点优惠荡然无存。

尽管这种债券可以免税，但在它们刚刚被推出的时候，还没有受到人们的青睐。只是由于近年来税率的增加，人们才发现这种债券的妙处。于是，这种价格不菲而且收益不高的债券一下子变成了畅销货。买家们衡量自己的税收等级，从含税收入中的实际收益和不用缴税的收益之间做出抉择，看看选择哪一个更划算。

因此，从投资策略上看，无论我们关注哪一类股票，都要对它的所有特点予以重视。考虑从中获得的税后纯收入有多少只是我们要考虑的诸多因素之一，它并不算是决定性的因素。

和其他最好的含税汇率债券一样，免税债券也不具备抵御通货膨胀的能力。因此，尽管普通股和免税债券相比，具有需要纳税的劣势，但由于普通股具有抵御通货膨胀的能力，因此，很多有实力的投资者一旦发觉美元的购买力在下降，就会转而购买普通股，赚取潜在的资本收益，而这些收益从某种程度上可以弥补购买力下降所带来的损失。

2. 避税股票

避税股票是另外一种不完全的，能让购买者获得临时避税收益的方式。有些公司在经营中发生亏损以后，可以享受到相对大额度的税收抵免政策。他们就可以发行这种避税股票。投资者在投资这些刚刚恢复赢利的企业时，在相当长的一段时期内，能够得到一定数量的"免税"红利。当然，这些红利只是免除了所得税而已，对于资本利得税尚不能免。根据投资这种避税股票的买家的税收等级不同，得到的甜头也不一样，但一般来说还是比较可观的。某些矿业板块的公司也会有更多的分红，它们每年的回报可以分成两部分，一部分作为收入需要缴税，而另一部分则作为资本性收益不需要缴税。

3. 选择股票

如果从税收的角度看，矿业、石油类股票具有非常明显的优势。因为根据目前的法律，矿业、石油类企业的免税额度最高可达 27.5%，这主要是为了鼓励它们勘探和开发更多的新资源。因为这些都是工业生产离不开的资源，因此国家给予的免税额度被当作应有损耗。而且，还会对矿业、石油公司由于开采或者勘测失败给予一些相应的补偿。这就意味着矿业、石油类公司免税额度相当可观，同时，他们还能从所得中通过某种方式适当地提高财产价值。精明的投资者没有理由不青睐这种公司的股票，因为他们的资本收益更高。

此外，具有成长性的普通公司也是不错的投资选择。不过要注意的是，这些公司的股票分红普遍不高，因为他们会把赚得的资金用于研发新产品或者提高产量。而且，在考虑购买这种股票的时候，投资价格不得不认真考虑。因为这种股票往往广受投资者的追捧，因此市场估值往往会过高。

4. 限制投资公司

有一种被称为"限制投资公司"（Regulated Investment Companies）的股票，这些股票的股息和利润达到了难以置信的90%，甚至更高。这些股息的资本收益部分与个人的资本收益部分相当。因此，如果这类信托的运营良好的话，也是一种非常优质的投资方式，投资者不仅可以得到更多的股息，还可以免除部分普通税收等级的税务。

5. 小型商业投资公司

小型商业投资公司（Small Business Investment Corporations，简称为SBIC），这种公司在税收上可以享受到一些优惠。如果投资这种公司的股票，一旦发生亏损，可以立刻止损，并注销全部股份，兑换成自己的一般性收益。

6. 有利的纳税基数

政府会针对超额利润征税，遇到这种情况，投资者应尽量降低投入企业中的收益能力强的资本或平均收益的纳税基数，这样可以获最多的超额利润信用。如果所投资的公司近期遇到重大亏损，但这些亏损能够在未来不长的时间内被扭转，那么这样的公司是可以考虑的。不过，避税并不是重点，真正要考虑的重点是公司未来的前景。

7. 资本利得税

一般来说，政府会向投资者征收资本利得税，随着税率不断提高，政府征税甚至会达到一个非常高的天文数字。

只要持有的证券超过某一特定时限，政府对征的资本利得税就会低很多。这些资本利得税并不是对所有的投资收益征收，而一般只对部分投资收益征收。无论股息的总利润有多大，它都被限定在一个最大税额之内。

由于资本利得税比普通股息和利息收益税低，因此有实力投资者更倾向于投资那种成长潜力大的公司，他们也倾向于公司的管理层尽量少把赢利作为资本收益派发出去，甚至最好不要派发，而是尽可能地将赢利用于扩大再生产。从长期来看，企业派发资本收益的能力会占据一定的市场价值，而有稳定红利的公司最终股价也会相对较高。实力较弱的投资者出于稳妥起见，可以购买这类股票。至于那些税收等级较高的、实力强大的投资者，最好买入一只较新的、不派股息的股票，并且长期持有它们，直到它最终成长为有稳定股息的股票。

有时我们会在证券市场看到这样一种股票，它们既有高的股息回报，也有极大资本收益能力。这种情况，要么是投资者判断错误，要么是这家公司的确具有强大的实力——它在行业内的优势允许它兼顾收益再投资和高额分红。这种股票既适合低税收等级的投资者，也适合高税收等级的投资者。因为，低税收等级的投资者能够同时获得红利收入和资本收益，而高税收等级的投资者买入这类股票后，虽然大部分直接收入都要缴税，但他们更注重潜在的资本收益。尽管股票分红所得的纯收入在扣税以后，有时候要比免税债券的收益低，但股票的潜在收益才是真正的决定因素。

目前有关政策规定，在美国要想获得长期资本收益的税率优惠政策，股票的持有时间不能低于6个月。原本应该对收益征收50%的税，但是在享受税率优惠政策之后，只需对收益的一半征收50%的税。也就是说，个人的"长期"资本收益，都能享受到优惠政策——只支付最高25%的税。这对高税收等级的投资者和低税收等级的投资者都非常重要；前者通常会有固定的最高税额限制，而后者则只需为一半的收益纳税。

因此，要想让投资收益最大化，一定要让自己的投资策略适应税收政策。特别是应该仔细研究启动投资和终止交易的税务制度。据我所知，这些税务制度经常发生变化，所以不要只是在年底的那几天，而应该在一整年里都思考税务问题。要知道，不足6个月的短期投资一旦发生亏损，那亏损带来的影响往往特别大，甚至会冲抵掉其收益。如果"长期"持有股票——持有超过6个月，那么对收益所得征的税就会少一些。另外，根据有关法律，直到年底最后一个交易日，都可以扣除亏损。但是，必须在年底最后4个交易日之前申报收益。如果错过了申报日，也可以把股票卖出去"套现"。哪怕最后一个交易日都可以这样做，但一般来说，这时候选择"套现"可能会有一点点损失。

有些人以"违规清仓，延期登记收益"的方式避税。对于这种方式，我觉得比较不妥，除非正常的简单交易，否则如果投资者没有优秀的税务顾问的指导，最好远离这种避税方式。

在市场环境较好的前提下，无论何种投资者，无论他们的税收等级高低，在每个计税年开始的时候，最划算的方式莫过于短期交易了。如果运作得当，可以积累不少利润。这些利润除了收益可观外，还能作为未来减少高额税务的缓冲资金。因为随后，很多原本为了长期资本收益而进行的投资很可能失败，正好由此前的交易利润来弥补这些失败带来的损失。

此外，如果投资者的实际情况较好，市场环境趋暖，投资者有条件将账面利润兑现，那么他们可以考虑每年提取一定数量的资本收益。因为一般来说，税率会一年比一年高。虽然有时政府会下调税率，但通常很快税率又提高了。由于税法颁布后具有追溯效力，同时我们也无法判断未来法律的走向，因此，最保险的方式还是按年缴纳稳定数量的税款。

8. 如何实现应付税利润

投资者在税务策略方面经常会走进一个误区，那就是因为担心要缴纳高额税款而不去兑现利润。他们都觉得，除非确定某只股票的价格会下跌到收益不够支付税款的程度，否则就不会提前兑现收益。

实际收益其实是账面收益减去要缴纳的税金。因此，如果一只股票在买入时每股为 100 美元，后来涨到 140 美元，这 40% 只是账面收益，需要用这 40% 减去税款，才能得到实际收益。因此，如果税率增高，他的收益必然减少。如果行情突变，他的收益甚至可能蒸发殆尽。

9. 退税

在按照政策规定下兑现收益，有时可以获得退税的优惠。然而和股价上涨相比，退的那点税是微不足道的。比如：如果投资者不幸身故，根据税法就可以豁免资本利得税，而且其，税法还规定资产要以所有者死亡时的市场价格来计算。相对而言，个人遗产税要高很多。但是，资产估值增高而产生的新增税额不是由已故的证券实际拥有者承担，而是由遗产继承人承担。

同样，调节贷款的法规常常倾向于缩小回购获利后被再次贷出的资金规模。

从某种角度上看，股票持有者所持有股票，其本质上是未实现的收益，以及有待缴纳但尚未缴纳的税款。但是，只要他不通过抛售股票而将账面收益兑现，就可以无偿使用这笔本应用于缴纳税款的资金。因此，投资者卖出股票兑现收益并缴纳税款后，用所兑现的收益再去回购这只股票，肯定不能买到原来那么多股票了——除非这只股票价格下跌幅度抵消缴纳的税款。不过，出现这样大幅下跌的情况是很罕见的，而且，实际上股价往往不会下跌，反倒会上升。如果股票价格下跌的幅度抵消了需缴纳的税款，投资者是可以通过回购买到比原来更多的股票。根据当前的税法规定：如果有收益，准许投资者卖出后立刻回购同一只股票；如果亏损，就需要经过 30 天的等候期之后才能回购同一只股票。而且如果 30 天内回购同一只股票，所发生的亏损不能从所得税中减免。

从上述的文字中不难看出：退税是一个非常复杂的问题，也许读者们读到上面这些例子，都会感觉眼花缭乱吧？不过，事情的关键在于：税，迟早都要缴，而且大多数人因为觉得可以通过某些特殊的办法来避税，因此一直持有股票，迟迟不愿卖出，甚至错过了最恰当的卖出时机。这样就适得其反了。因此，那些坚持原则的投资者才能做得更好。

10. 扣除亏损

在税法中，从所得税中扣除亏损的方法及扣除数量对于投资者来说也是至关重要。因为税法的有关规定经常修订。根据目前的税法看，大多数股票的亏损首先从其他股票的利润中扣除。如果亏损超过利润，那么超出的前 1000 美元可从普通收入中扣除。

因此，根据现有的税法规定，亏损的余额可不定期地进行转结，转结的长期投资亏损须先从未来的长期投资利润中扣除，而短期的亏损则从短期利润中扣除。而且每年还可以从普通收入中扣除 1000 美元的超出部分。

总之，通过这两种方式不断转结亏损，直到扣除全部亏损额。如果股票赢利，可以将其出售，兑现利润，然后马上将这只股票回购。我建议读者们通过协调利润和亏损，从税务方面得到优惠，并通过回购，增加纳税基数。

11. 逃税与避税

正因为税法存在一些空子，于是就吸引了一群自以为聪明的投资者来钻。我对这种行为坚决反对。虽然这些人有时候也会得逞，法律的制定者们也不是白痴，他们会很快将漏洞堵上。不过，有些合理避税的方法我倒不反对，比如：有些债券没有利息但是即将分红，这时如果涨价，利息就会减少，而买入这样的股票，在涨价后卖出获得资本收益。

投资者必须明白：既要准确地把握税收制度，也要正确地掌握投资方法，这两者同等重要。甚至在某些情况下，对法律制度的把握更加重要。投资与税收，无论缺乏哪一方面的知识都会影响到投资的效果。

12. 慈善捐款

从事慈善捐款也是一个避税的好办法。根据规定：如果投资者将不超过 30% 的总收入捐赠给某些公共慈善团体，或者将不超过 20% 的总收入捐赠给被认可的私人基金会，这些慈善捐款可以从税款中扣除。对于高税收等级的投资者，这意味着，通过这样的方式，他们只需损失很少的收入，就可以捐赠很大数额的善款，从而达到名利双收的目的。

低价买入的证券也可以用来捐赠，所捐的证券以市场价格计算，但可以不必缴纳资本利得税。

慈善捐款可以在五年内转结扣除税款。因此，如果某一年你总共捐赠了收入的 40%，那么这一年 30% 的收入可以享受减免税，第二年还可以将余下的 10% 的收入计入减免税。

13. 资本收益不是收入

资本利得税会让投资者损失掉一部分收益，同时，它还"误导"

了大部分美国投资者。让这些投资者把尚未实现的资本收益当成了实际收入。在这种"误导"之下，他们愚蠢地消耗了太多个人资本。此外，资本利得税还导致市场上扬幅度过大、持续的时间过长。可见，税制和实际应用其实是两回事。

我曾经见过这样被"误导"的投资者，他们在股市上赚了10000美元，于是认为这就是"收入"，于是就挥霍一番，后来才知道，原来还需要缴纳资本利得税呢！

如果按股市平均价格来看，投资者投入股市的资本增值速度赶不上货币贬值的速度，那么就能以"丧失购买力"为由而获得税收优惠——只缴纳"所得税"。

无论以何种标准，投资者在股市上获得的实际利润都不是"收入"。把它们按"收入"来征收所得税是不合理的。作为投资者，也不应该直接把它们用作日常的开销。

14. 投资原则

从避税的角度考虑，究竟在什么情况下应该要继续持有原本应卖出的股票呢？

我认为：不要因为担心纳税就不兑现本应兑现的利润。若想减免税款，有许多其他的方法，应从这些方法考虑。

作为一个普通的投资者，我认为绝对的低吸高抛是不现实的。相反，我认为大多数人只有很少的概率找到处于最低点的股票，而大多数情况都是在高点买进。因此，在实际的投资中，前期大幅上扬所带来的全部利润很可能会被一轮规模较小的下跌给抹平。这是因为，与已经取得一定账面收益的股票相比，普通投资者手中还有更多的没有获利的股票，而真正的损失正是由这些未获利的股票带来的。1929年的大股灾就是源于这个，而且可以预见到，这样的事情在未来还会再一次次重演，而且会愈演愈烈。

不要因为税务原因而拖延兑现利润，这样做还有另外两个好处：第一，利润就是金钱，商业行为的本质就是赚取利润。不过要想做股市上的常青树，必须有货真价实的本领；不过，也有一些人由于撞了大运，也能碰巧做成几笔赚钱的买卖，通常，这些赚了钱的人自以为找到了一个获取财富的新途径，但是却忽视了他付出的代价。第二，前一笔交易结束了，后一笔交易就会开始，必须在充分考虑到预期的风险、可能承受的短期亏损等因素之后，再以最合适的价格购买新的股票。在牛市中期买入的股票，觉得成本价不高，结果在股市即将见顶时没有觉察到危机的迫近，可是随后的大跌会证明当时买入的价格已经相当高了。因此一定要警惕在上升时期进行交易，因为这很容易花了过高的价格买入股票。要每时每刻都注意潜伏在身边的巨大风险，这会让投资者更加谨慎，在市场恶化的苗头刚一出现时，就立刻跑路。

有些个股非常具有吸引力，那也可以进行短期交易。遇到这种股票就不要去考虑税务因素了。否则，出于税务原因而错过了交易的最好时机，这样的股票也会因为长期持仓而失去领涨股的地位。

那些股票投资老手们无论市场前景怎样，首先考虑的都是资本的回报率。例如，如果投资者手里的股票在 6 个月内从 10000 美元增加到 15000 美元，并且市场向好，但是市场上不可预见的因素也存在。在这种情况下，我认为，为了保证已有的胜利果实，应该结清税款，及时兑现。许多股票交易商，特别是投资者，都以某一特定比例的资本回报率作为目标，但往往折腾了几年下来，收益反倒是负增长。从这个角度来看，我反倒觉得投机者风险较小，更容易赚钱。

不过有些读者可能会问："如果我刚刚卖出了股票，它随后又开始上涨了怎么办？"我给你们出个主意：一开始就超量建仓，既做短期交易，又有长期投资。这样做有不少好处。其中一点就是，你在进行较大数量的交易时会更为谨慎。如果市场形势不好，就干脆全线撤出。如果有利润，就可以卖出短线股，用出售短线股的利润去弥补长线股的成本。

还有一条非常重要的，也是非常有效的原则，那就是：要根据资金的涌入情况来决定做短线交易还是长期投资。虽然股市时刻都在兴衰变迁、跌宕起伏，但从税务的角度去考虑，必须要从长期持有的角度来选择长线股；这就需要投资人慧眼识珠——寻找管理能力最强的企业。

15. 可扣除的费用

在投资赢利的过程中，难免会产生一些费用。目前，这些费用都能以税的形式，从你的总收入中扣除。这些税既包括雇用经纪人所需缴纳的税，也包括寻求专业服务的税。比如，雇用投资顾问或者税务顾问，求助分析公司及咨询公司等所发生的一切费用。在投资过程中，差旅费及其他的联系业务的费用，也可以从税中扣除。如果你能证明这本书对你的资本收益有所贡献，那么买这本书的钱一样可以扣除税款。

总结

我认为废除资本利得税对全体公民都有好处。不过，从目前的形势看，这件事想都别想。不过，也许今后随着政策的调整，会让投资者少承受一些负担。关于税的问题，我觉得最具建设性、也是非常合理、很有可能实现的改革措施是将缴税的时间推迟到股票结算兑现时，而其间的交易过程应该免税。在某些房地产交易中已经实施这项税收政策。另外，我觉得，如果可以把税务问题抛开，在最恰当的时机交易，最后再应付税单，这对个人投资者也是有利的。所以，为了谨慎起见，我建议投资者们一定要为缴税准备一些储备金。这样在平时他们就可以集中精力去考虑账面利润了，也不会因为突如其来的税务问题，导致错失市场良机。

第33章　投资与通货膨胀

收益能力变化、股票投资价值增减及股市价格波动，归根结底是由货币购买力的变化及价格和成本的涨跌引发的。

"通货膨胀"是指货币或信贷的供应量增加，导致商品价格上升。不过，人们对商品和服务的需求增加或供应短缺同样能够引起商品价格的上涨及生活成本的增加。

"通货紧缩"与"通货膨胀"正好相反，是指货币或者信贷的供应量减少，致使商品价格下跌。不过，对商品和服务的需求减少或供应过剩，也同样能够导致商品价格下跌及生活成本的降低。

很多因素都会导致通货膨胀或通货紧缩，心理因素是其中非常重要的一种因素。人们对未来价格涨跌存在不同的预期，这种预期会严重影响着价格变化。这是一种推动价格波动的特殊动力，而且它将始终存在。

首先，通货膨胀或者通货紧缩会导致财富发生巨大变化。怎样衡量一个国家实际的资产总值呢？其标准既不是美元也不是价格，而是生产和消费。在通货膨胀的早期阶段，一般来说，往往会对生产和消费产生刺激作用，让人们产生市场欣欣向荣的错觉。不过，通货膨胀在本质上其实是财富在债务人与债权人、穷人与富人、雇主与雇员及投机者与投资者之间的再次分配。因此，一旦通货膨胀变得不可控制，并且已经带来了货币贬值的恶果。那么，大多数情况下，全面的经济崩溃和严重的情绪恐慌就不远了。

通货膨胀很难被解决。究其原因，主要在于通货膨胀的根源难以被抓住。虽然人们可以控制它，但要想彻底消除几乎是不可能的。事实证明，人们想彻底消除通货膨胀的努力几乎都是以失败而告终。除非连人类社会的经济体系一起消除，但这无异于将疾病和病人一同消灭。

通货紧缩就相对好一点，虽然它通常发生在困难时期，但通货紧缩带来的破坏性要相对小一些。而且，人们能够采取多种多样的措施克服和扭转通货紧缩带来的负面影响。

总的来说，在大多数情况下，人们还很难认识到或拒绝接受通货膨胀、通货紧缩的现实。因为大多数人还在用货币来计算着自己的收入、收益及损失。结果，人们发现，手里的钱虽然越积累越多，但能买到的东西却越来越少；或者钱的数量在变少，但钱的实际购买力却增加了的时候。在这个时候，人们根本没有意识到是通货膨胀或通货紧缩在作祟，而常常还自我感觉良好。这就是人类与生俱来的天性，因此，总会有一股非常持久的力量促使货币贬值，要么就会有一股非常持久的力量推动货币升值。而且，人们总是更喜欢挣钱和花钱，而不大愿意存钱，这也会从一个侧面促使通货膨胀和通货紧缩产生。总之，非常持久的经济推动力会激发通货膨胀，甚至会让通货膨胀的影响超过通货紧缩的影响。并且，经过这段长期的经济推动过程后，持有股票的投资者的经济状况会好过那些持有债券的投资者。因为价格的起伏波动要经过相当长的时期，而且是以价值形式而改变。虽然以上的结论是对问题的简单化，但一样能对我们日常生活中取得成功带来一些参考和指导。

而且，那些关于未来趋势的财务报表或者建立在过去的相似经济现象基础上的评论很可能并不准确，因此，对某段通货膨胀或者通货紧缩时期的论断，也许针对当次是正确的，但针对下一次的时候，就不一定正确了。换句话说，在以往通货膨胀时期发生的事情，不可能永远都重复发生。因为，不同的通货膨胀来自不同的原因。产生这些原因的土壤是在不断变化、与时俱进的。它们发展的程度也不一样。某些策略，在某种条件下能够成功化解通货膨胀，但绝对不可能永远都起作用。

1. 通货紧缩

至于通货紧缩，假如你在通货紧缩刚出现苗头的时候，就发现它，那么手中多储备一些现金吧，因为现金是既简单又理想的防御手段。在通货紧缩时期，货币的实际价值并不一定会降低，但由于在表面上货币在不断贬值，因此从税务的角度讲，这对投资者是有利的。当通货紧缩到来时，股票和债券会全面下跌。股价下跌，是因为货币贬值轧平了赢利和资产收益，而且经济体系对现金产生巨大需求，使得大量资产被变现。而导致债券价格下跌的原因则在于：多数情况下本金的利息和支撑本金证券的价值会减少，另一方面也因为债券持有者对资金进行变现。在通货紧缩期间，银行利率也在降低——这使得信贷风险发生的概率大大提高，不过话又说回来，在这种时期也很难申请到优惠的贷款。

在通货紧缩期间，有一条重要的投资原则必须谨记，那就是：股票市值每年的下跌幅度总是远远超过这只股票可能带来的红利。因此，在这一时期，最好的办法就是持有现金、靠基本资金维持生活，这比追求所谓"收入"能够更有效地减少资本净值的缩水。而且手中保留大量现金还有一个好处——因为最终的收益和真正的财富常常是在大萧条的转折点买入而得到的，但如果在最佳的时机手里却没有足够的现金，那就无法把握这种购买机会。总之，要想抵御通货紧缩其实并不难，只要长期持有现金即可。但关键在于，一定要在股票价值缩水之前及时察觉到经济萧条即将到来，并且，在这时一定要控制自己不要去操作，而是把现金牢牢捂在手里"吃老本"。当然，在传统的投资理论中，通常把我说的认为是谬论。即使知道要买的商品价格稳定走低，人们也不会持有现金面对便宜的商品"无动于衷"；即使知道资本的大部分都能稳定地获得更多价值，人们也不会仅"吃老本"。

通货紧缩还会给人们的生活带来一种严重的、恶劣的影响，那就是会导致某种日用品的价格暴跌——这自然也会拖累到相关的股票。所以，铜的价格暴跌会影响铜业股票，糖的价格暴跌也会影响糖业股票，等等。在近几年，发生的所有通货紧缩几乎都是这一类型。因此，在通货紧缩时期持有错误的股票，也会导致巨大亏损。所以要坚决防范这一问题的产生。

2. 通货膨胀

在通货膨胀的环境下去讨论投资，你才能真正发现通货膨胀带来的复杂的、多变的情况。在"通货膨胀"发生之初，人们经常能在媒体上看到"复苏""好转"等字样。在这种经济大环境下，拥有优质资产的投资者会得到同样优厚的收入和利润。社会对商品的需求大大增加，企业的利润自然也跟着提升——一切都在由低走高。商品价格微量上涨有利于存货利润的增加，企业的利润空间也较高；而且，在通货膨胀初期，原材料等成本价格上涨相对滞后，有关法规此时也最为宽松——这些都给企业带来好处。

虽然通货膨胀的每个发展阶段不太容易明确界定。但在初级阶段之后，通货膨胀将发展到一个"高生活成本阶段"。这时候，人们开始体会到通货膨胀给生活带来的种种不便了，而且，其恶化速度在不断加快。这时候，人们期待政府出面干预通货膨胀。但是，此时只有战争的爆发才能让社会经济逾越通货膨胀的这个时期。因为，只有战争爆发，民众都被团结到政府周围，共同推动促进社会改革，才有可能渡过难关。如果政府出面干预通货膨胀，会在一定程度上加大货币和贷款的供给，而减少商品和服务的提供。政府通过政令，让产品最大限度地被报废而不是被消费。同时，在税收方面，政府开始征收超额利润税和更高的消费税，以及通过资金配额甚至扣押资金等方式，来控制通货膨胀的局面。在这种情况下，贸然进行投资的风险很大，也许股票能稍微好一点。但是，通货膨胀的长期持续，仍然会导致大量的问题，而且资产扣押也让股票价值大不如前。和通货紧缩引发税务、利润缩减等问题一样，通货膨胀进行到这个时期也会诱发恐慌。

如果此时政府的干预发生了作用，那么通货膨胀的情况或许能够好转；可是如果政府干预没有生效，那么通货膨胀很可能发展到下一阶段——被称为"过度通货膨胀""超通货膨胀""失控通货膨胀"等时期。在这一时期，通货膨胀已经完全失控。钞票被疯狂地被印出，物价一天一变，人们甚至开始迷茫：究竟还有什么能够保值？在这个时期，商业活动简直寸步难行。虽然股价也在上涨，但货币贬值的速度更快！最终，政府对这种局面也束手无策，再加上民众焦虑紧张的情绪，这些共同导致经济系统土崩瓦解。在这种情况下，货币或者债务一般也难以幸免。

这种经济环境下，一般的股票会整体走高，但是很难达到传说中的那种高度。一般的理论普遍认为，股权是企业的一部分所有权，因此，股权的份额自始至终都不会改变。我认为这简直是谬论。由于在通货膨胀时期，公司需要大量的运营资金，再加上其他一些原因，新增发的融资必然会严重地稀释股权。或者，即便通过高明的管理手段能避免股权被稀释，那么再想把企业账面上的利润用于扩大再生产，股东们也往往不会答应的。在市场价格方面，有一种可能因为投资者非理性买入，导致股票价格上涨速度超过其内在价值；还有一种可能是社会对货币的需求太强烈，投资者缺乏流动资金买入股票，结果导致股票价格低于其实际价值。因为这个时候贷款利率会赶上甚至超过通货膨胀率，因此如果没有人为干预，加息进程会让企业的财务费用上升到一个难以估量的天文数字。在此阶段，普通的投资者随大流在普通的时机买入普通的股票，必然不会收获好的业绩。

由于在通货膨胀爆发期间，经济形势瞬息万变，因此难以计算出某个投资者原本可以从这场灾难中挽救出多少财产。然而，让我感到惊讶的是，有些人对形势丝毫不做分析，就误认为股票能够抵御通货膨胀。我知道有些人，他们死死地攥着不断贬值的股票，而舍不得放弃。若以黄金为基准，与通货膨胀发生之前相比，他们的资本甚至损失了97%。

也许有读者会问：如何在美国抵御通货膨胀？对于这个问题，我的看法是：通过对近年来在其他国家所发生的通货膨胀进行分析，发现很难从它们那里得到借鉴。首先，各国触发通货膨胀的原因不同，发展程度各异。而且，更为重要的是，各国相应的法律、干预措施及税收政策都在不断变化。随着时间不断推移，通货膨胀也在不断改头换面。也就是说，以前通货膨胀发生时，头脑灵活的投资者或许还存在一定空间挽救财产、降低损失，但是未来的通货膨胀将会让这种空间越来越小。

总之，虽然天下有许多抵御通货膨胀的办法，但这些办法都要围绕着所在国家的政策来进行。国家的决策者们在采用某种办法之前，都应该先在某个地方进行试点，如果没有副作用，再推广到全国使用。一些不完善的政策不但不会遏制通货膨胀，反倒会带来各种各样的副作用。比如，有些政策让我们错误地放弃金本位，有些政策会导致严重的抵押按揭延期偿付现象，还有一些政策导致租金水平升至顶点。在清付债券和保险单时，投资者更希望得到与票面价格相同但购买力已经下降的现金，而不愿看到购买力不变但票面价格缩水，或者也不愿意根据实际财务状况进行现金结算。政府摸准了投资者的这一心态，将会发行过多的钞票愚弄投资者。

有时候政府不当的举措相反会成为刺激通货膨胀的推动力。有些国家的政府成立专门的部门，设立抵御亏损的保险基金和"保证金"，这种家长式的政策往往是刺激了通货膨胀。比如，给那些超过10000美元的固定存款和贷款投资账户提供保险，可能会导致土地价格、劳动力和建筑成本的提高。

由于近年来美国企业的生产能力增长过快，结果很容易导致通货紧缩。因此，在评价经济状况时，企业的生产能力增长情况也应该和其他单纯的金融因素一样受到重视。而且，在未来，因为税收因素也会让美国的投资者蒙受巨大的损失，甚至这种损失会超过因通货贬值而产生的损失。因此，我认为应该综合考虑上述两者带来的影响。

我们可以比较乐观地预见，美国作为一个拥有强大国力和生产力的出口国，不会爆发那种失去控制的通货膨胀。除非世界大战再度爆发，美元贬值 75%，或者贬值 90% 甚至比这更糟的情况出现的时候，才会令通货膨胀失控。但我想在美国不会发生德国当年在第一次世界大战后出现的那种类型的通货膨胀了，因为当时的德国，货币贬值到大约 4 万亿马克才兑换 1 美元的恐怖程度。

我认为，眼下要跟随美元的价格变化来制定投资政策，投资者必须把注意力集中到"美元究竟在升值还是贬值"上面。同时，还必须考虑股票的市场价格的折价幅度是低于、等于还是高于市场情况。虽然人们往往会忽略通货膨胀因素，但在那些主题为"购买力价值"的文章中，通货膨胀问题永远无法回避。

在美元价值不断波动的情况下，能够成功地进行投资那才是真正成功的投资。很多投资者自以为自己的投资"抵御了通货膨胀"，而事实上，他们比那些置身事外的投资者更容易掉进陷阱。只有在合适的时机以合适的价格买入股票，它才能发挥抵御通货膨胀的作用。无论究竟是什么推动了股价上涨，这一规则都有效。实际上，只要社会处在经济上升期，价格势必也是一路上涨的，这和通货膨胀无关，通常，经济增长态势是不变的。如果情况变得不可收拾，那么质量越好的股票，越能挺下去。在通货膨胀到来之时，那些管理最优秀的企业是最好的投资对象。因为它们发展前景光明，利润增长稳定。还有一些股票或者企业也能在通货膨胀中避免或减少损失，比如那些没有负债问题的个股很可能会从通货膨胀中成功脱身，还有一些收益不大的制造企业，它们也会随着人们对商品的需求增长而暂时得益，此外，一些可以享受合法的减免税政策的公司也可能克服效率低下的问题。还有一些高成本的自然资源类股，它们都能在一定程度上抵御通货膨胀。但是，如果放在一个较长的时期来考察，它们必然走向衰败。如果投资这类股票是有一定风险的，因为一旦投资者准备将投资转移到实体公司上，就会发现：代价太高，或者相关的税务罚款看起来太高了。

　　当人们感到自己的钱越来越少，从而开始将不满发泄到社会等级差异时，其实，正是通货膨胀、政策法规或者赋税在一点点将你辛苦挣来的钱侵蚀。因此，人们最好能以同等的价值，购买别人的劳动成果。鉴于这是一个充满亲情和温情的时代，我并不是让大家为了防止通货膨胀就不去存钱，我只是希望大家保持适度的储蓄。

第34章　信托基金适合大众理财

我相信，本书的读者对投资信托和共同基金可能会出现两种完全不同的态度。

一类读者会觉得：与其自己亲自涉足复杂多变的股市，还不如把钱交给信托或基金来打理，自己只需安安稳稳地坐等分红即可；而另一类读者则对自己的投资能力颇有自信，他们认为：自己可以正确掌握买进或卖出股票的时机，他们不会将自己的资金托付给信托或基金来打理，而是亲力亲为，凭借自己的眼光和经验进行交易，甚至是利用各种财务杠杆进行投资。

相关调查研究发现，如果单从投资公司业绩来看，无论在相同的基金的内部还是在不同种类的基金之间，其经营记录都有很大差异；但如果从总体上看，基金的经营记录与整个股票市场的走向是基本一致的。不过，这份研究报告公布之后，引起了许多业内人士的反对，他们认为这份报告对他们不公平，因此对报告的结论不予接受。不过实事求是地讲：这份研究报告的结论对基金从业人士来说，还是比较有利的。基金从业人员操作着投资者巨额资金，这份研究报告其实是对他们管理能力、投资能力的一种肯定。

其实，基金还是有其积极作用的。尤其是对那些初涉投资市场的人们，以及那些实力薄弱的小投资者来说。

也许有人会问：普通股基金究竟能否始终跑赢大盘？事实上，只有极少数的普通股基金能始终跑赢大盘，而且这些基金不外乎封闭式基金和对冲基金。但即使这样，我建议在市场低迷的熊市，即便对冲基金的管理能力再好，投资者还是应该尽量避免对冲基金。总之，采取牛市买入熊市卖出的方式，肯定会比一直持有基金的收益要好。至于投资信托，其收益通常都会随着大盘起伏不定。只有在非常特殊的情况下，在非常短的时间内，信托才会和大盘走向相反。

不过，我也发现，很多人在投资的时候并不会严格地贯彻这一法则。许多有一定实战经验的投资者，即便他们持有的基金小幅度地跑赢大盘，他们也是绝对不会满足的。

因此，如果你作为一名投资者，要想跑在其他人的前面，就必然要学会自己选择，独立地进行投资。

第 35 章　不要指望廉价管理

一般来说，赚钱无外乎三种方法：第一种方法是出售你的时间；第二种方法是出租你的资本；第三种方法是用你的资金去冒险。

一般的投资者购买股票或增资股本，其实就是对股权进行投资。他们等于在用第三种方法赚钱——拿自己的钱来冒险。从本质上说，他们其实等于是在与万千股东们一起在参与一家企业的经营。

有些投资者乐在其中，但更让我关心的是：投资者在公司管理中究竟起到什么样的作用？

显然，作为一家上市公司的投资者，他们的地位是令人羡慕的，因为他们只需要用自己的资金购买该公司的股票，就可以坐享利润和分红了。至于公司的管理，自然会有职业的经理人来负责。投资要做的就是选择在正确的时机购买正确的股票，然后在正确的时间将其卖掉。相反，假如投资者是自己投资一家小公司，或与别人共同出资经营，那就没这么清闲了。在这种情况下，投资者不仅要拿自己的资金去冒险，还必须参与到公司的管理中去。甚至有时候还要为销售自己的产品而赤膊上阵、亲力亲为。这就是以购买股票的方式投资上市公司与出资创建、经营小公司的最大区别。

不过，上市公司的投资者们由于缺席企业的管理，往往也会付出一些代价。

最近这些年，投资者们逐渐对上市公司的管理加强了关注。他们开始从各个角度，仔细地考量所持股公司的管理。投资者们会通过各种渠道去了解：这家公司的管理层所拥有的股份是否比例适当？这些股份是在减少还是在增加？他们拥有的股份是用自己的资金购买的还是公司配给的？这些管理者是否忠于职守？他们的薪金、奖金和养老金是否合理？投资者们对上述问题非常关注，因为这些因素对投资成功与否至关重要。

不过，对于公司管理层太过苛求，我认为是狭隘和错误的。投资者一方面不希望管理者拿太高的薪酬，另一方面还不想让管理者获得充分的财权，甚至媒体舆论中也充斥着批评上市公司管理层的文章。我觉得这些都是不合理的。

公司的薪酬制度的本质是为了要吸引和留住最优秀的人才，因为一个公司的成功与否，与为它工作的人及管理它的人息息相关。

由于现在政府推行了新的税法，人们不能再像过去那样只依靠储蓄来养老了。因此，在现行的政策体系下，下至公司的普通职员，上到公司的高层管理者，都必须为自己未来准备一笔养老金或完善的养老计划。而且，每家上市公司在争夺最优秀的人才的时候，不仅要面对其他上市公司的竞争，还要面对无数中小公司的竞争。基于上面这些原因，上市公司给优秀的管理人才支付薪酬的标准不应该是固定不变的，而是应该根据管理人才本身的价值来决定。因此，投资者对公司给管理者支付薪水过于苛求是没有好处的。我认为，投资者不应该从支付薪酬的高低去衡量，而是应该换一个角度去想：公司支付了这么多薪酬去聘请一位优秀的管理者，能得到多少回报？是否物有所值？当然，公司的规模也需要考虑在内。但是，总的来说，最好的终归是最划算的。

我这里有一个最好的例子，麦克斯威尔—查默斯汽车公司正处于濒临破产的边缘，为了拯救公司，董事会决定不惜重金聘请沃尔特·克莱斯勒前来担任公司的管理者。1923 年，在汽车行业以"复兴者"著称的沃尔特·克莱斯勒出任濒临破产的麦克斯韦汽车改组和联合管理委员会的会长。他与三名工程师一起建造了克莱斯勒的首辆汽车，这辆车一展出便引起轰动，三年内上升至畅销榜第三位。后来，克莱斯勒看准时机将麦克斯威尔公司彻底重组，并于 1925 年更名为克莱斯勒汽车公司。1926 年，该公司在克莱斯勒领导下，很快由美国汽车制造业第 27 位，蹿升至第 5 位。最后，这家曾经濒临破产的汽车公司最终跻身三大汽车制造商之一——这就是优秀管理人才的魅力。总之，为了聘请优秀的管理人才，花再多钱都值。但如果把公司的管理权交给那些不怎么负责的人，甚至使公司走向绝境，那么即使花再少的钱也不能这样做。

一般来说，公司负责人拥有公司股权当然会更好。但是，这并不意味着公司的管理层拥有股权越多，公司的发展和效益就越好，这需要具体问题具体分析。如果你看到公司的管理层最近买了自己公司的股票，而且自己出资购买本公司的股票，那么几乎可以肯定：这个公司后市的表现一定不会差。

现在是一个"好酒也怕巷子深"的年代，企业不再像以前那样，对自己的经营秘而不宣、沾沾自喜，而是希望更多的公众知晓、了解公司的经营状况。如果不这样做的话，投资者们将不再青睐自己公司的股票，这将导致企业的业绩和股票价格背离，最终反倒让企业陷入困境。

综上所述，我觉得，投资者与其关心公司管理者的薪酬，还不如更关注一下公司如何才能找到最合适的管理人才，怎样为公司创造更好的业绩。一般来说，支付给管理者高额薪金的公司，其薪金支出只占纯收益的极少部分。但是，如果公司用很低的薪水去聘请别人来担任高管，则很有可能请来的是平庸之辈。那么假如他们决策出错，所造成的损失很可能让收益大幅降低，甚至彻底抵消收益。

第 36 章　异想天开的投资计划

在过去这些年里，系统化地积累并利用财富的投资方法在华尔街大行其道。支持这种投资方法的人们认为：从一个较长时间段来看，市场走势必然向好，即便在短期内市场走势不佳，也只不过是摊薄收益罢了，而最终也必将会获得稳定的收益。有人把这种投资计划叫作"定期定额法"，但在我看来，这简直是一种"异想天开的投资计划"，因为它所承诺的回报简直是不可能实现的。

如果单纯从数学的角度看，"定期定额法"这个计划没有丝毫漏洞，只需将财富系统化地累积并加上复利，那么随着时间的推移，最后肯定能得到非常可观的收益。一笔资金，如果复利照每年 6% 来算，12 年就能翻一倍。并且，如果每年再积累一些，资金数会增长更快。按这种方法计算，最初投资 1 美元，12 年后就会变成 2 美元，同时如果每年再存 1 美元进去，连本带利，12 年后就会得到将近 17 美元。

当然，这些都是从理论角度进行计算。而在实际操作中，可能就并非如此了。首要的一个问题是：谁能保证每年必定有 6% 稳定的、安全的增长率呢？其次还有一个问题，那就是：在整个投资过程中还必须支付许多必要的费用，比如所得税。

如果投资者按照这个计划去投资普通股，那么我想很难达到理论上的预期。因为在我看来，无论这只股票有多么优秀，以往的表现有多好，也没有人能够准确预测它未来的走势。我记得在 1954 年，当时华尔街上的媒体专门对一些知名公司的股票做过分析。其中包括通用汽车、杜邦公司、新泽西标准石油、伊斯曼柯达、西屋电气，以及其他一些公司的股票。媒体以图表的形式演示了如果购买这些公司的股票，在理论上将会得到怎样的收益。

比如，其中有一个图表展示了 1937—1954 年这段时间西屋电气股票走势。如果按照"定期定额法"的推导，如果从第一年起，每年投资 1000 美元买进西屋电气公司的股票，到 1954 年共投资 18000 美元，那么最终将得到 41580 美元的收益。根据媒体的计算，到 1954 年这笔投资包括红利收益，一共增值 23580 美元，是成本的 131%。这意味着按照"定期定额法"来计算，每年有 7%~8% 的收益率。

但我认为这一推导过程是错误的。导致这一错误的最主要的原因在于：截取 1937—1954 年这一时间段考量，只是为了得出作者想要的推导结果。而在现实中，很少有人会在这一时间段持续投资的。因为，1937 年，西屋电气的股价高达 42 美元，而到了 5 年后的 1942 年，狂跌至 15.75 美元。也就是说，这 6 年时间，投资者的资金被牢牢地套在里面。如果在 1942 年才撤出，只能得到很少的一点收益。如果换了我，我一定会在股价降到最低点之前就撤出投资的。因此，前文计算的所谓"每年投资 1000 美元"是不现实的。另外，当股价较低时，这些企业的经营状态也比较低迷，因为经济大环境导致其资金投入匮乏。这样一来，在实际操作中，投资者就更不会轻易买进这些公司的股票了。

因此，所谓"周期性的财富积累"只具有理论上的可行性。回想 1932 年大恐慌时期，当时人们没有钱付租金或者抵押利息，甚至被迫延期偿付贷款，他们怎么可能还购买股票，坚持所谓的"周期性的财富积累"呢？可见，这个计划完全是为了能够自圆其说，事后推导出来的。

导致这一错误的另一个重要的原因是：人的信念容易受到环境的影响而发生变化。当股价上涨时，人们自然会觉得对股票走势和收益充满乐观自信；但当股价下跌，人们又会为自己的投资行为感到担忧和懊悔。例如，在媒体的这次理论计算中，西屋电气在 1946 年每股收益只有 65 美分。在这种情况下，一般的投资者还会每年投入 1000 美元吗？想必很多人会中途停止这一投资计划，避免投资的钱有去无回。

做"事后诸葛亮"很容易，但是要想做到有先见之明那就太难了。在每只股票一系列的变化中，又有谁能提前预计到呢？

因此，媒体上的这些图表只能说明何时选择哪一只股票赢利最高。但是，在 1929 年美国股市大崩盘之前，一些具有前瞻性的投资者可能会购买一些当时的蓝筹股，比如：纽约中央铁路、西联公司、爱迪生联合公司等公司的股票。在当时，这三只股票的情况看起来都还不错，而且直到 1929 年之前也都有上佳的表现，但是随着 1929 年股市大崩盘的发生，这三只股票和其他很多股票一样也未能幸免，它们的股价一泻千里。

以纽约中央铁路的股票为例，在 1929 年，每股售价高达 250 美元，但每股收益超过 16 美元，红利超过 8 美元；而 24 年后的 1953 年，这家公司的股票平均股价为 21 美元，每股收益 5 美元，红利只有 1 美元。当年很多红极一时的股票都和纽约中央铁路的股票一样——盛极而衰。因此，当今流行的蓝筹股究竟会不会重蹈纽约中央铁路股票的覆辙，没能说得准。

如果有读者不同意我前面说的这个观点，那我建议他去选择一个上市投资信托。上市投资信托会给投资者一些建议，应该购买什么，应该抛售哪个，等等。如果他选的信托比较有水平，它能自动调整投资组合，可以让投资者基本上跟随着大盘波动而不会掉队，而且还能避免投资者出现低级的选择错误。

当然，上市投资信托也不是万能的。即使你按照它的建议购买股票，也会出现因时机把握不准，而导致赔钱，甚至有可能无法将投资计划坚持到底，就半途而废。

在相当长的一段时间里，华尔街上下都充斥着这样一种论调："既然以前股市总是在持续上升的，所以今后一定还会继续上升"。这种论调说："虽然股市会有小小的起伏和波动，但从长期来看，10 年、20 年，甚至 50 年，在我们的整个有生之年，股市肯定是向上的"。配合这一论调，还有专门的一套数据作为佐证，也在华尔街广为流行。这套数据是这样的：从 1937 年 1 月 15 日起到 1950 年 1 月 15 日，随机抽取 92 只股票，在每只股票上各投入 1000 美元。从理论上看，这样投资的回报率高达 12.2%，并且还是复利，其中还包括了市场利润和股息分红。提供这一套数据的分析家自以为数据客观、准确地证实了他们的论调。分析家的理由是：首先，时间段从 1937 年至 1950 年，这这段数据与道·琼斯工业指数是比较吻合的；其次，他们所需选取的这 92 只股票也是从 1936 年交易量超过 100 万股的股票中随机选出的；再次，这 92 只股票分布广泛，来自 27 个不同的行业板块。

可惜，华尔街的这一论调及上述数据都是纸上谈兵，在实际操作中完全行不通。如果随机购买 92 只股票，每只 1000 元，那一年就要投入 92000 美元，天下有几个投资者能够做到？即使有人每年投资 92000 美元，又有多少人能把全部股息都用做再投资，然后再从其他方面获取收入来支付税款并养家糊口？即使真的有人做到了上述两点，他们其中又有谁敢不顾风险，从 1937 年至 1950 年 14 年如一日地把这个投资计划坚持下来？难道他们在这 14 年中，生活就不会出现意外状况吗？难道在这 14 年间，他们的投资计划不会因为某种客观原因意外中断吗？

因此，我说上面的论调和数据都是不现实的。真正的投资者是不会这样做的。

一个真正的投资者，他也许每年只能拿出 500 美元用于投资。而且，他还不得不支付一笔不低的委托费用和零股交易费用。可是，从前面的数据看来，那并没有包括这些额外的费用，甚至连所得税也没有计算在内。因此，无论是哪个投资者，断然不会以广泛撒网的方式购买 92 只股票——他们只能凭借自己的眼光、经验去选择其中的某一只或者某几只股票。

除了上面我提到的这些因素外，上述论调还存在另外一个缺陷。它完全忽略了一个非常重要的事实：在 1937 年至 1950 年这长达 14 年的时间内，货币的购买力肯定不是一成不变的，而是必然要发生变化。比如，可能是由于通货膨胀带来的货币购买力下降，或者由于通货紧缩导致的货币购买力上升；甚至政策性的变化、法律的影响，都有可能改变货币的购买力。例如，政府颁布了新的货币定量配给政策，这将大大地限定单位货币的价值；再比如，政府通过法令来限定货币流通，也会导致购买力的变化。此外，影响货币购买力的因素还有很多，比如沉重的营业税、带有抑制色彩的关税壁垒，甚至进口配额的降低，都会对货币的购买力造成影响。

有一句老话说得好，"二鸟在林，不如一鸟在手。"投资也是如此，与其计划 15 年后或者 25 年后大赚一笔，还不如手里拿着现钱来得更实在。何况，在人生的不同阶段，货币带给人们的感觉是不同的。比如同样是花钱消费，你在 35 岁的时候花一笔钱和你在 50 岁的时候花一笔钱，其感受是截然不同的。

这一切都告诉我们，在投资的时候必须独立、谨慎地思考。不要轻易地被"只要你耐心等待，总能顺利达到目标"这种观点所左右。从我个人的经验来看，我绝对不会在刚开始投资的时候就预先计划好后面的每一步该如何走。因为我始终认为：投资不是一门非常严谨的科学，或者说，它根本算不上是一门科学。因此，要想在投资中获得成功，必须在实际操作的过程中不断摸索，积累经验。遇到亏损则果断斩仓，碰到赢利则及时跟进。最重要的一点是：千万不要被某个长期的投资计划所拖累。我一贯不赞同"平均成本投资法"，我觉得这种投资方法在大多数情况下只是把你的资金填进一个无底洞。我更赞成"倒金字塔交易法"，这种方法的诀窍是先进行试探性的买入，然后再大规模建仓。通过"倒金字塔交易法"，可以让你投资所获得的果实得以巩固，如果发现投资方向出现错误，就应该立即放弃，不要再继续坚持。

1929 年 8 月，约翰·J. 拉斯柯伯就曾经断言道："完全依靠储蓄发财是不可能的。完全依靠储蓄，就好像只给你制定一套分配政策，却没有东西让你分配一样，因为没有那么多钱让你储蓄。"拉斯柯伯的说法我非常赞同。不管怎么说，投资就如同一场殊死拼杀的战斗，要想在这场战斗中生存下来，必须依靠智慧，而不能指望奇迹的发生。

综上所述，我认为：完全建立在理论上的投资计划是不可靠的，要想获得更多的财富，关键要建立在对未来前景的理性逻辑和合理推理之上。

第 37 章　利润倍增

你对你的闲暇时间有多重视？

当你有大把空闲时间时，你如何打发它们呢？大通曼哈顿银行的经济研究部的双月刊——《商务简报》曾经刊登过一篇文章，以非常详尽的笔调探讨了"美国的闲暇时间"。

在这篇文章中，作者指出：当前美国人的工作时间与以前相比，已经大大缩减。在 1850 年，美国人每周的工作时间为 70 小时，而现在每周只工作 40 小时。而且，现在还比以前增加了许多法定假日和带薪休假。这些假期乘以美国的人口数，相当于全体美国人拥有近 7 亿天的假期。

可这对商务人士和职业人士来说，情况则大不相同。据统计，大概有 40% 的企业管理者、白领和中产阶级，每周的工作都在 48 小时以上。

至于那些跻身上流社会的成功人士们，他们每周的工作时间接近 60 小时。此外，还有那些刚刚从学校步入社会，希望能够在工作和事业上出人头地的年轻人，也会这样玩命地工作。

立顿工业公司的创始人桑顿早年通过辛勤劳动、白手起家，终于在 1953 年创建了立顿工业公司。现如今，他的年收益已经高达 3000 万美元。就是这样一个富有的人，他在不久前还曾经对自己的股票经纪人抱怨说："我将每天的大部分时间都投入到工作之中，我根本闲不下来!"不过，桑顿这种努力工作的作风也的确让他得到了相应的回报。

据我观察，绝大多数事业有成的人都是把工作看作一种娱乐。如果你不能真正地享受工作，那你在事业上很难成功，而且也不可能把你的价值完全奉献给你的老板——如果你有老板的话。

我知道一定会有很多人反对我的观点。尤其是那些认为自己工作很微不足道、很枯燥乏味的人们，更会对我的观点产生怀疑。19世纪末的轻歌剧作曲家和剧作家吉伯特和苏利文曾经写过这样一句歌词："我如此努力，利用各种手段，我现在已是皇家海军的统治者。"在现实生活中，这句话一次又一次地得到验证——通过无数次的努力，很多人最终到达了成功的巅峰。

有的人利用空闲时间去做更多的工作，有的人则利用闲暇去放松娱乐。其实，在闲暇时间里也能创造价值，甚至与在工作时间中创造出的价值是一样的。有的人认为闲暇时间比工作时间还要宝贵，但是大部分人都把闲暇时间忽视了。从前，美国人经常采用的经营方式是自己动手、亲力亲为，但从现在的情形看，这样的经营方式在美国永远不会再兴盛起来了。很多经营者不会把宝贵的时间浪费在日常琐碎的工作中，而是将这些杂事交由秘书或者助理来完成。

随着时间的推移，投资者的"可以自由支配的时间"将会越来越多。如何利用好这些时间，是投资者要好好思考的事。想想看，你付出了多少心血换来这些"可自由支配的时间"，这些时间又能为你的事业带来多少价值? 你会把这些时间用于何处? 加班工作? 充电学习? 锻炼身体? 旅游? 还是做一些其他的事情?

和为了谋生而辛苦忙碌的工作时间相比，我们的"闲暇时间"是不是太轻松了。所以，应该好好规划利用这些"闲暇时间"，让它为我们的事业所用。

零股交易

在纽约证券交易所有一种购买股票的方法，叫作"零股交易"。这种方法是：凡是在纽约证券交易所上市的股票，都可以一次只买入 1~99 股。总之，只要少于 100 股的交易都被称为"零股交易"。

我认为这种交易方式应该引起投资者的广泛关注。其实，"零股交易"的存在由来已久。早在"纽约证券交易所月度投资理财计划"推出之前，"零股交易"的方式就已经出现了。当时，传媒还不发达，没有什么文章或者广告向投资者推荐这种交易方式。但"零股交易"凭借着它巨大的优点，依靠大众投资者之间的口耳相传，依然红极一时。由于近年来，基金的出现逐渐取代了"零股交易"在中小投资者心中的地位，因此"零股交易"才逐渐走向没落。

我必须承认投资信托和基金的优势。一个优质的投资信托或者基金通过良好的管理、多样化的配置，为小投资者提供了一种较好的股票投资途径。最重要的是，投资信托或基金不会占用投资者们太多的精力和时间。设想一下，如果你是一个初涉投资领域的菜鸟，你可以把闲置资金分为两部分，一部分资金购买投资信托或基金，另外一部分购买美国政府发行的国债，这样就能够既防止通货膨胀，又抗御通货紧缩，实现双重保值。这对于身处波谲云诡的投资市场中，保护自身安全是非常重要的。

不过，"零股交易"自然也有它的优势。有些中小投资者资金量虽然较小，但他们希望亲自进行操作。他们希望凭借自己的努力跑赢大盘，或者想通过亲自实践来获取经验。对这些人来说，"零股交易"再理想不过了。

在本书的前面部分就已经指出：买股票不要贪图便宜，价格最低的股票往往会让投资者付出最高昂的代价。所以，假设你有 750 美元，在多数情况下，你零单买入 10 股 75 美元的股票，要比买入 100 股 7.5 美元的股票更赚钱。这就需要你以"零股交易"的方式去操作了。

"零股交易"的佣金是根据所交易的股票价格及交易金额来决定的。举个例子，你花 1500 美元购买 20 股单价为 75 美元的股票，你需要支付的佣金是在 20 美元的基础上加上交易额的 0.25%，或直接加上 5 美元。这样一来，佣金最多不超过 25 美元，即不超过总交易额的 1.75%。可是，假使你将这 1500 美元用来投资基金，那你需要支付的佣金就远远不止 25 美元了，你不仅要为购买基金支付年费，还必须支付资金管理和保管等费用。

"零股交易"也给中小投资者创造了多样化投资的机会。如果不使用"零股交易"的方式，只有大投资者和投资信托机构才有能力进行多样化投资，而自从有了"零股交易"，资金有限的中小投资者也能进行多样化投资了。举个例子，在当前，花 10000 美元正好可以购买 100 股通用汽车股票。而若是以"零股交易"的方式，投资者可以将这 10000 美元根据自己的计划，分成若干部分，购买不同公司的股票——A 公司买几十股，B 公司买几十股。如果成功地交易，投资者可以品尝到成为多家公司股东的滋味——得到一张张签署着自己姓名的证书。同样，他也可以享受到应得的股东权益——他持有股票所在的公司会直接将股息的支配通过邮寄的方式寄到他的手中。而且，这些公司也会定期向他通报经营信息，比如公司年报等。总而言之，中小投资者通过"零股交易"，获得了与大投资者等同的机会和待遇。

为什么买入

每个投资者投身股市肯定都不想赔钱。人人都希望获得双倍红利、双倍利润，同时又想让亏损的可能性降低，那么就试着在你考虑购买任何一只股票之前，问自己下面这几个问题：

◇ 在这个公司的股票上，我打算投资多少钱?

◇ 我希望从中赢利多少？

◇ 我能承担多大的风险？

◇ 我计划花多长时间来实现这一赢利目标？

我认为，如果你把风险止损点设置在投资的 10%～20%，在 6～18 个月之后，收益率达到 50%～200%，毫无疑问，这绝对是一次非常成功的投资！

当然，如果要具体阐述应该如何去做，恐怕写一本书都难以详尽。由于篇幅所限，我现在只能简明扼要地列出几点：

（1）如果你是初涉股市的新人，那么我建议你每次只拿出 10% 的资金去投入，既不要吝啬，也不要太过慷慨。可如果你是一个经验丰富的老股民，那你就不必拘泥于我的建议了。一般来说，经验丰富的投资者通常会根据自己的判断来决定投资金额的，少则投入总资本的 20%，多则达到法律允许的最大上限。假如你投资经验不足，对自己的投资水平不够自信，那么我劝你还是先去选择其他的投资项目吧。当你投资经验丰富了以后，再转战回来，一样可以达到预期的收益。

（2）你最需要关注的事情是究竟能带来多少收益。要想尽可能多地获得收益，对股市变化的灵敏嗅觉是必不可少的——你必须嗅到一些没有反映在当前股价上的利好因素。假如你的嗅觉能力和所有人一样，那你肯定不会赚大钱。虽然我的建议说起来很简单，但事实证明是非常有效的。因为搭乘股价上涨的顺风车是非常容易的，而要想让股票止跌反弹就比较困难了。换句话说，趁着股价上扬，买入一只处于上涨行情的股票，十有八九会赚到一些小钱，但要想找出一只正在下跌但很快就会止跌反弹的股票就难了。可往往是后者才能让你赚大钱。

（3）在形势不妙时，一定要坚决果断地撤退，以保存实力，期待东山再起。要想做到这一点，选择合适的止损点至关重要。如果在一只被高估的股票上，应该选择在 10% 时止损，这样就能尽可能地保护资金少受损失；如果在一只被低估的股票上，则应该将止损点定在 20%。有的投资者还会遇到这样的情况：在损失了10%之后选择将股票卖出，结果前脚刚卖掉，这只股票后脚就出现反弹，甚至涨得比以前还高。在这种情况下，更需要保持头脑清醒和冷静。止损，就如同给投资上了一份保险。经验不足的新手根据固定的止损点止损；投资专家凭借多年的经验选择止损点；但他们都有一个共同点，那就是一定要确定自己的止损点。如果一味等待，任由股价下跌而不止损，那肯定是白痴。

（4）时间比生命还宝贵。当然，这是从税务角度来说的。当前通用的最短投资周期是6个月。因为6个月以上，乃至更远的将来都是很难预测的。如果一项投资要长达几年时间，哪怕能赚50%，平均到每一年上，那么也就收益平平了。

当你看完上面这些文字之后，再回过头去看看本节开头的那4个小问题。我想你一定会惊奇地发现，你的想法正在开始朝一个全新的、有益的方向去转变。

首要的是"最后一步"

在我的漫长职业生涯里，曾经有两个月，我的职业处于空白期。当时我离开了纷繁复杂的股市，也把有关的经济数据抛在脑后。我栖身于一家报纸的专栏，靠写专栏文章谋生。我要感谢那段日子，让我有更多时间去思考"怎样做"，而不是去想"要做什么"。

按照大多数人的思维方式，既然是"首要的"，那一定最先出现的。但这可不一定，就拿鞋匠来说吧，鞋匠制作鞋子时，最重要的工序并不是第一道工序，而恰恰是后一道工序——定型。同样，按照大多数投资者的思维方式，假如某只股票的价格已经降至最低水平，或者它的价格与定期收益相比最低，或者它的收益率达到最高，或者它的价格与其账面价值相比最低。大多数投资者就认为，这只股票最值得买入。但是对那些真正的富有经验的专业投资人士而言，他们才不会把股价视作唯一的选股标准呢，他们始终坚持"最好的才是最划算的"。

如果你在每个板块里，都能正确地选择几只在最高位买入、而且还有继续上涨空间的股票，那就证明你已经具备把握股票走势的能力了。而且，这意味着当好机会来临时，你不会轻易错过。当然，我并不是提倡大家在投资股票时专门盯着价格高的买。我在这里之所以介绍这种方法，只不过是因为很多人把它反过来使用，当作自己投资的指南。也就是说，人们总是买那些看上去"价格最便宜的股票"。带着这样的有色眼镜去衡量股票，其结果很容易失败。

首要的是"最后一步"，这句话看起来好像不合逻辑，但这句话有其深刻含义。因为，市场总在不断地变化，不停地对交易中的股票进行重新估价。打个比方，如果有两只汽车股票，其中一只的收益率为6%，另一只是7%，那么在真正深谙投资门道的专家们一定会认为，那只收益率为7%的股票，虽然收益率较高，却反倒是个不利因素。可是许多大众投资者却未必明白这点，他们只认为高收益率意味着便宜。

所以，如果你在投资过程中遇到一只价格相当便宜的股票。先别急着掏钱买入，提高警惕性，看看自己是否忽略了一些重要的利空因素；相反，如果你想抛售一只蓝筹股，这只股票的收益率为2%，而且其股价每年还上涨50个点。尽管你有一千个理由想抛售它，最好也先等一等，仔细衡量一下如果此时抛售是否一切顺利。

何时卖出

一般来说，开始一次交易往往很容易，而要想结束它，则很难做出决断。因此，在你购买一只股票之前，最好先经过仔细认真的权衡，如果形势不明朗或者现实与预期有出入，最好主动放弃它。

有些人在买入股票之前，谈起持有股票还是抛售股票的话题可谓头头是道。但是，一旦让他持有了股票，再让他去决定究竟继续持有还是卖出，那他就会变得投鼠忌器、畏首畏尾了。可是，无论心中有多少困惑，都必须在关键时刻做出决断，否则必定会贻误战机。这就好比你的汽车停在铁轨上，此时恰好有一列火车向你飞快驶来。这时，即使你向前开还是向后退，都不能确保完全避开。但是，面对不断逼近的火车头，你别无选择，必须做出一个抉择。要么前进，要么后退，当然，还有第三种方法，那就是弃车逃命！

如果你买的股票亏损了怎么办？我认为，应该按照你在买股票之前就给自己定下的规则来应对，那就是及时止损。对于那些被高估的股票，我认为应当把止损点设置在成本价的 10%，至于那些被低估的股票，应当把止损点设置在 20%。如果你是炒股新手，比较稳妥的办法是预先设置一个固定的止损点，以不变应万变；如果你是一个经验丰富的投资者，则可以根据你的经验和判断，来灵活设置止损点。总之，止损至关重要，尤其是在你已经获得一些赢利时，更要重视止损，否则你先前积累下来的利润就很有可能一夜之间损失殆尽。

上面的结论是建立在投资者持有一只股票的前提下。

那么，假如一位投资者同时持有几只股票，应该如何取舍呢？

我认为，应该具体问题具体分析。

首先，要确定自己究竟身处牛市还是熊市？其实，很多人在真正进入熊市时，才开始想起来抛出股票，但这时已经太迟了。因此，为了保证投资成果不会付之东流，应该在刚刚出现熊市迹象时，就迅速将手中的股票卖掉。

有时，牛市或熊市在不同的行业中出现。很多情况下我们都会发现，有些股票不断上涨，有些股票则驻足不前，还有些股票会一泻千里。但在牛市年景，总体来看，许多产业都出现了牛市行情，比如房地产的股票收益比现金收益还高。在这样的大环境下，只有少数存在问题的工业股或者超买的股票会被投资者无情地抛售。在这种情况下，我认为不要轻易出售股票，除非有如下情况出现：

◇ 你预见到，熊市即将到来；

◇ 你持有股票所在的公司在经营方面出现了明显的问题；

◇ 在投资过程中，你发现了一只新的股票，或者一次新的买入股
　　票的良机，而且这只股票的表现要远远超过你股票池中最差的
　　那只股票。那么，别犹豫，抛售旧股票，买入新股票吧！
◇ 你的股票已经成为强弩之末，无力上涨，并开始走下坡路。

　　上述四条就是我向读者推荐的、决定何时卖出股票的标准。自从
1920 年我进入股市起，我就一直参照这四条标准，现在我将它们推荐
给读者。如果你仔细思考这四条标准，相信必定会有所帮助。
　　其次，你紧接着要考虑的第二个问题是：卖出哪只股票？
　　我觉得要遵循以下几个原则：

◇ 在卖出股票时，要有冷静的判断，不能仅因为你认为"高估"
　　了就卖出某只股票。
◇ 如果你只是想卖掉一些股票，而不是想清仓，你最好能首选卖
　　掉那些亏损的、收益小的或者零收益的股票。其次是那些行情
　　不佳、表现得让人最为失望的股票，等等。一定要把最好的股
　　票放到最后。总之，你需要从股票本身的价值来分析，而不要
　　让情感倾向左右你的大脑。

　　当熊市到来时，投资者普遍将股票低估，而越是这样，股票的走势
也越来越低；反之，在牛市里，人们普遍将股票高估，结果股票的价格
却越涨越高。可见，指导人们投资的并不是价格，而是趋势。如果大多
数的投资者普遍认定某只股票不值得购买时，那么这只股票必定会表现
得相当低迷。尽管有一些政策方面的消息也可能影响股价，但实际上，
这些消息引起的低价或者高价，往往表现在几个月前或者几个月后的市
场高点或者低点上。真正对股票市场造成影响的，往往不是事件本身，
而是对未来事件的预期。
　　因此，如果你打算卖出股票，不妨先依照上述的几条原则问问自

己。这肯定对于增加你的平均收益很有帮助。

借贷赚钱

关于"借贷"这个话题，首先我要说的是，我恐怕在思维上和现代的年轻人有了代沟。因为我不能理解年轻人们为什么如此热衷于分期付款购物。在我看来，很多年轻人在理财方面都是毫无章法、乱七八糟的。

年轻人刚刚从校园步入社会，开始独立的生活，应该量力而行才是。最好的办法是租房子，这样不会占用自己的资金。与其向银行借贷来买房子，还不如借贷用于自己的事业、投资或其他可以赚钱的风险投机上，只有这样，才能最终拥有自己的资本。

当然，任何投资都有风险，借贷参与投资很可能最后亏本。但是，正因为年轻人拥有"年轻"这个最大的资本，因此他们不会被失败所击垮。而且，正因为"年轻"，所以才更应该放手一搏，看看自己究竟能在这个世界上达到一个什么样的高度。只有在年轻时代多经历一些东西，才能发现自己的长处和短处。只有通过许多实践，才能克服自身的缺点，让自己更趋于完美。我认为这种冒险是非常有意义的。如果年轻人在一生中没有交到什么好运，又没好好去规划自己的未来，只是通过贷款购买一辆好车，或者买一套大房子，那他的人生实在是没什么意义。

当然，盲目地借贷用于投资是不可取的。因为一个人必须首先满足生活的基本需求，在资金有剩余的前提下，再去考虑投资。你必须留下一些流动资金用来救急，而且，为了应对未知的风险，保险也是必不可少的。至于是否买车、买房，应该根据自己的经济实力来决定。

要想赚钱需要投入本钱。作为刚刚工作的年轻人，不应只顾眼前的收入和享受，而更应该看重未来的收益。如果贷了很多款买上房子，那么只能过早地背上沉重的银行贷款的包袱。相反，如果在年轻时把钱拿来投资，那么在很多年后，他们也许会拥有较为富足的生活，那时就不必再费力出卖自己的时间。早年投资带来的收益已经足够维持这种富足生活。

华尔街上的职业生涯

如今，有许多年轻有为的青年在华尔街上工作。华尔街，这个承载着许多梦想的地方也的确为这些雄心勃勃的年轻人提供了事业上的良机。

在我看来，最成功的年轻人应该是这样的——他们在学生时代就深谙自己的专业内容，此外还有许多精力可以做做白日梦。当他们走出校门之后，还能在华尔街谋得一份不错的工作。

在华尔街沉浮多年的我，面试过许多形形色色找工作的年轻人。一些找工作的人只关心自己的待遇和工作时间。还有些找工作的人似乎没有学会思考，比如他们在前来面试时，总会打电话来问一些非常业余的问题，诸如："去贵公司是否要乘坐地铁到 34 号大街，然后再向南走几分钟？"其实这些问题，只要稍微花几分钟查一下，就很好解决。这些年轻人没有将自己的未来放在心上，因此他们根本不可能有未来。

在华尔街工作有一个最为得天独厚的优势：那就是可以一面通过工作来赚取维持生计的报酬，另一方面又可以身体力行地拿自己的积蓄去投资。如果你做得很出色，就意味着你在工作和投资方面都能成为专家。从事其他行业的商人则不然，也许他们是自己所在领域的专家，但他们未必同时成为投资理财方面的专家。

普天之下，每个人对自己的生活都有不同的追求。但如果你想通过辛勤的工作得到更多的财富，并在职业生涯中寻求乐趣，那么华尔街无疑是你最好的选择，因为在这里你能获得双倍的回报。这就是"需求—吸引—满足"。

职业追求：以做冰激凌苏打为例

不要小看任何一项看上去微不足道的工作。每项工作都必须建立在严谨、专业的工作精神之上。就拿做冰激凌苏打来说吧，有些不那么地道的苏打饮品店使用直接从消毒柜里取出来的热杯子制作冰激凌苏打，结果冰激凌苏打成了热饮。专业的做法是：任何制作冰激凌苏打所用的玻璃杯必须事先冷冻，所用的糖浆和水也都是事先冰镇，这样做出来的苏打才能非常凉爽可口。

然后，先将适量的糖浆倒进玻璃杯，再放进一勺冰激凌，注意只能放一勺。一定要用冰激凌，而不能用液态的牛奶、奶油或者生奶油代替。否则，做出来的就是一种不伦不类的混合物，而不是冰激凌苏打了。在选料方面，糖浆必须选料考究，用量足，冰激凌也必须是奶香浓郁的方可。

做完这一切之后，向杯子中注入高压浓缩苏打，直到将杯子注满，溢出泡沫为止。在灌注过程中随时搅拌，使之充分混合。

我觉得，真正懂得制作冰激凌苏打的冷饮师是寥寥无几的，知道奶昔和霜冰饮料区别的冷饮师也是屈指可数。根据我的实际经验，在加利福尼亚，如果你想要一杯"霜冰"，整个州能把牛奶和冰激凌按合适的比例调制出来的冷饮店也没有几家。绝大多数的冷饮店使用的材料是"冻牛奶"、明胶和气体，搅拌成一种黏糊糊的东西。你不得不用吸管或勺子来吃这种"霜冰"。而且，这种"霜冰"里其实根本不含奶油。因此，我觉得加利福尼亚的冷饮店做的所谓的"霜冰"简直是对这种美味饮料的一种侮辱，这些店铺统统都应该关门大吉。

事实上，最初的冰激凌苏打是由旧金山的一位名叫法兰克·马斯基的人发明的。虽然马斯基夫妇很多年以前就过世了，但这门手艺却并没有失传。有两位当年曾经和马斯基夫妇共事的甜点师继承了这门制作冰激凌苏打的手艺，并将这种手艺传给后世。

第38章 投资经理的困境

投资经理这个职业和医生、律师不同。一般来说，外行的客户很难对医生或者律师的职业水平进行衡量，但对投资经理却不然。客户们总是喜欢凭借一些不太可靠的判断方法，自以为能够判断出投资经理的能力和水平，在委托投资的管理中，为了实现目标所要承担风险的大小是最主要的因素，不过，这对于外行来说并不是一个正确的评价指标。

在投资管理领域纵横30余年的经验告诉我，不要只因为结果不够理想就对你的投资经理感到失望。我曾经在一个完整的股市周期中，对专业机构管理的大规模委托投资进行过认真、广泛地观察。在这些委托投资中做得最好的，也不过就是在牛市时略微跑赢大盘，在熊市时比大盘跌得少一些。那种能准确、大量地在底部买入，在顶部卖出的委托投资是不存在的，至少我从未见过。另外，信托基金所追捧的热门股的数据也不可靠，它们公布的数据，表面上看，是建立在当时价值的基础上，实际上这一信息已经远远滞后了。比如，曾广受投资信托追捧的美国阿美拉达—赫斯公司的股票，它的走势如此之强，并不是因为机构最初的大量建仓，而是因为它本身涨势最猛。

投资经理这个行当不好做，因为他们会面临两个难题。一个是投资决策问题，另一个是处理客户关系的问题。尤其是后一个问题，将会广泛影响到投资的最终结果。由于代客投资的基金经理或者操盘手担负着法律责任和道义责任，因此当他做出最重要的决策之前，很可能由于心理负担太重而表现得犹豫不决，最终功亏一篑。

同时，正因为投资经理肩负着来自客户的巨大压力，因此，很多投资经理会采取"不求无功，但求无过"的投资思路。比如，一位基金经理或信托经理为他的客户做了一个多样化的、以蓝筹股为主的投资组合，即便这些股价会下跌，客户也不会去责骂他。但是，假如这位基金经理或信托经理将仓位集中在一只普通的股票上，哪怕他的理由再充分，客户也肯定会责怪他。

另外，从客户的角度来看，大多数客户都希望满仓投资，而且非常热衷于那些最火爆、最热门的股票。客户很少会从综合的投资策略上去思考问题，哪怕某种投资策略能给他们带来更大的收益，能将风险降到最低，客户也漠不关心。

可见，评价一只股票的好坏，单单参照资产负债表或者损益表是不够的。因为，在判断市场价格和趋势时，一定要把投资者的心理状态也考虑进去。在大多数情况下，投资经理很容易只看到赢利和红利，而忽视了隐藏在其背后的真实的经济状况和其中的基本因素，而且，他们在作判断时，也同样会受到来自客户的直接影响。另外，投资经理们还总会受到许多意料之外的新信息的影响，而且，他们还要随时准备着处理那些偶发的信贷压力。

我认为，当社会出现通货膨胀时，投资经理应当迅速认清形势，剔除税务和货币贬值的因素，尽量确保维持购买力，力争获得真正的利润。也就是说，当经济环境较差时，应该尽可能地保持资产的流动性和货币价值。不过，这件事说起来简单，做起来却很不容易。

投资经理若是能克服上述这些困难，就离成功不远了。但是，显然只有极少数幸运的投资经理能做到这些，从而功成名就，大多数投资经理在达到一定高度时就止步不前了。

在普通的市场条件下，怎样才能提高投资的成效呢？看似合理的一种做法是在稳定上升时大量买入，在持续下跌时卖出。然而，这种方式与近年来我在各类文章中，特别是在本书中所强调的基本理念截然相反。

还有另外一种比较合理的做法，就是我们前面提到的"及时止损"。可是"止损"二字说起来容易做起来难。如何在短暂的调整的下跌中不卖出，却又能够在真正的持续下跌前及时摆脱困境，这个时机绝非投资新手能够把握好的。

作为一位投资经理，不能仅满足于比大盘跌幅略微少一点，或者只立足于稍稍跑赢大盘，你的目标是要力争每年都获得稳定收益。如果能把这种心态坚持下去，再加上你的专业知识，我相信一定可以取得更丰厚的投资回报。

第39章　不是我要卖而是别人要买

我在证券行业打拼多年，在刚入行时，虽然身披"客户经理"的头衔，但我手里却没有一个客户。但是在我多年的努力下，我现在成为公认的证券销售顶尖高手。在我的职业生涯中，我始终遵循着一条原则——"如果你不能说服自己买下某种东西，也就不可能说服他人买下这样东西"。回首我的职业生涯中，经历过许多风浪，形形色色的事情接二连三地发生，虽然这些事情算不上伟大，也没有惊天动地的效果，但这些事情积累在一起，奠定了我今天的事业基础。我也经常会思索，如此轻而易举的事情，为什么能够坚持做到最后的人却寥寥无几？

我的职业生涯的起点，如果算起来，应该是在旧金山。那时我还是一个高中生。当高中读了一半时，我就对学业感到厌倦了。我的兴趣逐渐集中在了建筑、摄影、旅行和汽车方面，并投入了大量时间在上面。那时的我，从来不看报纸上的财经文章，对财经更是一无所知。

当我到了21岁时，我决定从大学的建筑专业退学，谋求一份工作。可是，摆在我面前的问题是：我能做什么？看起来只能去做门槛稍低的销售工作了。可是具体销售什么呢？汽车？照相机？还是销售书籍、保险、房地产、股票或者债券？在当时，保险、股票、债券这类东西对营销员的要求更低，即使没有经过专业培训，也能够迅速上手。于是，我选择去销售债券，从而走上了这条道路。

那时，我连什么是股票，什么是债券都没搞懂，更不明白经纪人和券商有什么区别。总之，我对销售债券几乎一无所知，而且压根儿就不喜欢。其实直到现在，我对销售也还是没有太多好感，我也从不主动卖东西给别人。可正相反，一般都是别人从我这里买东西。

就这样，我进入了旧金山的一家证券公司，做了一名推销员。进入公司的第一天，我参加了上岗培训，学习了一点销售知识。到了第二天，老板就派我出去做销售了。结果到了第三天，我一大早就向老板递交了辞呈。老板很诧异地问我原因，我告诉他："因为你让我推销一只连我自己都不信任的债券！虽然，你支付给我相当高的佣金。但我发现这个所谓的'好产品'似乎没有要涨价的迹象。因此，我断定这只债券不是什么优质债券！"于是我义无反顾地离开了那家证券公司。结果后来事实果然证明了我的猜测——这只债券的发行公司的经营出现了问题。从那时起到现在，这么多年了，我发现这条原则始终奏效。

离开了第一家公司之后，我在旧金山的一家股票交易经纪公司谋得了第二份工作。这家公司在一家豪华酒店中办公。我所工作的部门是债券部。当客人们走进来，向我咨询那些展示在橱窗里的新债券时，我就把他们带到相应的客户经理面前。或者给客人们散发一些宣传单和宣传手册。由于公司没有让我承担任何业务压力，因此我工作了 9 个月，只给公司带来了 85 位客户。但我有我的原则，我不会人云亦云地推荐债券产品，而是只推荐那些我认为最好的债券给客户。如果有些客户原本打算购买其他的债券，我会尽力去说服他，购买我所推荐的、我认为最好的债券。大部分客户对于投资都操之过急，他们都想通过满仓投资，让所有的钱流动起来。但是，我认为：精力是有限的，必须把有限的精力用在选择合适的时机，并买卖合适的股票上。要想获得更多的收益，就必须经过一系列这样更为谨慎的交易。比如，持有一只 100 股利润高达 10% 的股票肯定远胜过一只拥有 1000 股但利润仅为 1% 的股票。

其实，刚刚步入证券行业的我，也拿不准哪只股票最好，也不清楚应该何时买入，或者在多高的价格买入。我只能凭借我的知识尽力而为。但是，我有一颗永无止境的学习的心。从股票、债券、市场，到投资、投机、货币，乃至保险、房地产，都是我涉猎的范围。记得在旧金山那家股票交易经纪公司工作期间，每天我在办公室里工作 12 小时以上，下班回家以后还要拿出 4 个小时来学习投资知识。因为，我始终坚信，要想获得成功，必须投入大量的时间。当同事们都在度假时，我也自己一个人在办公室里工作，钻研一些我感兴趣的问题。当然，这并不是公司硬性要求的加班，而是我自愿的，因为我在每周 48 小时的正常工作时间内已经可以完成公司的工作了，其余的加班时间纯属为了提高能力而充电。

这是 1921 年的事情，当时的股市尽管仍在低谷，但已经出现了复苏的迹象。我自己的经济状况也在逐步变好，我一边拼命工作，从客户手里获得订单，另一方面，我也从每月的薪水里挤出一部分用于投资。当时，我每个月拿出 90 美元来投资，再加上我以前就从父亲那里继承并投入股市的一些资金，林林总总大约有 13000 美元吧。

我想，我的第一个客户首先是我自己。因为只有自己亲身实践，并获得成功，这才证明自己的思路和理论是正确的。因为理论和实践之间总是存在巨大的差异，除非像古代的医者那样以身试药，才会体会到理论是否奏效。这就是为什么我会说，"如果你不能说服自己买下某种东西，也就不可能说服他人买下这样东西"。

后来，我逐渐对股票萌生了浓厚的兴趣。在我的办公桌左边坐着一个公司的统计员，右边坐着一个债券业务员，我的主要工作是协助他们的工作。我渐渐发现我很喜欢处理统计报告，也喜欢处理那些含有少量与本地券商债券交易的股票订单。因为我总是觉得，只有白纸黑字地印刷出来的话，才值得采信。后来，我又慢慢接触到了很多统计方面的信息。这些综合在一起，我逐渐开始提笔写一些署名文章，并频频被当地的报纸发表。

由于时间太久远了，我现在已经记不清楚我的处女作的发表细节了。回想一下，当时应该发表于 1921 年 11 月 18 日星期五那天的《旧金山邮报》上吧。文章的内容是关于第一次世界大战时美国所发行的自由公债，大约有 600 字。我的第二篇文章发表于 1921 年 12 月 2 日，现在我还保存着那份剪报。从那以后，我的署名文章屡屡见诸美国西部各种出版物上。1922 年 1 月，我绘制了一幅关于债券价格的分析图表，并被旧金山一家报纸上的评论版发表，为此，我还受到了所在公司的好评。1922 年 8 月，有一家报纸还把我列为专栏作者，并刊登了我的照片。

屡屡发表文章，给我本人及我所在的公司都带来不少好处。首先，一些读者在阅读了我的文章之后，慕名而来成为我的客户；而那些老客户也觉得我的证券知识异常丰富，对我充满信心。其实，我最初写得那几篇文章原创的东西并不太多，而是借鉴了一些在普通的投资手册上随处可见的内容和观点，这种文章并不值得一提。那段时间，我在旧金山当地的媒体上发表了许多类似的文章，今天向读者介绍一家汽车制造公司，明天向读者推荐一家钢铁冶炼公司，后天再写某只股票回报率是 6%。写这类文章的门槛其实很低，如果不嫌烦，谁都能写出这种文章来，但只是很少有人去写罢了。这类文章在给报纸的财经版凑版面的同时，也能让不太懂行的读者粗略地了解财经的形势，对我来说，也让我的名气越来越大。

通过这段时间的专栏写作生涯，我与很多财经编辑结下了深厚的友谊。其中包括，《旧金山邮报》的汤姆·达吉、《观察家》杂志的奥斯卡·范巴赫，他们给了我莫大的帮助，当然，我也尽我所能给他们一些回报。当时，财经报刊还没有现在这样发达和先进，尤其在信息传递方面。于是我就利用我工作的便利，通过我们公司租用的专线电报，迅速获得一些东部地区的内部消息、独家新闻，然后传递到西部地区，供编辑们抢第一手新闻使用。作为回报，这些编辑们也会向我透露一些尚未公开的本地财经信息。就这样，我编织了一张密密的信息网，我的消息越来越灵通，其中不乏许多内幕消息，这些都帮助我的事业一步步向前发展。

在第二份工作干了 9 个月之后，我又一次辞职了。其实我原本可以继续干下去的，但很不巧，我曾供职的第一家公司的一个人跳槽过来，成了我的上级主管。他刚一到任，就推行他那一套当初令我拒绝接受的投资策略。他命令我必须向客户推销那些并不是最适合他们的债券，而且他还打算用提高佣金的方式来刺激销售。

见到此情此景，我二话没说，再次提交了辞呈。随后，我被旧金山的赫顿公司录用了，担任地区统计部经理一职。这个职务虽说是"经理"，可月薪只有微薄的 110 美元。而且手下缺兵少将——只有一个助理归我差遣。虽然公司对我比较刻薄，但我却没亏待公司——我把在第二家公司工作 9 个月中积累的 85 名客户全部带到了赫顿公司。其实，许多跳槽的雇员们都自以为客户资源是自己的，当他们在跳槽时，总想让客户资源跟着自己一块走。但事实上，客户资源根本不属于他个人，一般来说，这些客户宁可换一个人为他服务，也要继续留在原来的公司里。而我却成功地带走了属于我的客户，这说明，我一直坚持将客户的利益放在首要地位是正确的。

我在赫顿公司一直工作到今天，已经超过了 40 年。刚入职时，是旧金山分公司的一名小职员，后来被调往纽约的公司，再后来成为股东。当公司搞股份制时，董事会任命我为副主席。在这 40 年中的任何时候，如果有谁打算迫使我向客户推销那些我认为不是最适合他的产品，或者希望客户超量购买，我想一定会第三次辞职的。因为这是我的原则，也是我的底线，触及我的原则和底线，我宁可选择退出。

在入职旧金山赫顿公司担任"地区统计部经理"之前，我去了一趟纽约。我想，纽约是金融业的大本营，纽约证券交易所和华尔街都在那里。在纽约，充斥着资本、人才、购买力、支配权及保障整个国家正常运行的各种资源。虽然我常常在旧金山撰写财经文章，甚至也被读者当作"专家"，但我真是一个货真价实的专家吗？我觉得自己名不副实，我想：在纽约那个大都市一定会有真正的"专家"。因此我要去向他们请教，学到更多的知识。当然，我也不会在那里长期停留，最终我还要回到旧金山来开始我的事业。

这次旅行我纯粹自费。虽然我那时候有些积蓄，但费用对我来说还是一笔相当奢侈的开销。所幸，在随后的岁月里，事实证明这是我最划算的一笔个人投资。本来我是一个生活非常节俭的人，每月花在食宿方面的费用不超过60美元，购买衣服及零花钱也差不多是这个标准。但是，我想此次纽约之行能结识那些真正的、专业的、可以给我传授经验的一流专家。因此，我必须给自己置办一套合身的、有品位的行头。于是，我参照百万富翁的穿着标准，购买了一套价值185美元的西装。这相当于我一个半月的工资，但是为了结识专家，这样的"奢侈"也值得了。其他的用品也参照这样的高标准来置办，因为我相信，如果此行能够结识合适的人，我肯定可以和他们继续保持联络。这种形式的旅行是我构建人际关系网的诀窍之一，它能让我提前至少十年建立起有助于我事业发展的人际网络。假如我在见这些专家时，身穿低档次的衣服，住在廉价酒店，我肯定不会成功；当然，反过来说，假如我只是空有一个远大理想，而智力、能力和道德水平没有与之相匹配，就算我身穿华美衣服，包下一整层的豪华酒店，那些专家也不屑与我为伍。

不用说，这次旅行达到了预期效果。我从纽约回来后，我的财经知识更加丰富了，同时也得到了一些纽约的信息渠道，回到旧金山后，我通过电报和信件和纽约方面保持联系，我可以从这里获得许多在旧金山根本无法得到的财经信息。现在的我已经能给旧金山的媒体朋友们提供一些真正有报道价值的东西了，而不再是先前那些拾人牙慧的东西。

现在，我感到我的投资工作更加游刃有余了。1921年的时候，我只会写一些没有太多深度、没有太多含金量的东西，诸如"汽车公司制造汽车"之类；而从纽约回来以后，我的报道再也不像先前那样浅显了，其中包含了许多不为人知的新信息。例如，在写汽车公司时，我会先介绍一种新型汽车，接下来阐述它的出现会给整个公司的赢利带来何种影响，我会进一步预测这将对公司股票的市值带来多大影响。如果我当初不走出旧金山，仍固守在旧金山的金融中心蒙哥马利大街和加利福尼亚大街，我永远得不到提高。

不过，即使你了解许多内部信息，也不足以保证你在股市上永远成功。因为，除了信息之外，敏锐的洞察力也必不可少。只有针对某个现象判断出这意味着什么，以及它们带来的影响，才能距离成功更进一步。虽然随着工作经验的积累，我的洞察力也在不断提高，但我感觉还是非常肤浅，不过所幸我的对手们的洞察力也不算很敏锐，因此我的职业生涯还算一路顺风顺水。

然而，虽然这段时间我的写作水平大大提高了，可我在股市上却损兵折将。如果按照我当时手中的资本的比例来计算，这简直是我一生中损失最为严重的时刻。究其原因，一方面由于大盘整体大幅下挫，另一方面，是因为我被一个非常奸诈狡猾的投资财团经理给"骗"了。不过现在想来，这次被骗对我来说是件好事。我真应该每天向这个家伙的墓前献花，来感谢他给我上的一课，因为这在后来救我于水火。1923年的这次股市暴跌教会了我许多东西，这让我在1929—1932年股市大崩盘的时候死里逃生。如果我学会了不会轻易上当受骗，那么，我的顾客也就可以避免上当了。

当我进入旧金山赫顿公司，开始从事统计工作时，我始终没有放弃自己的销售事业。因为如果仅从事统计、分析或者投资研究工作，其薪酬达到一定高度后就会止步不前。而如果从事销售事业，以销售量和销售业绩作为衡量标准，薪酬将不可限量。尽管我内心中不太喜欢传统的销售方式，但销售工作带来的高额回报非常有诱惑力，而且，从事销售工作有较高的自由度。所以我开始亲自出去发展新的客户。

在20世纪20年代初，电报这种新技术还没有广泛应用在股市上。只有少数有实力的证券公司才有专线电话，可以与纽约的股市进行联络。因此，旧金山当地的债券交易商往往隐瞒各种西部流行的债券在纽约市场上快速波动的行情，用来愚弄旧金山的客户，这就是被他们所谓的"套利"的方式。比如，当这些债券在纽约市场上价格突然上扬，由于此时消息尚未传到旧金山，于是这些券商们就在旧金山低价买入；假如这些债券在纽约市场上价格下跌，券商们也会利用客户们不知情的弱点，以看似优惠的价格在旧金山抛售。通过这种套利方式，旧金山的债券交易商从中赚取了高额利润。通过对这件事的观察，我觉得，提供信息服务是我进入这一行业领域的最好途径。假如我每单收取的佣金比纽约证券交易所的标准还低，那肯定有许多客户愿意从我这里获取实时的股票信息。

主意打定，于是我说服赫顿公司的老板，开始向西部大大小小的券商提供及时、准确的纽约股市波动信息。我不想靠那些不合理的差价获利，也不愿意和他们竞争，我只是出售交易信息，如果他们觉得我的信息有价值，自然会与我合作，如果觉得没有价值，我也不会强求他们购买。我的服务推出以后短短几天时间，旧金山的一家最大的债券公司就找上门来，希望从我这里购买信息服务。后来，有些人看我获得了成功，也纷纷效法，开展与我相同的业务。但我是吃螃蟹的第一人，已经占得市场先机，后来者都只能沿着我的道路前进。

我的新业务让我感到非常满意，内心充满自豪。因为旧金山许多规模很大、口碑优秀的证券公司都从我这里购买服务。但同时，我对于竞争对手的动向也非常警惕。有一天，我在一份晚报上看到一则纽约证券交易所交易记录。我再一看文章的发布者，居然是我们的一个竞争对手，也就是我曾经供职的第二家公司——原来他们也开始做这项业务了。我开始仔细地阅读报纸上的这篇文章，原来他们在报纸上用了几乎一个整版刊登了重要个股的图表，这些数据资料都是通过他们公司专用的电报系统从纽约获取的。

看来，我们的竞争对手在某些方面已经走到我前面去了。我不禁为自己的故步自封感到懊悔——如果我所在的赫顿公司也能在每天的报纸上发布股价信息，那读者们一定会对公司产生极大的认可！当然，现在随着科技的发展，各家证券公司与纽约都有新闻专线相连，可以随时获取股市数据。但在当时，科技水平还不发达，因此谁要是能在报纸上提供数据图表，就已经相当于对公司最好的宣传了。

于是从1923年12月时，我开始与当地报社联系，希望我们的赫顿公司也可以在报刊上刊登数据图表信息。由于报社已经与那家竞争对手建立了长期的合作关系，不会轻易更换合作伙伴的，因此，除非我能拿出具有说服力的理由，让报社换掉原来的那家公司，与我们合作。后来，我发现，纽约股市收盘时间是在下午 3 点，但是在旧金山，收盘时间为中午 12 点。于是我想，如果我们能提供更快的数据，那么就可以在晚报的家庭版上刊登股票收盘行情图了。而我们的竞争对手，由于数据提供较慢，因此一般是刊登在比家庭版还要晚的财经版。而阅读家庭版的读者远远比阅读财经版的读者人数更多，如果我们能赶在家庭版上刊登数据，对报社、对读者、对我们赫顿公司，都是一件好事。

于是我把我的想法告诉了报纸主编，他一听就摇头说："毕竟报社与你们的竞争对手建立了合作关系，恐怕没什么理由更换掉他们，而且，他们也会相应加快提供数据服务的速度"。但是在我的一再劝说下，主编终于松了口："好吧，如果他们加快提供数据服务的速度后，你们仍然每天都能在时间上领先他们，这样持续一周，那么我们就选择与赫顿公司合作！"

于是，我们与竞争对手展开了一场争夺时间的竞赛。当然，最后我们赫顿公司以绝对优势获胜，成为报社新的合作伙伴。我们之所以能够成功，是由于赫顿公司在电报技术方面有很强的软硬件水平。而且公司的老板也非常重视这个项目，投入了大量人力、物力和财力，由公司的电报主管布利克霍斯（Brickhouse）主持开发了一套联络简码，大大提升了信息传输的速度。同时，公司还专门购置了一辆摩托车，引擎不熄火，随时待命以便及时传递电报。在这些方面，竞争对手落了下风，结果被我们淘汰出局。通过这场漂亮仗，让赫顿公司又增加了许多新客户。

在这时，很多其他交易所向我伸来了橄榄枝，他们纷纷用高薪希望聘请我加盟，而且这些薪水都让我怦然心动。在当时，纽约证券交易所也即将在洛杉矶设立代表处，他们也给我发来了邀请函，希望我加盟他们的经理团队。纽约证券交易所洛杉矶代表处承诺：给我的每周的底薪不低于我在赫顿公司的月薪！于是，我把这件事和赫顿公司的老板说了。老板对我说："是去是留，这是你的自由，但赫顿公司认为赚快钱不会成功"。我想了想，觉得老板说得有道理，再加上当时我又请假去洛杉矶进行了一番实地考察，最后决定还是留在赫顿公司。因此我拒绝了当时高出我报酬4倍多的高薪聘请。我想：每天上班拿着固定的工资的确没什么前途，只有通过交易股票赚取佣金，以及向顾客推荐股票获得提成，这才能带来最大的回报；而且，对待工作不应仅看重短期的回报，风物长宜放眼量嘛！后来发生的事实证明了当初决定留下来是明智的选择，因为几年后，纽约证券交易所洛杉矶代表处就关闭了。

在大学期间，我的专业是建筑学，但是一场大病让我被迫中断了学业，回家调养了一年才逐渐康复。然而，当我在赫顿公司工作期间，我的病再度复发了。于是，我只能先申请病休，回到纽约治病。过了一段时间，我的病慢慢好了。可是我已经开始习惯纽约的生活，我发现我无法再回到西部工作了。

自从与华尔街打交道开始，我就觉得华尔街是一个非常好的平台，值得我为之奋斗一生。于是，1924年，我举家迁往纽约。

旧金山的赫顿公司见我执意要去纽约发展，于是就给我写了一封推荐信，推荐我去赫顿公司纽约办事处工作，在那一年我只有24岁。带着这封信，我前往赫顿公司驻纽约办事处，开始了新的工作。我刚一到职，就发现这个办事处没有专人负责写市场报告。于是，我就毛遂自荐，担任了写市场报告的活儿。其实我写的市场报告也非常简单，就是在每个交易日早上开盘之前写一小段晨报，然后再于下午收盘后，写一个篇幅相对大一些的简短总结。这份市场报告以赫顿公司租用的电报频道或者邮递渠道送达全国各地。这份工作看似不起眼，但时间一长却受到了公司上上下下的一致好评。于是，我的工作能力也得到认可，我也被吸纳进公司的正式团队。不久以后，我又成为赫顿公司纽约办事处的统计负责人。

到现在为止，我的事业开始进入一个稳步的上升期。在当时，在印刷品上发布信息，通过公开渠道发表评论，这是非常具有影响力的传播手段。而我的市场报告涵盖了这两点，于是，市场报告发行量节节攀升，读者队伍也日益壮大。一方面，这让我在读者中出了名，另一方面，市场报告的巨大发行量和影响力也拓宽了我得到独家消息的途径。

为了获取独家信息，在那期间我非常忙，既要和东部新闻界的新朋友交流，又要与纽约财经界人士——经纪人、投资机构高管、投资法律顾问、银行家及最重要的企业家进行沟通。

由于现在有源源不断的客户，以及如雪花般的订单，我觉得我的价值得到了最大的体现！与最初的想法一样，如果我只是在公司坐班，那么这种工作的报酬始终有上限，只有与客户打交道、靠多卖产品、多签订单才能让自己的收入节节攀升，而且收入上不封顶。

这些客户如潮水般涌来，他们主动找到我，购买他们中意的产品。我一直坚持自己的原则，从来不直接向客户推荐产品，而只是尽量用我的智慧和经验，帮他们把握时机，帮他们在股市多赚钱、少赔钱，尽力保证他们的投资安全。同时，我还利用我的信息渠道，让客户掌握第一手的市场资料，从而在市场竞争中占尽先机。在提供上述服务时，我只向客户收取最低的佣金，但由于客户人数多，因此我的佣金总额仍然非常可观。

大多数的统计师只埋头于业务之中，从来不会主动招揽客户，因为他们长期工作在理论化的氛围中，却很少接触外界。比如，你问他们："通用汽车这家公司怎么样？"他们会回答："不错！"然后就没有下文了。如果有人问我这个问题，我会先问他一串问题："你对这家公司感兴趣吗？你持有通用汽车公司的股票吗？还是你想买入？你还有其他股票吗？比如其他的汽车股？你投入了多少资金？"待客户回答了我这些问题之后，我再告诉他们通用汽车是一家怎样的公司，应该如何操作通用汽车的股票，以及通用汽车的股价未来的走势等。而且，每次我都会根据客户的实际情况，来调整我的回答策略。

当然，我并不满足于现有的成绩，我还在不断地搜集更多的信息，与方方面面建立业务联系。通过这张人脉网络，我不仅对市场趋势有了更深刻的理解，而且为我积累了越来越多的客户资源。我为客户提供服务，但我并不是推销所有的证券，我只受纽约证券交易所之托，受理他们指定的一些证券品种。同时，我也向持股人直接提供信息服务，让他们将股票打理得更好。为了维护这张关系网，我始终与这张网上的重要人物保持着非常频繁的通信联系，也与各地的公司高层建立了良好的私人关系。他们给了我许多各个行业的内幕消息，比如，汽车业、电影业、石油业及采矿业。有时候，我还和这些公司高层会面，一方面给他们公司的股票提点建议，另一方面也向他们打听一些他们公司的情况，然后凭借自己的经验对这些公司股票的估值和走向做出评价和预测。这些公司高层们需要我帮他们预测自己股票价值，但是似乎又不愿意对自己的其他投资过多谈及。他们的想法我很理解。不过，在跟他们交往的过程中，我还是能对各个公司、其他行业甚至整个市场都有一个非常全面的了解。

克莱斯勒公司的人希望能让我增进对他们公司产品的了解，就邀请我去参观他们位于底特律的汽车研发中心。那真是一次奇妙的旅行，在底特律的密林深处，他们正在秘密地研制一种全手工制造的汽车。后来，我还去过纽约，走进克莱斯勒大厦的顶层拜访克莱斯勒公司的掌舵人——沃尔特·克莱斯勒，这些都是非常难得的经历。正是通过这种方式使我远离了"走家串户"的上门推销，逐步建立了牢固的生意基础。后来，沃尔特·克莱斯勒发布40多份长篇分析报告时，我则因为率先掌握他的新车型的动态，而大赚了一笔。当然，我也间接地帮助他们推广了这种新型汽车。

不过在这期间也遇到过一点小波折。我认识一个加利福尼亚的公司老板，从他那里我获得了许多该公司经营的情况。我觉得他的公司挺有前途，就和我的客户一起买入他们已发行股票的10%。现在看来，这些股票涨势不错。不过，后来他突然拒绝再向我提供信息了。

开始时，我感到非常困惑，于是再三向他询问原因。后来，他告诉我说："你让我感到害怕了，因为知道太多我的事情，这让我对你的真正动机产生了怀疑。"原来，他担心我别有用心，比如会对他的管理能力产生质疑。当然，这些担心都是不必要的，因为我有自己的职业操守——这也是我唯一一次遭遇这样的反应。

我在了解一家公司时，不会只听取这家公司管理者的一面之词。我还会去拜访一下他们的竞争对手、供应商，甚至他们产品的用户。这样我可以全面、客观地了解这家公司的情况。这听上去好像不是在做销售，但这的确是一种做销售的方式。与那些把产品吹得天花乱坠的营销员相比，我想人们更愿意从看上去真正了解产品的人那儿买东西。

从我内心来说，我喜欢和客户建立长期的合作关系，而不喜欢做一锤子买卖。客户们找到我，希望和我以各种方式来合作。接触久了，他们也都慢慢了解我——我是一个坚守原则、不愿妥协的人。

有一天，一个新的客户到赫顿公司位于美国西部的一家营业部，他在那里翻阅了一些资料，看到我在资料中撰文推荐某只股票，于是他就以每股85美元的价格买入了这只股票。结果他回到纽约以后，这只股票居然下跌到35美元。然后他感到非常气愤，就到赫顿公司的纽约办事处来找我理论。我很客气地接待了他，当我了解到事情的原委之后，给他分析了整个形势，他这才明白原来主要的失误在于他本人。在我的劝说之下，他决定止损，转而投资华纳兄弟的股票。我的建议果然立竿见影，他很快就通过华纳兄弟的股票挽回了损失，甚至小赚了一笔。通过这件事以后，他对我越来越信任，后来，他请我帮他打理他在其他证券交易所开设的账户。我考虑了一下，同意了，但我提出了一个条件，那就是要他把持有的股票全部清仓变现后，我再接手。因为那些股票并不是我从建仓时就跟进的，我对他们不熟悉，我必须按照我自己的思路，重新替他规划。他照我说的做了。我们密切合作，建立了深厚的友谊。不过，当我为他理财时，我把他当作陌生客户来对待。通常来说，关系非常亲近的，甚至常去他们家里做客吃饭的那些朋友，我并不太愿意和他们有业务联系。因为朋友关系的存在，会让我在做出一些判断时不够冷静和客观。我更倾向于和陌生人做生意，这样我可以撇开友谊而专注于理财投资。不过，后来这种生意关系经常会转变成朋友关系。

在20世纪30年代罗斯福新政过程中，政府颁布了《证券交易法案》。不过在此前，替个人打理股票投资只是小生意，真正的大买卖是替银行、财团、金融机构进行股票交易。这种大买卖往往受到经纪人的青睐，这种买卖通常被一般投资者称为"集资"，不过罗斯福新政的拥护者们管这叫作"幕后操纵"，但我觉得这两种称谓都不够确切。

我也曾经接手过这样的"大买卖"。得到这样的机会其实也完全是误打误撞。当时，我对两家在同一领域竞争的上市公司进行了研究，就其利润、成长性及市场价值等多方面做了分析和比较。最后，我写出一份研究报告，将其提供给其中一家规模较大的公司的董事。这位董事同时也是一位有名的银行家，在花旗银行担任高层职务，他也是美国银行界数一数二的人物。据说花旗银行在当时对开户的要求是：最少要有5万美元。就因为这份报告，我与这位有实力的银行家兼董事成了朋友。后来，我也在花旗银行开了一个户头。这样我就更常与他打交道了，而每次打交道的过程，也是一次对我的财富价值及良好人际关系的推广过程。此外，我还从这位银行家口中得到了很多富有价值的财经信息。

同时，我也把另一份研究报告提供给了那家规模较小的公司的老板。他看了我的研究报告后，就邀请我和他见一面。当我来到位于市中心一家写字楼的高层办公室时，我才知道这位老板不仅是这家公司的最高领导，同时也是一位大投资者。这间办公室就是他私人的投资总部。后来，我们一直保持着良好的友谊，直到现在，我都一直非常尊敬和喜欢他。他对我的发展给予了很大的帮助和指导。认识他时，我才29岁。虽然这个年纪的我已经积累了许多投资经验，但在他看来，我还只是一个毛头小子。这位老板的几个儿子和养子们也从事股票经纪业务，按理说我和他们的家族存在一定的竞争关系，但这丝毫不影响我们融洽相处。这主要是因为：首先，虽然他的家族也从事股票经纪行业，但还是把我对市场行情的看法毫无保留地告诉他——一般人是不会这样做的；

其次，我非常诚实，因为我觉得应该对每个人以诚相待。从第二点原因来看，当时的我还是比较天真的，我并没有想把他发展成我的客户，后来也从未向他推销过任何产品。

不过这位老板给我介绍了一单大生意。他有一位朋友，是一位俄克拉荷马的石油大亨。他把这位石油大亨介绍给我认识。这个石油大亨拥有一家在纽约证券交易所上市的公司。他需要一位保荐人，于是就找到了我。虽然以前我从没有过这方面的经验，但我自信能做好这单生意。于是我欣然答应了。随后，我整整几个夜晚没有睡觉，把有关的程序弄清楚，居然比较顺利地完成了这项任务。就这样，我成为这位石油大亨的最佳代理人，这也为我今后开展此类业务打开了大门。

这些朋友们在我整个投资生涯中，都对我的个人代理业务的开展给予了莫大的支持。

后来，我和这位石油大亨的业务往来逐渐变少，但是我一直和他保持着联系。我坚持定期向他发出信件、电报或者其他信息，我认为这些信息都是与他的生意相关的。虽然他从来不回复我，但我仍然坚持这样做。几年后的一天，我在百老汇大街61号的办公室来了一位陌生人。我一问才知道，原来他是那位石油大亨介绍过来的。这位陌生人说可以给我些委托单做，我仔细一看，他给我的这笔订单居然高达5万股。

也许有读者会问，你的这些客户一定都是通过特殊手段争取到的吧？其实并非如此。我的一个最大的长期客户，就是通过很平常的方式争取到的。当时赫顿公司有一位经纪人被派驻在其他城市，但他在纽约的业务都是通过我们开展的。有一次，我打算去他那里考察。在动身之前，我特意了解了一下他所在的城市中的一些上市公司的情况。我注意到其中有一家公司，这家公司并不是我们的客户，不过这家公司在交易所里有一笔出价极其高的买单。我就觉得非常奇怪，当我到达那座城市之后，我就请这位经纪人带我去见了这家公司的负责人。这位负责人向我解释说："这笔数额巨大、出价又高的买单是用来护盘的，主要是防止公司股票下跌，因为担心股票下跌会降低员工的士气和工作水平。"

我也注意到，而接受这家公司买单委托的经纪人是我们的一个竞争对手。

我对这家公司产生了兴趣。在随后的几天内，我仔细地对这家公司进行了一番研究。最后我得出一个结论：对这家公司而言，无论多大的买单，都不可能永远地人为控制股价水平，甚至最终可能会导致严重的后果。然后，我将这一结论通报给这家公司的负责人。随后，我帮助这家公司制定了一套有效的方案，帮助他们处理这一难题。我的方案是让股价回归到正常水平。还建议公司让部分付款的股权退出市场。我的方案得到了这家公司管理层的认可，最后，公司解除了与那个竞争对手之间的买单委托，而交由我们公司来执行。就这样，我得到了一个新的客户。事实证明，我的方案是行之有效的——那家公司遭遇财务紧缩的问题成功地予以解决。

我再给读者们讲另外一个大额的长期委托合同的例子。有一次，一个公司的总裁邀请我去和他会面，因为这家公司的股票遇到了一些麻烦。由于他在长岛办公，所以我决定在收盘之后驾车前往。我大约会在下午5点到达，我担心好客的主人会邀请我吃饭，为了不给他添麻烦，我想了一个方法。我估算了商谈所需的时间，然后让我的助手在快要商谈结束时，给我打一个电话，就说晚上还有另外一个约会。这样我就能从那里顺利脱身。就这样，我到达长岛后，商谈进行得非常顺利，仅用了一个小时就把合同确定了。刚好在商谈结束时，我助手的电话打来，于是我向主人道别，准备离去。主人对我说，他感到非常遗憾，因为他原打算让他的司机帮我把车开回去，然后邀请我到他的游艇上共进晚餐。此时，因为我们的合同已经谈妥了，于是我就坦率地告诉他，我之所以着急离开，并不是有另外一个约会，而只不过是不想过于劳烦主人的款待，另外，我也不想把生意和生活掺杂到一起。不过，通过这次和他接触，我们相互都感觉非常愉快。于是那天我没有马上回去，而是和他一起上了游艇，共进晚餐。最后我们成为无话不谈的好朋友，后来在许多项目上都有合作。

　　我还有一个客户在制药领域。我刚认识他时，他们的公司正在试制一种新的产品，那是一种剃须膏。我就自告奋勇地帮他搜集各种不需要使用刷子的剃须膏，还找来许多试用者试用他的新产品。在我的帮助下，他终于顺利地研制出了一款浓度、香味合适，易于清洗剃须刀的产品。后来，他对我非常感激，再加上看到我们在业界的实力，最后当然非常愿意与我们合作。

　　所以，我成功销售的法则就是——"一定要对所提供的商品和服务有十足的信心，也一定要对他们有深刻的了解；而且，在为客户提供服务时，不能只是单纯地为了销售而销售，而是要从客户的利益出发，处处为客户着想"。

第40章　从市场报告中赚钱

看到这个题目，你可能会问：难道市场报告真的这么有用吗？听说利用它就能从中赚到钱，具体应该怎么做呢？

我的回答是：如果是优秀的市场报告，完全可以合理地利用，用以引导我们获利。要评价一份市场报告如何，当然先要评价发布这份报告的公司，所以这家公司的基础必须要很好，还要有最高的品级和良好的声望才行。

通常，最有价值的报告都由个人署名，同时作者不仅是将已经发生的事情记录下来，而且对未来的判断也要明确写上，对过去行情的统计已变得不那么重要了，因为谁都能在这方面写得准确而全面，但对未来的预测就未必是谁都能说清楚的了。

另外，市场报告的作者是谁也很关键。应该是具有丰富经验、较高声望和品行、良好社会关系并获得显著成就的人。

尽管上述两个方面都已具备，也不意味着市场报告就完美无缺了，在报告中可能还会出现一些含混不清或自相矛盾的观点，甚至某些最基本的判断也可能出现错误。但是，你绝不能因此而忽视它，你还是要仔细地去读，它肯定会帮助你在股市上获利的。要想利用报告赚钱，关键还在于投资者能否对报告内容全面理解。

我在这里向读者介绍一下市场报告。一般来说，这种报告中所表达的市场观点主要有两种类型：一种是对大盘价格水平和趋势的看法。比如股价是高还是低？是安全还是危险？是看涨还是看跌？报告的作者往往是运用例行公事般的语句，将每天或每周的事情写出来，并且是着眼于那些对他来说是次要的，甚至是无关紧要的事情。投资者在读报告时，千万不要对那些无实际意义的语句过度关注，而应把作者在报告中表达的自己观点作为重点内容，仔细阅读并领会。我曾看到过一些报告，发现作者的预测明明是错误的，但他们却总是在字里行间竭力证明自己的观点是正确的，或者言之凿凿地说市场就是在按照他指的方向发展。我提醒投资者对于这种人的言论一定不要轻信。

另一种市场报告类型是关注股票买入或持有的。它与上面那种预测大盘价格水平和趋势的报告相比显得更为重要，如果哪一个作者是按照这个思路写，肯定更受投资者的欢迎。投资者在阅读这种报告时，应该将目光直盯重点，善于从例行的套路中将重要的原创性内容筛选出来，这些重点往往会在报告中被反复提及，而且出现的次数也会越来越频繁，所以你筛选起来并不困难，只要肯投入更多的时间和精力就行。问题是有些人似乎并不太重视它们，因为这些内容或许并不起眼，或许是因为说得太多，而被人们有意无意地忽视了。

我还记得有一个外国的市场评论员，他劝人们使用研究报告时曾说过这样一句话："越是觉得我错的时候越要相信我的观点"。如果是以这种心态来使用研究报告，那你一定会有收获，也一定会带来收益。我有一些市场观点就不被大众认同，但实践证明它们往往都是最好的；而有些被大众广泛接纳的观点，却在推理过程中经常出现漏洞。

你在读市场报告时可能还会发现这样的问题，就是作者突然不再对某只个股进行分析评价了，这是为什么呢？很简单，这意味着作者观点出现了逆转，不愿再花费笔墨了。当然，这些作者也轻易不会在报告中宣扬某家公司的利空消息，因为他们很有心计，不愿因此而失去自己良好的信息渠道。与这些作者相比，投资顾问们则显得坦率多了，他们在私下里对客户所提出的合理问题都给予解答，包括像曾风行一时的某只个股为什么突然在市场上失宠这样的问题。

　　虽说合理利用高质量的市场报告可以帮助我们赢利，但是这需要我们付出辛勤的劳动，即投资者用自己理性的分析从报告中甄选出正确的观点，在个人对市场的分析和实践中起到指向标的作用。

　　当然，无论是谁都不能对市场报告盲目跟风，即便是最好的市场报告，否则肯定是要亏损的。通常说，有付出才会有收获，可是我却遇到过一个特例：有一个投资者，他买入的股票中有不少都是我看好的。在实践中，他看到股价跌了就卖，看到股价涨了就继续持有，结果若干年后，这个人赚了一大笔钱。为什么他会有如此好的运气呢？我分析，可能他是按照我的市场报告说的做了，但还有更重要的原因，就是他遵循了股市的一个基本原则：追涨杀跌。

　　在诸多个股分析中，既有股票经纪人和交易商们发布的，也有报纸杂志上刊登的，可能它们的内容会稍有不同。其中有些文章会非常完整，这些大多是出自机构，是在他们参观公司的工厂或对公司管理层深入采访的基础上写就的。

　　至于这些文章质量的高低，则要看作者的观察和分析能力了。最近在《金融分析师杂志》上刊登了一段评论，我转述给读者："买切萨皮克和俄亥俄，卖圣保罗"。

　　时间就是金钱，这是我们面对的现实。那些金融分析师就是为了寻找赚钱之路，否则这些人就没有存在的价值了。所以，他们必须努力用知识增加自己的资本，并运用超强的说服能力，让自己的客户、合作人或老板尽可能理解和相信他们的观点。

　　我在华尔街已经有40多年了，曾见过许多金融分析师，但我认为最优秀的是弗兰克·迪克，虽然他在很早以前就去世了。迪克先生是个非常严谨的人，如果他要对某个企业进行分析，就会对这个企业仔仔细细地调查了解。他有自己的独到见解，知道需要关注什么，哪些是可以忽略不计的；也知道什么能够相信，哪些是需要质疑的。最令人佩服的是他最后总结观点时，通常会将所有内容浓缩成只有两个词的结论，比如，上面《金融分析师杂志》引用的"买切萨皮克和俄亥俄，卖圣保罗"那句话。我想，假如迪克先生还健在的话，他肯定会因为我把他仅称为"分析师"而大发脾气。

如今，能和迪克先生所媲美的只有极个别的分析师了，他们的名气可以让人们无条件地相信他们，或者说他们可以不用说理由就能让他人接受自己的观点。作为一个优秀的分析师，他给出的理由应该是简短、有针对性的；他得出的结论也应该是明确、毫不含糊的，尤其是对价格和趋势的看法非常关键。另外，选择有利的环境也是十分重要的，如果在错误的时间以错误的价格，即使是你买入了最好的股票，同样也会带来损失。举个浅显的例子，这就像有一粒最好的种子，只有春天播种它才会发芽，而寒冬腊月它可是什么也长不出来。

现在的不少文章都篇幅太长，作者往往偏重于描述，而详尽的分析却很少。为什么会出现这种情况？可能是作者的能力有限；也可能是作者在"现场考察"时被对方的假象所迷惑，他所看到和听到的都可能是人为作秀，而这些作者又缺乏求实精神，过分地相信了那些表象。我认为，要想让投资者从你的报告中获得帮助，每位作者就必须探究根源，必须找到其竞争对手，哪怕只有一个也好，从他们那里获悉一些不为人所知的事情，为自己的分析判断作参考。说到底，我只坚信一个道理：莫轻信他人，要坚持自我。只要你是人才，在这个世界上就拥有力量。

第41章　理想的客户

　　最初，股票经纪人的任务就是执行客户下达的关于股票买入或卖出的交易单，只要客户下单，经纪人就操作买进或卖出，自己则从中赚取佣金。现在的情况则发生很大变化，虽然经纪人仍被客户视作投资顾问，并与之建立了托管关系，在交易时客户也都愿意听听他们的意见，但这并不意味着经纪人的作用完全可以左右客户的投资行为。投资能否成功，起决定性作用的还是客户自己。在现实中，我们会发现这样一种现象，即一个优秀经纪人同时有很多客户，其中有的能成功，有的则失败了。我相信这位经纪人绝不会厚此薄彼，他肯定会在同一时间给他的所有客户提出相同的建议，可为什么会出现这样的结果呢？

　　对此，很多人都产生过疑惑。我有一个客户就曾经问我："请问，您觉得我应该怎么做呢？我应该多长时间与您联系一次呢？如果不是每天联系，那么一个月之后您是否会忘了我呢？"当时我望着他那副认真的神情，不禁笑了。我没有正面回答他，而是反问道："你首先评价一下自己，是一个理想的客户呢？还是介于理想与不理想之间呢？"其实，这个问题的答案很简单：无论你买的股票是属于哪个品级，对投资成果起决定性作用的还是你个人的行为。

　　就客户以何种方式对待经纪人提供的信息而言，这里面也有不少说道。由于客户对经纪人提供的信息处理方式不同，不仅会产生不同的结果（包括某种心理作用），而且还会对经纪人以后如何为他们提供信息产生很大影响。比如：现在一共有 10 个客户，每人交给经纪人 10 万美元，然后都对他说："请你替我投资这笔钱。"尽管他们交的钱数相同，说的话也相同，内心的目标也都是希望少担风险多多赚钱，几乎是一致的，但就在说完那句话的一刻，他们的一致性也几乎完全消失了——可能第一个客户觉得放心了，不再说什么；可能第二个客户经济较为紧张，他会特意加上一句："千万别亏了，否则我可赔不起"；第三个客户也许会对红利更为关注；第四个客户则明确提出在可能出错时要及时止损；其他的客户也可能有自己的说法。总之，他们每个人都在做着不同的事情。

虽然这些客户的情况各自有所相同，或者是年龄差异，或者是税收等级不同，但仅从理论上而言，他们在实际投资中，都是相同的客户，就像多胞胎兄弟姐妹一样。在经纪人的客户群里，如果每个人都采用不同的投资方式，比如：有人打算从一开始就满仓；有人则按兵不动，持币观望；也有人介于这两者之间，并且这些客户买的股票种类也大相径庭，那么经纪人是很难应对的，他们根本无法按照自己设计的最理想的方式去操作，只能尽量兼顾调整，以适应这 10 个人各自不同的想法。这对于经纪人来说真的是勉为其难的事情，可在现实中这又是确实存在着。

当这 10 个客户正式进入股市投资后，就如同乘坐一条在海上航行的大船，"船长"自然是经纪人了。在航行中，这 10 个"乘客"会以不同的方式对待这位"船长"——有的人是信心十足，仿佛前面就是伸手可得的利益；有的人是惴惴不安，总担心投出去的资金会泡汤；有的人是颐指气使，到处指手画脚；有的人躲在船的角落里，一言不发；有的人非常热情，对周围的"乘客"笑容满面；也有的人则面无表情，站在远处冷眼旁观，可以说是 10 人 10 面。这 10 个人的表现，无疑会对经纪人对这 10 个账户的操作产生影响，他要尽量达到每个客户的期望值。然而当交易结束时，要么是亏损；要么是赢利；要么是不赚不赔，交易还在继续。这种结果会让这 10 个人再次表现各异，并且也会再次影响到经纪人。就这样循环往复，一年后，这些客户的账户资产也出现了差异，从 9 万元到 14 万美元不等。尽管这些账户都是从 10 万美元起步，所依赖的经纪人、市场和条件也都相同。我用"依赖"二字来形容 10 个客户与经纪人的关系，表面来看他们是紧紧相依，但实际上在这个故事中却并非如此，除非这 10 个人的目标完全相同，而且他们也是完全按照经纪人的建议进行投资行为的。其实，这种情况在股市中经常发生，而且是不被错误证明的一个事实。

我们在这一节着重谈了关于"理想的客户"问题，有些投资者在对自己的投资行为进行思索的同时，不禁要想到另外一个与之有密切关联的问题，就是"我要争取做一个理想的客户，可我怎样才能找到理想的经纪人呢？"这是个现实问题，因为现在"理想的经纪人"的确也不太好找。

过去的经纪人与现在有所不同，从某种意义上讲他们也是投资者的合伙人或管理者、账户代表，他们大多是单兵作战，直接与客户打交道。这些经纪人良莠不齐，或许你会碰到一个很不错的经纪人，或许就碰到一个很一般，甚至是很差劲的经纪人，这将会直接影响到你的投资成败。

而现在则不同了。一方面，随着市场的发展和各类客户的需求，渐渐地形成了一种相对俗套的模式，经纪人们为了相适应，都在努力调整着自己的行为。另一方面，过去的经纪人都是事必躬亲，自己搜寻可以引导客户投资的信息，自己登门寻找客户，现在则是有专门的研究部门或投资分析部门，这些机构定时发布投资策略研究结论，每个账户的经纪人（管理者或客户经理）就省事多了，他们只是负责将这些结论告知客户，至于根据这些结论采取何种行为，就是投资者自己的事情了。

这样做的结果有利也有弊。有利的是可以避免经纪人的个人错误，而弊端则是束缚和限制了那些优秀经纪人独特才能和个人天赋的发挥。我们看到不少经纪人按部就班，其原有的个性和锐气都已消磨殆尽。

第42章　机会无处不在

算起来，我在华尔街已经摸爬滚打了 40 多年，更多的经验不敢说，但我至少学会了一点：那就是对事物的看法应因时而变，因为世事变幻无常，机会无处不在。这期间我曾经历过许多事情，更深刻地印证了这个道理。

比如：在 1935 年前后，我忽然对住宅价格产生了浓厚的兴趣。当时的房地产业与其他产业相比较，略显滞后，因此那时的住宅价格水平很低。拿一套房子来说吧，1935 年最好的一套房屋可能也只是 7500 美元，而我现在看上的一套房子至少要 3 万美元，这种价格对我这样收入的人来说也是高了一些，如果是那些想要购买第一套住宅的"新婚夫妻"，他们可能就会认为现在的房价并不高，而且房子也挺合适。这是他们没有比较，如果他们看看 1935 年住宅的性价比，肯定看法就变了。

从中我们可以看出，由于各种年龄差异、各种生活经历、各种世事变迁，都会让人们对事物产生不同的看法。但是我们必须牢记，无论任何时候，衡量股市的标准始终都不会变。即使是当我们变老的时候，也是同样。所以，不要拿现在的股价与过去的相比。如果你一定要比，会发现肯定是现在的税率高了，而人们行为的自由度却低了。要是上了年纪的人也与他们记忆中的"好日子"相比，他们一定会沮丧不已，因为如今的机会对他们来说是越来越少了。

就像年轻人对目前房价的看法这件事，它反映出年轻人的心态。那些有能力、有闯劲、敢冒风险的人，普遍会在他们的事业获得成功的时候开始自己的购房计划，并将此作为高回报的成果。如果将某个人计划购置的第一套住房与他事业顶峰时期的住房相比，差别会非常大，但这并不表明衡量标准也变了，其衡量标准应该是始终如一的。

我们不妨再看看一些著名大公司走过的路。克莱斯勒公司一度曾濒临破产，但在沃尔特·克莱斯勒的带领下，迅速扭转颓势，一跃成为与福特和通用并列的汽车三雄之一；瑞伯成就了巴伯公司；阿尔通·琼斯让城市服务公司（美国雪铁戈石油公司的前身）也从此走向辉煌；还有后来的鲍勃·扬和阿尔·普尔曼，他们重建了纽约中央铁路公司，这种例子不胜枚举。多少年来，一批批优秀企业领袖不断涌现，一只只"好"股票也随之出现。这里面蕴藏着极好的机遇，也是投资者的理想选择，关键是要看投资者是否足够聪明，是否能够把它们找出来并有足够的勇气把它们买下来。其实，有很多线索可供我们寻找投资机遇，比如：当企业里控制着10%以上有表决权股票的高层、董事或相关人员发生变化时，证券交易委员每个月都会将其发布出来。

我上面说到机会无处不在，这对于那些不断贬值的闲置资金来说也适用，如果筹划得当，这些不断贬值的闲置资金也会产生收益的。我下面想引用一段话，是要告诉你，在我们这个世界上，机遇只会青睐那些朝气十足的乐天派，而对于那些悲观的守财奴来说，则充斥着险恶。那段话是这样的：

> "今天，我给我的孩子买了1000美元的债券。"一个年轻的父亲兴高采烈地说。"唉！就算他长大了，能拿这笔钱做什么呢？"一个悲观的朋友不禁问道。只见那位年轻的父亲依然笑容不改，"哦，等到他高中毕业时，至少可以买一套新西装嘛。"

读者朋友，你更希望自己成为哪一种人呢？

第43章　如何衡量"好"股票

我经常能听到人们关于哪些股票"好",哪些股票"糟糕"的议论,至于一只"好"股票究竟是如何成就的,人们可能就不大清楚了。我在这里向读者朋友们介绍一下:

如何评价、衡量一只股票的价值?我认为有三个要素至关重要。

首先是"质量"。如果把质量作为评价的唯一标准,有些股票永远都是"好"的。比如杜邦公司的股票,我认为就始终是最好的股票之一。可是好的股票也有遗憾,因为它往往并不是好的交易对象。比如:杜邦的股价就是这样,从1929年大跌开始,它的股价几年一个跌幅,让人们不知所措。1929年是57.75美元的高点,而到了1932年,则跌到5.50美元;1936年是46美元的高点,而到了1938年,则跌到22.625美元;1939年是47.125美元,而到了1942年,则跌到25.625美元;1946年是55.875美元,而到了1948年,则跌到41美元;1951年是102.5美元,而到了1952年,则跌到79.625美元;1955年是249.75美元,而到了同年年底则跌到157美元。

其次是"价格"。在股市交易中,人们往往都更多关注股票价格是"高"还是"低"。但实际上,没有哪一个人能知道什么时候的高位是顶,什么时候的低价是底,无论是专家还是新手。

再次是"趋势"。我认为这一点又是"三要素"中最重要的。无论是谁,买股票的目的肯定是想赚钱。但要想赚到钱,只有股票走高才行，即便你是高价买入，如果股价继续走高，你也能赚到钱；反之，如果股价持续下跌，你只有亏本的份儿了，即便你是趁低吸纳，也摆脱不了亏损的局面。这就是"趋势"。可以说，"趋势"是衡量你买入某只股票能否赚钱的最重要因素。有人可能会问：既然"趋势"这么重要，我们好确定它吗？我告诉你：不难。与确定价格水平相比，确定"趋势"还是相对简单一些。

我们上面谈到价格、趋势，回过头来再进一步谈谈对"质量"的判断问题。事实上，在股票好坏的衡量上，对质量的判断是绝对的。现在的股票质量分级有"极优""普通"或者"差"，这是有经验的分析师在看过一只股票的资产负债表、损益表等记录后，按照该股票的真实情况所划分出来的，应该说是很有说服力的。现在，关于股票的质量问题愈发引起人们的注意，其地位也比以前更重要了。此"趋势"对于好的股票来说可以锦上添花，但要想让差的股票改头换面，"丑小鸭变天鹅"还是很难的。

因此，我认为投资者在衡量或选择一只股票时，最好是选择一个成长中的高质量的公司，坚决放弃那些收益停滞不前，甚至是倒退的公司。因为，以维持收入、资金安全为目的的最佳投资，同时也是以资本收益为目标的最佳投机（除了极个别情况），那些无实力进行高额分红的公司，也不会有继续上涨的能力，即便你把股价因素考虑在内，但在个股分析时，"趋势"同样是最重要的。

在股市投资中经常会出现这样的情况：就是当人们看到一些因素，明显预示着市场将会朝着某个方向发展时，但后来市场走势的结果却恰恰相反，就像"否极泰来"所反映出的哲学思想一样。这说明，在各种因素中往往会互相作用、转化，有时意料之外的反向波动也许更加重要。

第44章　投资不要盲目地坚持

近来，我在各式各样的投资类刊物上，发现了不少误导投资者的谬论。比如就有这样一种说法：如果退回到1929年的道·琼斯工业指数水平，投资者只要是买入并始终持有，就肯定会大赚一笔。照他们的观点，投资者要做的就是买入，然后耐心地等待，如果出现下跌，也不必紧张，还是继续补仓、等待，这样准能保赚不亏。事实真的会如此吗？否！因为无论从哪个方面看，这个观点都无法自圆其说。

让我们来具体分析一下：在投资者持股等待期间，肯定会遇到一些意想不到的情况，包括股价下跌。如果出现了所有股票的整体下跌，是不会再恢复的，而持上述观点的人要求投资者继续补仓等待，岂不是犯了愚蠢的错误吗？与1929年相比，虽然现在的道·琼斯工业指数超过了当年的水平，但你是否注意到，仍有许多个股再也达不到当年的高值了，一旦你买到了这种股票该如何是好？这是其一。

如果拿现在的1美元和未来的1美元相比，即使是外行人也明白后者肯定不如前者值钱。比如：现在的1美元如果以6%的复利计算，那么12年后就能翻番（不包括税务问题），就是说这1美元值12年后的2美元。换句话说，如果按照6%的复利计算，那么1美元在12年后所能兑换出的"现值"是多少呢？它仅相当于现在的50美分。我这样换算只是从数学的角度来看，并不是把它兑换成购买力后再计算。这是其二。

　　即使是投资者所购买的股票出现长期大跌，很多年后又慢慢地回调、赢利，甚至是恢复到了当初的水平，但随着那么多年的星移斗转，一切都已时过境迁，还有什么意义呢？我不相信所有的持股人都能坚持，就算有人能够坚持到底，但他也已是"廉颇老矣"！再说，此时钱的价值变了，购买力也不同了，有哪一个投资者愿意做这样的投机呢？这是其三。

　　我的建议是：投资者不要轻信各种谬论，在投资上也不要盲目地坚持。如果你看到有合理预期收益的项目，可以把钱投入进去，达到了预期，就兑现收益；如果事实证明你看走眼了，就尽快止损，不妨再选择一个前景明朗的新的投资品种，这才是聪明人的做法。

　　另外，我还发现有些人总喜欢思虑计划很长久的事情，其实大可不必。如你打算开始投资1美元的话，顶多计划出半年至1年半后的事情就可以了，再往远的就不要费脑筋了，因为情况总是在不断地变化，而且，有些事情尽管计划了你也不可能做得到。

第45章 当心招股说明书中的陷阱

凡是一些有能力、有责任感的公司管理层，都会设定新的发展目标，运筹公开发售股票。其实他们的真正目的，就是通过公开发售股票这种方式，以最小的代价为企业注入最多的资金。无疑这些管理者是聪明睿智的，他们获取的成功，不仅是其经营能力的充分显现，也是对投资者的巨大吸引力。

1933年的《证券法》规定：凡是公开发行总额不超过30万美元的新股，注册手续可以从简，甚至在某些情况下也不必在配售前向证券交易委员会进行注册。此前可不是这样，也要像发行大盘股那样，不仅要注册，而且还要在注册说明书中披露许多重要信息。虽然简化上市手续是件好事，但问题是对于这种股票，证券交易委员会只是要求公司进行全面信息披露，他们既不会对其质量做出鉴定，也不会对承销商的上市宣传或其他销售资料是否准确和完整做出评价，完全凭发行人其后的表现。市场上已经发行了大量豁免注册的股票，如果发行人违背承诺，没有进行全面的信息披露，股票买家就有权撤销交易。这样一来，就出现了许多问题，比如：滥用豁免注册问题，一些股票发行人将大部分出售股票的收入挪作私用问题，一些个股在上市宣传中的虚假和不负责任问题等。美国参议院银行与货币委员会在发布的股市研究报告中专门就上述问题发表过意见。

我们不妨认真研究一下一些上市宣传书。我觉得，当一个投资者阅读宣传书时，有三方面内容要格外注意。

首先，要注意宣传书的时间表。这是文字的开头部分，因为股票的公开发行价格、手续费用及公司的收益这些数据通常会在这里被非常明确地列出。同时，你还要留心那些脚注和其他信息，以及许多情况下的附加费用，在此基础上确定其总额。否则，你就很难了解该上市公司全面、真实的情况。另外，由于承销商还可以获得那些远低于公开发行价格的额外股票，或者是在股票市场价值明确之后，被允许以非常低廉的价格购买股票，所以，你必须要在上市宣传书的每一段文字中仔细阅读，看看发行股票的企业利在哪里？承销商又有什么好处？只有去伪存真、全面综合地了解，你才能清楚企业通过公开发行股票筹集资金的真正代价是多少。我认为，那些筹集资金数额过大的股票不值得你买。因为，真正能给你带来收益的，是指投入到企业中的那部分钱，而不是流进承销商和销售机构的那部分钱。支付他们一定佣金是理所应当的，但假如企业放纵承销商分走杯中更多羹的话，岂不是损害了投资者的利益？为什么会出现这种情况？我分析，抑或是企业自身的原因，承销商感到为该企业承担销售服务的难度太大，不如此不具吸引力；抑或是那些承销商或机构既无能又无德，不能为新股东们看住投资收益。

其次，要注意宣传书对市场稳定程度的预测。我看过许多上市宣传书，承销商都会郑重地声明，他们会将新股临时控制在一个高于市场的价格水平上。简单地说，就是他们可以调控出货前后的价格，在出货时会暂时支撑价格，保持高于市场价格的水平；待出货完毕就停止支撑，那时就任由价格波动了。还有，当买家准备买入某只新股时，他们会听到新股销售员的"忠告"：记住，在承销商正在"稳定"或支撑市场价格时不能进行清算。然而，当你完全照着他们说的做了，却发现事实并非如此，你后悔买了这只股票。不过也不必紧张，这时只要有人肯买，你就赶快出手。

再次，要注意那些企业资产的最初拥有者或股票发行人能从中得到什么。因为，这些人在前期只花很少的钱就能获得大量企业股份。甚至，我还见到过有人资金账户余额只区区 5 美元，却也能得到股权的事情。

根据 1933 年《证券法》规定可以简化注册手续的，只是那些募集资金在 30 万美元以下的公开发行的股票。至于超过这个数额的，就必须要进行注册登记了，承销商还必须要向有意购买的投资者提供招股说明书。如果投资者事先没有很好地阅读上市宣传书或招股说明书，而是在销售人员的 E 头推荐误导下买入了该股票，那么他们对买入的股票还是有一定补救措施的。值得注意的是，证券交易委员会对招股说明书中介绍的股票，同样会采取既不推荐、也不批评的态度，代理方也不会对招股说明书的准确性、充分性做出任何评判。因此，投资者对于购买这些股票，一定要持谨慎态度，要了解所买的股票是否有价值，尽可能掌握充足的信息是必要的。

投资者阅读上市宣传书时要注意的内容，同样适用于招股说明书，这两者相比，后者显得更为完整。我这里要提示投资者的是，在阅读招股说明书时，你要关注如下问题：承销商的提成比例和佣金；承销商低价认购股票的权利；承销商转让认购权的授权和特许；稳定股价的步骤等。这些信息很有意义，会对你衡量股票价值起到重要的参考作用。在不同的招股说明书中，上述内容可能会被冠以"管理情况""发行计划""前期和预期财务状况""公司历史沿革和主营业务""公司和股票发行人"等不同的标题，你要留心看明白。

我们前面说到过有些股票严重存在滥用豁免问题，这主要是指那些股价十分低廉，并且募集的资金也很少的股票，包括股价不足 1 美元的所谓廉价股，外国公司股及原子能、铀、石油、电子等题材的"传奇"股等。这些股票，被那些只图私利的股票发行人视为最有利可图，并为此而不遗余力。作为投资者来说，千万不要过分重视这些股票，否则无异于自寻烦恼。如果你对这方面的情况不甚了解，不妨随时向自己的代理银行或律师咨询，从而避免投资失误。

股市中有没有陷阱？

每个月我在电台作节目时或者是在其他地方，都会有人这样问我。还有的人问："对于没有经验的股民来说，最大的陷阱是什么？"我始终是这样回答的："要警惕那些被过分推销宣传的股票，首先从知名度最高、规模最大、流动性最好、收益最成功的那些上市公司开始。"

为了保护那些买入被承销商大肆推销的廉价股的投资者，证券交易委员会制定了一些新的政策。从富布莱特基金会（美国著名的国际学者交流项目）的调查中也反映出，无论是政府还是投资者，都希望进一步规范投资市场。比如：投资者希望颁布附加政策条款，让场外股票交易信息的披露程度更接近于上市股票；政府也希望针对融资项目中简化注册和简化招股说明书出台附加政策；各州议员们则迫切希望自己的提案能与美国参议院议员们的提案受到同等的重视。

后来随着越来越多内容复杂且有争议的政策提案被提出，一时间成了上下讨论的议题。其实在我看来，不必搞得那么复杂，只用一个非常简单的方法就能解决——强制自己只购买每股原始发行价不低于10美元的股票。

我们都知道，由发行股票的市价乘以数量所得出的总数，就是投资者所购买资产的市场价值。你可以将此作为投资分析的起点。事实上，那些有经验的投资者，他们更看重的是总价，绝不会只把目光盯在每股价格上。

往往是经验不足的投资者会把市场价格和价值混为一谈，如果依照他们思考问题的模式，每股为1070美元的超级石油公司股票价格非常贵；每股仅1.875美元的某个不知名的石油股很便宜；至于那些原因不详，只卖到几美分的股票就更便宜了，他们按照如此顺序排列，结果让很多莽撞者被套牢，因此也上演了一幕"华尔街惨剧"。其实，正是这类股票败坏了华尔街的好名声，在纽约证券交易所经纪人的眼中，它们根本算不上"华尔街上的股票"。

投资者要始终保持清醒、客观的判断力，不仅要认清每个企业在发展阶段都会存在风险，只有那些切实了解风险并有能力承担的企业，才能真正抵御风险。而且要让投向风险企业中的这笔资金，必须是真正用于企业发展，绝不能中途进入股票发行人的私囊。

在两家纽约证券交易所中，如果一只股票能在其中任何一家上市交易，那么它就具有了一定的上市价值。投资者要注意的是，如果这只股票的价格超过 10 美元，这个价格中由于上市产生溢价所占的比例就很小，可以忽略不计；如果它的价格很低，上市溢价很可能会占到市场价格的一半，这时除非你有充足理由并经过仔细比较，否则坚决不能买入那些低于 10 美元的股票。

第46章　给新手的建议

如果你日后想成为一个成功的投资者的话，那么在你踏入股市投资领域之初，就应该始终保持审慎的态度。具体来说，就是当你每次打算投资之前，首先应该问问自己是否已经准备好了？还有哪些不周之处？采取认真的投资态度，不仅是利用你的闲散资金进行投资获利，也是在满足你的生活必需之后储备钱财。因此，千万不要毫无章法地小打小闹，更不要匆匆忙忙地上阵。

我的建议是，在你考虑做某种投资之前，应该先把保证生活必需的资金预留出来，还应预留出必备的应急资金，因为，说不定什么时候家庭理财中就可能会有些紧急状况出现，这种提前计划是必要的。比如说，家里突然添加了孩子；不知何时会生病住院了；何时会发生经济衰退了等。有很多情况往往是我们不可预知的，所以你应该准备一些钱，放在家里或是存入附近的银行，以备应急之需。至于应急资金该准备多少，主要还是根据你的年龄、身体状况、工作收入及你对证券的重视程度而定。根据我的了解，大致的标准是以至少足够两个月生活开支的数额为好。当然，如果你的资金充裕的话，略多一些更好。另外，在美国还有一种好处，就是你可以购买到那些可以随时兑现的债券，这也能够帮助你解决燃眉之急。

如果你将生活必需及应急费用都规划完之后，还有富余资金，那么你就可以拿来投资了，让它们越变越多，为你获利，这也是件很快乐的事情。

有人把投资当作一件很复杂、神秘的事情，其实不然，当你一旦开始尝试从剩余资金中获取回报，哪怕是开设了一个储蓄账户，那么就证明你实际上已经是在投资了。也有的人说：购买房产也是一项不错的投资嘛！我同意这个看法，虽说购买房产具有较大的风险，但如果成功的话，这对于你及你的家庭来说，也是极具成就感和满足感的一件大事，并且它至少还是一个为你遮风避雨的安乐窝。即使这些好处我们都不算，就凭近年来随着建筑成本的不断看涨，购买房产很有可能会为你带来巨大收益这一极具诱惑力而言，购买房产肯定是个不错的投资项目。

我这样讲，并不意味着购买房产就是很完美的投资了。严格地说，如果拿购买房产投资和其他投资相比较，前者的回报率通常相对较低。因为在购房中，其基础房价只能反映出购房的部分成本，此外还要有一笔笔支出你算过了吗？比如：房子需要花钱装修；需要支付抵押贷款利息、税款；需要支付维护费用等。如果你感到支付的钱太多，后悔了甚至想抽回这笔资金时，可就没有那么容易了，因为这时的主动权并不在你手中。你恼怒不安也罢，大失所望也罢，都无济于事。如果你想："既然如此，我干脆卖了吧！"这种急于出手的做法更是下策。

下面我们再谈谈将钱存入银行问题。通常，人们把资金存入银行看作是比较安全、保守的做法，事实上也正是如此。我的建议是，你首先要看银行的储蓄利率是多少。以当前为例，如果银行的储蓄利率是4.25%，那么你就可以将一部分资金放到储蓄银行存起来，这样做的目的并不是为了获取利息回报，而主要是为了保证资金的价值安全。如果有一部分资金存入银行，即使是出现了通货紧缩，你也能有备无患，而且你在银行里那部分资金的购买力还会增长。当然，不管是存入储蓄银行、商业银行还是信用合作社，你总会考虑到储蓄回报问题。据我测算，如果你将资金放到储蓄银行账户上，按照当前的利率水平以复利计算，估计20年之后就会翻倍；如果是存入商业银行，由于利率稍微低一些，那么资金翻倍的时间就可能会长一点；如果是存入一家信用合作社，由于这些机构主要目标是将资金投入到高回报率的抵押贷款上，它的翻倍速度要比在储蓄银行还快一些。我提供的这些情况供你在考虑银行存款时参考。

另外，我认为美国发行的著名储蓄债券——E 系列债券也比较不错，它不仅可以保证你的资金安全，同时又能有较好的回报，你不妨也将它作为投资项目的一部分。

就一个中等收入家庭的投资计划而言，我觉得大致应该这样安排：将至少一半的资金用于购买美国国债和储蓄存款；而另一半资金则用于投资一项产业，分享它的收益和成长，使你的资产真正开始扩大。

其实，人们的投资方式还是很多的。比如，可以把资金投入到附近的某个企业；也可以投入到房地产。还有一种可能就是将资金投入到美国的主流企业上，这是很多谨慎的投资者们普遍使用的投资方式。为什么这些人如此青睐投资美国主流企业呢？这是因为，主流的美国企业，就等于一个经验丰富的管理专家。当你把资金投入到一家主要的美国企业后，无论何时你都可以知道自己所投入的每一分钱到底价值如何；要是你哪一天不想持有股权了，只需打一个电话给你的经纪人就可以办到了。优势很多吧？不过对于普通人来说，购买大多数企业债券远不像购买国债那样方便。

下面，我们再介绍一下"优先股"和"普通股"。

何谓"优先股"？是指介于债券和普通股之间的。优先股可以赋予你优先权：如果公司陷入困境时，你可以优先获得清偿；你还可以优先获得股息及一定的红利（但你的红利是固定的）；通常这种股票的股价增幅都不大。优先股自然是利弊共存，当公司境况不佳时你仍会比较安稳；而当公司状况很好时，你或许就会羡慕那些拥有普通股权的人了。

何谓"普通股"？这是给普通人提供了最好机会的一种投资类型。它主要通过两种途径给投资者带来收益：一种是红利，由此投资者可以分享公司所创造出的收益；另一种是投资者那部分公司股权的市场价格变化，当然这种变化也不会是一成不变的，它可能会上涨，也可能会下跌，经过一段时间，这两种收益加起来就是总体回报。现在市场上的交易大多数都是在普通股之间进行的。

选择普通股投资通常会有两种情况：一种是你的收获会很大，可能在 12 年，或者是 6 年，甚至最短在 1 年之内就能让资金翻番；而另一种就可能不那么乐观了，如果你投资失误，就会损失掉大部分的资金。当然了，这两种情况不仅在普通股，在其他投资中也会存在。至于事态到底会怎样发展？结果究竟会如何？我认为，关键就在于你选择的是什么？什么时候买进？又在什么时候卖出？我之所以用"金钱游戏"这四个字来形容股票投资，原因就在这里。如果你要进行股票投资，就必须要有充分的心理准备，包括你愿意承担所选择的企业的命运，无论情况好坏，否则我劝你最好还是不要试水。

有不少人通过精心挑选而买入的股票，在过去的十年里都获得了不小的收益，他们的资金至少已经翻了一番。一方面，这十年国家经济是繁荣、兴盛的，大多股票的价格也由较低水平不断向上攀升。尤其是一些公用事业股，由于它们的出色表现，不仅使股价保持了相对稳定，而且还定期派发红利。据我所知，从世纪之交开始，纽约证券交易所至少有 60 只股票每年都会派发红利。

另一方面，由于一些股票价格波动频繁，有时甚至是很"奇妙"的，也促成了投资者的资金翻番。比如：某家大型石油公司，如果在 1942 年买入其价值为 100 美元的股票，那么到了 9 年之后，就能狂卖到 4000 美元；某家大型航空公司的股票，在 4 年内就猛增了 800%。如此的速度，让投资者的资金最快在一年内翻番也就不足为奇了。当然，这期间也有很多股票的表现差强人意，不涨反跌，有的股价甚至跌了一半。正如人们调侃的"世界总是在运动的"那样有意思。

我这里还想对中等收入的投资新手们说几句：相信你们随着时间的推移、历练的成熟和经验的增加，股市投资效果会越来越好。但是，就像我上面说的这种机遇，并不是每个人都能碰到的，所以不要一味等待。我建议你们还是考虑进行长期投资为好，并且在投资后，每年至少要回顾、检查一次自己的投资，看里面是否有需要被淘汰的较差项目，如果发现就及时处理。至于追求短线赢利，频繁出入市场这种事情，你最好还是别做了，因为这需要有认真的研究和良好的心理素质，恐怕你目前还勉为其难，还是由那些精明老练的专家去干吧。

我为什么建议你做长期投资呢？这主要是从很多知名股票都具有良好的前景考虑的。通常，这些股票的发展模式是按照整体逐渐上扬进行的。比如：人们只看到 55 年来股价涨跌不断，但如果平均计算，工业股的价格实际上每年上涨超过了 3%。而且，从长远看，随着人口增加、人们生活水平提高及货币的持续贬值，尽管可能也会出现股价持续下跌的情形，但价格变化的曲线缓慢上行的趋势是不会改变的。

有的投资新手曾问我：怎样才能选择最合适的投资呢？我觉得，关键是要根据个人需要。作为一个投资新手，你的初次选择最好是基金。我不知道你手里有多少启动资金，如果只有 500～1000 美元的话，更应该如此。因为，基金可以在实践中不断地教你，帮助你熟悉市场，甚至帮你避免犯一些低级的错误。比如：你经常会从它那里得到一些简单易懂的市场行情报告；还会从它那里了解到为什么要增持某只股票、减持某个公司股票的道理等。通过这样慢慢地学习、引导，你的经验不断增加，最后就能充满自信地进行股票交易了。这种既能赚钱又能学习投资的机会多好哇！

目前，市场上有 100 多只共同基金。你可以根据自己的实际需要选择，或者是让你的经纪人或代理银行推荐一只最适合你的。我想，假如你是一个敢于冒险的年轻商人，瞄准波幅较大且具有增长性的基金也很自然；如果你刚刚结婚并准备生子，不妨注重投资"成长型"基金。

我们权且把尝试基金作为一个投资新手的学习期。一旦你度过了这个学习期，感到本事大长，尤其是再得到一笔赚来的钱之后，你恐怕就心气高了，不再满足于只投资共同基金了。一方面，你会认为投资共同基金的费用相对较高，无论是请专家指导，还是保证资金安全都需要花钱；此外，还有一种"负担"也让你不满意，那就是出售基金时，按照美国的标准，大概为7%~8%的税费也要你缴纳；另一方面，你对投资共同基金的回报也感到不满足了，你会觉得自己的基金也可能会随着大盘整体的走低而走低，甚至萌生出另外选择某些个股，跑赢大盘的想法来。其实，打算开始独立投资的想法也是很正常的，毕竟这时的你已经不是初学者，而是有了一些投资经验的人了。

我们再来分析一下，如果你真的开始独立投资时该怎么办？首先，你必须对市场情况有个通盘考虑，要想到可能会出现的所有问题；其次，你要了解各家公司的基本情况，这是最起码的。比如：它们每股的市盈率都是多少？它们当前的股价是高还是低？等等。有些情况也可以让你的经纪人或代理银行提供。在掌握了各方面的情况后，你就该选择股票了，这其中也有许多事项要考虑到。为了便于你参考，我总结归纳出以下五点：

◇ 自己决定你的目标。如果你和大多数投资者一样，对股价会上涨的股票感兴趣，那就要关注未来有发展潜力的公司；如果你更看好那些能确保按期派发红利的稳定个股，你就应该关注公司的财力及过去的业绩，尤其是了解它按期派发红利已经持续多少年了？

◇ 最好持有4~5家不同行业的股票。因为，适合新手投资的股票很多，如果你多持有几家，资金安全性就会好一些。

◇ 先选行业。这个行业在国内要具有必不可少的位置。如果你打算进行长线投资，就选择一个前景美好的行业，它会有利于你的长线投资计划实现。

◇ 再选公司。作为一个投资新手，你在选择具体公司的时候，应该选择一个知名度高的龙头企业，因为这种企业的发展潜力大、前景也好，这就像你到百货商店去买东西，一定要购买信得过的名牌商品一样。

◇ 要看公司的管理层是否有活力、有远见。只有这样的公司，才能吸引顶尖的管理人才，科学而规范，并且它们为了更多地占有市场份额，而不遗余力地不断开发研究，努力提高自己产品的质量和服务水平。

我在前面曾说到投资的兼顾性及比例分配，在此仍要告诫投资者的是：千万不要顾此失彼，因对选择个股情有独钟，而忽视了你理财计划中的储蓄银行存款及美国国债，要知道，那是保证你投资相对稳定、安全的另一半！

总之，买股票是个很能牵动人们神经的事情。我发现，无论是什么人，只要他买了股票，就跟着了迷似的，不管发生什么，他都会处于兴奋状态。你看吧，他每天不管怎样疲惫，都会不由自主地翻阅报纸的财经版面，睁大眼睛看着自己购买的股票走势如何；邻里交谈、朋友相聚，很多时候也离不开炒股话题；对每年度公司召开的股东大会，他也乐于参加了。不仅如此，有些公司也会采取各种方式造势，他们不仅是在总部大楼，有时候还别出心裁，会在机场的飞机库，甚至是在公司的游艇上召开类似的股东大会。更有趣的是，有些公司为了获取女性股东的好感，还为会议提供了特别午餐。

你当然也是其中的一员。不知你是否有这样的体会：当你在股市投资后，你就会觉得自己这样一个小人物，也在国家发展中占据了一席之地？我还记得美国联邦钢铁部的前任主席欧文·S. 奥德斯先生曾说过的一段话："我希望有朝一日，每个美国家庭都能够买一只美国工业企业的股票，无论数额是多少。在我看来，这才是真正的全民所有制的体现。"

我完全赞同奥德斯先生这一观点，并在此希望美国的中产阶级都投入到国家事业的发展中，因为美国的未来取决于这些人的热忱。不过，我还是老调重弹，使用你自己的钱时一定切忌盲目、轻率！

第47章 更多盘口解读

据统计，目前仅在纽约证券交易所，就有3772部报价机在运行，此外还有650部电报机、5650部其他设备为股市交易服务，主要是负责随时将价格信息传送出去。所以，每天都有众多人的眼睛时刻紧盯着大盘。

不过依我看，真正高明的应该是能够读懂大盘，能够通过研究大盘走势、认真分析交易记录后预测出股价，尤其是在仔细了解以往行情对股市未来发展的重要影响后，能够从中推测出股票走势的人。

能够在第一时间看到某笔具体股票交易的会是哪些人呢？肯定是纽约证券交易所的场内经纪人了，包括佣金经纪人、顾问及场内交易员，他们由于业务的需要，都能在自己所站的位置上看到交易结果。但是，他们也只是看到一部分，如果要了解全面的市场行情，还得看电报机屏幕上的报价才行。不过，电报机屏幕上的报价有时会受到当时市场活跃程度的影响，出现长短不等的时滞，这会对人们及时准确掌握股价信息带来障碍。

由此看来，更能紧跟市场行情的，恐怕还不是在证券交易所场内时刻查看报价机的人，而是那些并不在交易所场内的人，他们除了有报价机提供的信息外，可能还会有别的信息来源。比如，他们可以从自己经纪人的客户室直接得到反馈，尽管比实际的场内价格速度要慢一些。由于这些人得到的报价来自场内多方面，所以，人们普遍称他们为"价格分析者"。

不过，我认为对这些人以"价格分析者"相称并不妥当，因为其含义并不准确，充其量只是人们送给他们的一个"绰号"而已。真正的"价格分析者"，应该是指那些通过观察股票交易情况，能够决定是否买卖，或者买卖给什么人的人。如果更准确地说，那些专门研究价格变化的人，应该被称为"趋势分析者"。

所以，并不是每一个能了解多方面股价信息的人都是"价格分析者"，只有那些每小时都能了解到股票的最新价格，并且依据从中分析得出的信息进行交易活动的人，才算得上是真正的"价格分析者"。我这样说，你听起来可能会觉得有些拗口，举个例子：前些天，我在新奥尔良的一家医院住院，当地经纪人按我的要求，每个小时都会给我送来最新的股市报价，我根据自己的分析和经验，随时下达交易单，告诉他应该买什么、卖什么。虽然当时我是在医院的病床上，但就如同坐在电报机旁一样，可以时刻了解电报纸上的股价信息。结果等到出院时，我下的交易单比医院的账单还要多。我这样做才算一个"价格分析者"。

按照我的理解，"价格分析者"们每天都要密切关注每日行情表，要对股票的交易量、开盘价、收盘价、高点及低点进行分析研究，以便做出准确决策。

还有一部分人是属于"某种程度"的"趋势分析者"，因为他们只看周行情表或者是 K 线图。

我为什么要强调指出是"某种程度"呢？这是因为在股市投资领域，只有极少的人是纯粹搞价格研究的，他们仅单纯依靠股票交易情况来做决定。我把这极少的人称作"纯粹的价格分析者"。如果他们在做判断时除了根据股票交易情况外，还用到了其他依据，那就不能算作是"纯粹的价格分析者"了。价格分析和技术分析是不同的，价格分析只是技术分析的一部分，如果进行技术分析的话，就不能只看价格如何，同时还需要考虑其他许多因素。

如果你想知道自己买卖的股票究竟是"好"还是"坏"？不仅需要

了解价格，还需要对市盈率、分红、资产负债表等内容进行分析，而这些早已超出了单纯分析价格的范围。所以，你必须要放弃做一个"纯粹的价格分析者"才可以。

事实上，真正能做价格分析的人，需要掌握的内容很多，比如，他不仅要了解所有可以得到的交易信息，而且还要了解将要发生和已经发生的各种情况，尤其是在判断如何进行交易的时候。就一只股票来说，同样是在市场上表现出的活跃和强劲势头，可能就会意味着不同的情况：如果它在市场上表现得异常活跃，且走势强劲，但人们对它的任何幕后消息却一无所知，这可能意味着某种情况；如果它因为增加分红而出现了活跃上涨，则可能意味着另一种情况。总之，一个价格分析者必须学会全面、辩证地看问题，要善于结合市场行情动态巧妙地将各种消息为己所用。那么怎样才算是合格的价格分析者呢？简单地说，就是当他决定买入一只股票时，真正按照价格的趋势行事，并对某些外部消息进行参考。如果有人赈买股票时，虽然也考虑到其他一些基本的统计数据因素，但更多还是因受某些利好消息的吸引而买入的话，那这个人就不能叫作价格分析者。

市场的场内价格、实时价格和股价图表，都是被用来做股票交易情况分析的。价格分析者和图表分析者这两类投资者在做出判断时所依据的因素都是一样的，唯一不同的是，价格分析者是把情况记在心里，而图表分析者则是把情况记在纸上。

我对实时价格看得比较多，但对上面各因素之间的关系也很重视。

有的投资者曾问我：分析实时价格真有那么重要的意义吗？答案是肯定的。我告诉他只有将实时价格与其他因素结合起来，由此得出准确的投资判断或投资调查结果，才能更充分地体现出实时价格的意义。

我这里说的是"投资"，而不是"交易"或"投机"，它们之间是有区别的，请读者留意。通常，人们都将价格分析局限于"证券交易员"或"投机者"，认为应该是这些人做的事情，其实并不然。在投资时，价格可以帮助人们发现潜在的投资机遇，所以在判断股票未来价值时，一定不要忽视它此前和现在的价格及交易量，因为它们对能否获利具有重要的意义。如果投资者意识不到这一点，就是片面和无知了。要知道，最终决定一笔投资究竟是盈还是亏的，取决于成本价与售出价之间的差额。

有些人推崇"纯粹地分析价格"，我认为这种做法也不可取。因为很少有人能够做到这一点，要想靠此获利就更不容易了。当然，我并不否认在证券交易中，进行价格分析会对投资者判断是否买入或是所持股票的走势优劣会有很大帮助。比如，有些表现不好的股票，除非我有充分理由能够说服自己，并且认定导致它价格出现下跌的因素只是暂时的，否则我是绝对不会买入，当然也不希望持有。以"除非"二字作为限定条件很有必要，它可以有效地约束人们的行为。另外，人们在实际操作中还经常会觉得当他要结束一笔交易时，远比他开始一笔交易时要困难得多，为什么会有这种感受？我分析可能有两方面原因：一方面是个人心理上的；另一方面则是税务或某些其他因素的。

在市场上，如果你发现某只股票创出了"新高"或者是表现强劲，那么就要仔细地研究了，因为它的这种表现肯定意味着什么。我本人就根据"价格波动中显示的情况"曾对一些股票做过深入研究。当然其结果也不尽相同，有时我能从中发现十分理想的长期投资机会，有时是劳而无功，白忙活一场。我想，如果每一位投资者都重视对价格进行观察，就会获得新的投资想法，由此再进一步深入分析研究，最理想的投资机会肯定不会被你放掉的。

一个成熟的证券投资者，重视对价格进行分析的意义很大，不仅能从中发现若干理想的投资机遇，而且也能从中看到潜在的风险。

投资是不是一门科学？我认为它完全算得上一门精密的科学。我这样讲绝对不是牵强附会，因为机构投资者所发布的研究报告可以印证这一点。人们不妨回顾一下，有多少研究报告是在股价下跌之前就"看空"了？又有多少研究报告让投资者错过了良机，在行情下行的时候还在继续买进？我觉得并不是这些机构投资者不愿意，而是在这样一个充满了不确定性的世界里，它实在是力所不能及！且不说投资，就连人们所公认的医学、军事学、政治学这样的精密科学里，谁又敢说它们的理论是百分之百的准确无误呢？至少，投资者如果投资失败了还知道原因在哪里，而别的科学有时就未必都能说清楚。比如一个病人死亡了，谁能说清楚这其中自然原因占多大成分，而主治医生又有多大责任呢？就投资而言，如果人们都能对价格研究是投资分析的基础要素之一形成共识，那么机构才能做得更好。

我们前面说了价格分析的重要性，然而不少人对它似乎不太感兴趣，不要说刻意去做，有时甚至根本就不做。读者可能会觉得我这种说法有些偏颇，但事实的确如此。

各类投资者做价格分析都是必要的，也是投资时需要考虑的最基本要素。当然，我这样说并非提倡投资者在作决定时不需要再考虑其他要素，只是"纯粹"地依据价格就可以了。事实上，如果忽视了其他根本因素，只是依赖价格和图表的话，那么这种投资决定几乎也都是失败的。我见过不少这种事情，所以希望投资者也别去试水。

由于持续地观察大盘走势需要付出很多时间，所以大多数投资者都难以做到，只有少数已经为必胜做好充分心理准备的人才可以。这些人的观察结论大多都是短线投资，税务因素便成了他们面临的问题；而那些数据分析意识比较强的长期投资者，由于目前税法的有关规定及客户对纽约证券交易所的会员经纪人加大投资研究的需求等，也面临着交易成本增加的问题。再就是那些新手，他们初涉投资领域，必然要占用经纪人的大量时间和精力，这也促成了交易成本的增加。过去，股市里经常可以看到那些精明老练的价格分析者的身影，虽然现在他们或许还可以频繁出入，但限制条件肯定会很严格。鉴于上述种种因素，由于在交易所里买卖报价间的差价比想象的要大，并且市场波动幅度不大，所以投资者要想获得丰厚回报，仅依靠紧盯大盘是很难实现的。

"纯粹的价格分析"如昙花一现，虽然曾经绚丽风光过，但现今却因失去了它的作用而悄悄地退出，并渐渐地被人们淡忘了。

不少读者为了提高自己的投资效果，都对学习如何解盘产生了浓厚兴趣，并且还找出许多专门讲述解盘和图表分析的书潜心阅读。其实这些书有不少我也浏览过，但却不似他们那样专心，以至于在我的讲话中人们几乎听不到"双顶""头肩顶""三角形""矩形"这样一些概念，就是在本书中这样的词句也不多，因为我对这些分析手段抱有怀疑。

我每天都在实际操作——买卖股票，所以那些解盘理论会很自然地浮现在我的脑海里。退一步讲，即使我把这些解盘理论都记下来并加以编辑，我相信它们也不会有多大用处的。如果以后我将今天想到的某个重要思路也忘记了，那么这或许表明它根本就不重要。总之，我这个人是不会为了某天的讲话而做研究、做分析、提出任何新见解的。

先抛开价格分析法不谈，下面说说我是如何做股票趋势分析的。在做股票趋势的分析时，我所把握的第一个关键点是"比较"。凡事都要比较而言，包括不同股票或板块间的比较、不同时间点的比较等；因为无论是股票的表现、图表、高点、低点等，只有和其他股票的走势相比较才会有意义；我所把握的第二个关键点就是"时机"，正是它才使得这个世界上的万千事物出现不同。

我们之所以要把人生的大部分精力用于比较，其实目的很简单，就是为了有所抉择。人生如此，股市也同样如此。一方面，你可以在股市上比较近几年的股价波动，看看哪只个股的增幅最大，哪只股票1946年的高点比1937年的高点要高，现在它又比以前的哪一年要高等。另一方面，你还可以将支撑价位、探底价位、目前价位做比较，看看哪只股票的价格比上次涉及具体的价格波动要高等。总之，通过比较你可以找到最佳的买进选择。涉及具体的价格波动，其实是比较容易做到的，只要你将自己关注的股票与整个大盘及它所在板块进行比较就可以了。

在股市上，是没有永恒不变的规则的，无论是市场的高点、低点，还是市场的上扬、下挫，它们的规则都只是一次性的。换句话说，这些规则都是在不断变化的。我们上面说到的比较、观察不过是刚开头，接下来我们还要深入地探究其中的原因——眼下的趋势会引发怎样的变化？与掌握一套套理论相比，懂得一些起码的常识更为实用。

当然，关于"大盘平均指数有利于推测未来趋势"的这一规则，如果从更宽泛的角度看始终没有变。我们依据它可以从行业角度看到具体公司，也可以从盘面走势角度看到个股。

现在有一种"永远不要逆势而行"的说法，对此我比较感兴趣，也值得我们深入思考。

往往是那些具有睿智和极强分析能力的投资者，会在整个市场趋势开始发生转变时，最先察觉到影响这种转变的某些因素，并及时做好应对措施。而其他大多数人则显得滞后，他们只能在这些变化出现之后，甚至是进一步凸显之前才能察觉到，不过即使是这样，他们的回报也还不错。对于大多数人来说，不可能都像那些睿智老到的投资者目光敏锐，所以宁可晚一点，确实有把握了，否则贸然行事是会带来损失的。比如，1929-1932 年之后市场出现的几次大跌时，由于人们的行动早晚不同，其结果也自然不同：认为是最佳买点和转折点而匆忙入场的大多数人都损失惨重；而在 1933 年之后市场迅速从底部反弹时才入场的人却是稳稳当当地获利了。

俗话说"追涨杀跌"。我想借用这句话来表达我对金字塔式投资法和平均投资法的态度。我赞成金字塔式投资法，也就是说投资者应该不断巩固成果，及时纠正过失。

我不是一个纯粹的价格分析者。虽然我对股价十分重视，也会在多样化的投资组合中想办法卖出差股、买入好股。但我只是依据大盘数据对一些股票走势的强弱进行推测。对于那些价格低的股票可能便宜，价格高的股票可能贵的说法我并不完全赞同，尽管实际情况可能是"顶部"价格高，"底部"价格低，但我认为绝对的高点和低点是极少见的。你不妨在大多数的中间阶段按照我的这种推理来判断一下市场趋势，我相信肯定会有效的。

关于时机因素也是需要进行比较的，尤其是一些新情况的出现更加重要。如果一只股票在经历过一段弱势之后首次创出了年度新高点，这种情况才意义重大，至于它此后的其他新高点则无关紧要了。

另外，股票交易量也是一个很重要的因素。不过这个因素却难以用绝对的标准来衡量，为什么这样说呢？我们打个比喻：如果你要驾车去某地，时速为10公里与时速为50公里相比，时速为50公里时肯定会更快到达，可是假如你将时速提高到超过100公里时，就有可能发生车祸，甚至造成车毁人亡。同样的道理，在牛市时交易量的增加肯定是利好因素，在调整期交易量的减少肯定是利空因素。但无论是牛市的增加还是调整期的减少，这种交易量变化都必须是控制在一定幅度的范围之内。我多年来的体会是：虽然市场环境变幻莫测，但只要你坚持观察交易量的变化，终究有一天能读懂它的含义。实践经验是指导你投资的良师益友。

现在，市场上出现了各种各样的交易模式，如果你想对它们有所了解，我建议你先认真阅读一本相关的书，系统地了解这些交易模式的内容及利与弊，这样可以帮你做出选择，或者是全盘接受，或者是部分采纳，或者是干脆弃之不用。你知道吗？在这么多交易模式中其实只有极个别的可能对你行之有效，所以你要格外留意，即使有的你此前从未注意过甚至连它的名称都没有听说过，但只要你认为它合乎逻辑，就不妨记下来以备所用。我此前曾多次说到过投资者应该了解各种各样的相关信息，之所以建议你这样做目的也在于此。

在优秀的价格分析者那里，他们非常清楚在市场的关键时刻，普通的投资者会用怎样的理论来对某种市场波动做出解释。因为他们明白，盘面上所显示出来的这种市场波动，对某只股票所带来的效果——或是与预期相差无几，或是超过了，或是未达到，通常都会产生很大的影响，尤其是在大盘波动强度大、范围广时其冲击力更大。那些优秀的价格分析者正是从这种反常波动的最终结果中寻找重要线索，并由此得出准确的判断。

对大盘和图表进行分析及用数字简单地记录价格和交易量，都是投资者经常要用到的手段。然而这两者之间有一个最大的不同点：即分析大盘和图表不仅能够记录，而且还能将从大盘中观察到的现象记住。

和那些优秀的投资者相比，我没有他们所拥有的极强记忆能力，当然至今我也未对报价机上的数字刻意去记。我承认，他们超常的记忆能力肯定对他们分析"动态"市场的复杂行情是有帮助的。比如，观看价格图就好像你坐在电影院里看电影似的，各种价格图像会不间断地出现在屏幕上，而且是实时观看。虽然自动收报机也在不停地向人们传递着各种消息（其他方法根本无法获得），但人们只能看到目前交易量的近似值，因为还有一些交易在价格发报机上并没有显示，像不足一手的部分零单交易和"场内收盘价"等。即使是它只反映了普通委托的实时交易情况，但同样很有价值，投资者可以以此作为相互比较的基础。比如，当你看到某只汽车股率先启动并十分活跃时，就知道汽车板块可能会出现上涨；当你看到某波行情出现时，它有可能是持续稳定的迹象，也有可能是使趋势出现逆转的一个变化；当你看到实时交易情况时，还能从中判断出在某些股票的背后是否有其他力量在推动，这些都是观察比较的结果。另外，你从发报机上显示的行情更新速度和它是否滞后实际交易情况，还可以对市场的活跃程度有所掌握。

有人问：如果我掌握了这些方法，再去直接分析价格不就可以赚到钱了吗？是的！不过我要告诉你这种做法仍有很多缺点。首先，能有这么多时间的人毕竟极少。如果从税务的角度考虑，你也不宜把它作为自己的一项事业；其次，直接分析价格有可能会让你的精力过于集中在短期行为上，其弊端正如一些批评家们所说的那样，会让你只窥一斑而不见全豹。不过任何事情都有它的两面性，如果不是时机、税务、佣金及市场差价都对你不利，那么你尝试一下也未尝不可，可能这些"枝叶"也会给你带来意外的惊喜。

在分析股票交易时，我更青睐于用价格表，而不是 K 线图，不像普通投资者那样，不是依赖于价格曲线图就是价格表。我认为，曲线图太过简单了，如果投资者一旦发现实际情况与曲线图表示的不符，就会蒙受巨大的损失。对于大多数人来说，要想保证自己的分析需要其实并不难，只要将意义重要的高点和低点数据、特殊的波动、异常的平静态势等这些自己关注的东西清楚地记录下来就完全可以了。

我所见过的很多分析师，似乎都不懂得对当前的市场价格基础、市场走势及未来趋势全面进行衡量的重要性，虽然他们也在做着各种投资分析或是打探内幕消息，但这些都没有实际意义，我认为这也是他们赚钱很少的重要原因。我们不应当像交易员一样，只关心市场价格，还要关注账面价值、市盈率和收益率这些问题，只有把更多的精力都放在交易分析上才能够做出准确的投资判断。

我曾在宾夕法尼亚大学沃顿商学院做过一次演讲。当时的演讲大纲我还记得：一、祝贺大学生朋友们即将进入证券投资业；二、告诉大学生朋友这个领域与我 35 年前开始职业生涯时相比，已经发生了巨大变化，而这些变化无疑都对投资者有利；三、与以往相比，股票经纪人的地位也发生了重大改变，无论是自身素质还是公众对其评价都有显著提高；四、提醒大学生朋友在进行个人职业规划时，要牢牢记住关键的四点：（1）为自己所从事的职业而自豪，并时时以此规范自己的行为；（2）要将"价值"作为计算单位，而不是"价格"；（3）相信在不远的将来，人们的股权投资也将变得和储蓄、保险一样普遍，要为此做好准备；（4）忘掉昨天，今天和明天才是最重要的。

投资市场上有投资银行承销商、证券推销商和股票经纪商。通常，投资银行承销商是批量买入股票，然后再直接或间接地零售出去，这些人相当于批发商；证券销售商则是直接推销他所在公司的股票；而股票经纪商就像我这样的人。通常我就是一个股票经纪人，这个概念相当于代理人，有时也可以是受托人。如果是真正的经纪商，他们只能是顾客的代理人，受客户委托为其填写交易单进行买卖，既不批发也不零售任何东西，更不会将自己所在公司的股票四处推销。据我所知，现在这些概念被一些人拿来任意使用，界限也相当模糊。严格地说，每当我使用"经纪商"这个概念的时候，绝非其他意思，所指都是它的标准含义，这也是我特意要把投资银行承销商、证券推销商和股票经纪商严格区分开来的目的。

多年前，经纪人的工作还比较简单，只是被动地按照投资者的指令填写交易单而已。然而，下达这些交易指令的又都是些什么样的人呢？或者是一些精明干练、实力雄厚并且信息灵通的投资者；或者是一些将合理的理财手段错误运用的赌徒们。

如今，股票经纪商已经演变成了客户的投资顾问。他们的作用很重要，尤其是在财务状况方面，不仅要有能力传达、完成交易单，而且还要为其筹措资金。然而他们最重要的作用还在于适时给客户提出投资方面的建议，这说明他们的研究机构及社会关系很重要。此外，他们还要具备能将自己在现实的股市行情中所感受到的事物清晰地表达出来的能力，这是衡量经纪人基本职业技能水平的一项重要内容。

人们从生理健康的角度出发，都愿意尊重家庭医生的意见，而要从财务健康的角度出发，能否拥有一个精明干练、忠诚可靠的家庭经纪人也是十分必要的。而且，现代身心诊断领域已证明人们生理上的健康与财务方面的健康是息息相关的。从发展的角度看，今后股票经纪商的角色将变得越来越重要。一方面是证券投资者越来越多，因为人们对美元价值不稳和税务不断增加带给他们的影响感受越来越明显。不仅如此，那些储蓄银行、保险公司和养老基金等也在进行股权投资，使很多人看到在个人理财计划中股权投资也能占有一定位置；另一方面是股票经纪商队伍在不断地成熟、发展，他们的良好声誉也让投资者相信他们完全能够承担起这些新的职责。

我认为，优秀的经纪人丝毫不比任何好的银行顾问或律师逊色，他们可以设身处地给投资者提出更好的建议，而不是像有的人那样态度冷漠。

当然，经纪人必须要始终保持诚实、客观的态度，这样才能算得上一个好顾问，也只有做到这一点，他才能成为客户的代理人和受托人（无论是法律上还是事实上）。

如果投资客户希望得到更好的服务，在请优秀经纪人做代理的同时，不妨请优秀销售商来推销，因为销售商出售公有基金、新发行股票、特种证券及二级市场上发行的证券，他们在为投资客户服务的同时也能赚取一些额外报酬。

如果拿经纪人与其他职业的人相比，经纪人还有一个巨大的优势，那就是他们可以利用自己的职业便利直接谋求个人利益。换句话说，他们可以全天候专心致志地打理自己的投资资金，因为这也是他们的工作。而其他职业的人就不行了，他们大部分时间要做别的工作，只能用一少部分时间来打理自己的投资，甚至还不得不请人代为管理。

在我刚开始职业生涯时，证券投资远没有像现在这样普及到大众，那时还只是上流社会所热衷。现在证券投资业所发生的"巨大变化"，就在于货币流通的再实现，尽管货币价值始终都在波动，但目前却是不断贬值的趋势。在目前这种情况下，为了不使其价值白白流失，应该通过合理的证券投资政策建立健全美元货币金融体系，让资金及时地向产权投资转移。

这么多年来，我们耳边听到关于股票"风险"的话太多了。过去，无论是银行顾问、律师、父母还是老板，都一再告诫我们：千万别买，股票太危险了！而现在，有些人却又在不断地警告我们：一定要买，不买风险就更大了。如此云云，简直搞得我们莫衷一是。

1929 年那场股市暴跌带给人们的心理阴影至今都挥之不去。人们始终在长期观望，不敢贸然行动。而我认为投资的一个重要因素就是时机，抓住有利时机才会有很大胜算。当然了，1929 年的股价与现在是无法相比的，现在的大多数股价要比那时高了许多。不排除某些个股在 1937 年（股灾后的第 8 年）就已将 1929 年的价格最高点甩在了身后，然而不少个股则是在灾后的 17 年，即 1946 年才算超越了这个高点。尽管需要漫长的等待，但股票终于从1929年那令人惊悸的大崩盘低点重新走了出来，逐步恢复了正常。在这个世界上，有许多事情看似没有任何变化，但实际上并非如此，潜移默化的变化（或差别）肯定是会有的。我以一群年轻人为例打个比喻：他们现在的平均年龄是21岁，再过36年就是57岁，同样是1美元，但其价值对这两个时期的他们而言肯定是不同的。

假如某人要求我帮他做一笔股票投资，计划到1992年再结算，我估计到那时他的收益肯定非常可观。虽然我不敢以此为荣，但我这样讲还是要印证上面说的——无论任何事情，总会在不知不觉中发生变化，哪怕是极其细微的。

有些人还相信货币的购买力，甚至仍然期望像当年乔治·华盛顿雇人修建弗农山庄时的价钱一样雇到木匠。我要说的是，货币又怎样呢？它曾经的购买力已经不复存在了。无论你多么期待，绝不会再有用乔治·华盛顿时的价钱雇到木匠的事情了，而且历史证明，你等待的时间越长，你手中的钱就会变得越不值钱。虽然货币升值曾一度出现过，而且我也不否认它今后可能还会再次出现，但就我对未来的预见，它的持续不贬值是不可能的。

在这里，我要告诫那些年轻的投资者和即将从事经纪人职业的年轻人，在你竭力避免股市上亏损的同时，还要对货币、证券及保险价格波动所带来的风险保持高度警惕。

事实上，在我们生活的这个世界里各种风险无处不在，所以你要有充分的心理准备。有一点必须要承认，就是不管你做任何事情，也不管你如何去做，风险肯定存在于其中。

做经纪人究竟会有多少收入？实事求是地说收入还是很不错的。以社会平均水平为标准，他们的税前收入肯定能超过。与从事其他职业的人相比，经纪人还可以运用自己的知识，通过对自己的积蓄有效管理或继承遗产，获取长期的资本收益。

当然，从事这一行也并不是尽善尽美。过去，如果凭借个人努

力，通过不断积累，就能逐步增加个人在公司的参股份额。而现在由
于税收政策的调整，再行使这种方法就不容易了（虽然并非完全不可
能）。再说经纪人的业务是进行所有权管理，所需的基本资金则来自
他的合作人，而且经纪业界与企业界不同，它们没有企业界的"经营
专利权"。

第48章 冷门股

现在的问题是，有些投资新手过于心急了，他们往往在对股市还不甚了解的情况下，就急于想展示自己的能力，也就是说这些人在还没有学会爬和走时，就想跑了。

比如，当你看好一个很有名气的投资产品，建议他们作为首次资产投资的尝试去购买时，你猜这些投资新手会是怎样的态度？他们一定会嘲笑说：这简直就是一个毫无价值的菜鸟级想法！随后还会向你投来不屑一顾的目光。再比如，当你看到那些明显存在着市场缺陷的股票——被炒作、不合时宜、规模小、相对冷门等，并善意地告诉那些没经验的投资新手要提防时，他们的态度同样会让你感到失望。即使是那些最能代表美国成功企业的蓝筹股，尽管它们可能是十分理想的投资对象，但不知什么原因，竟然也吸引不了投资新手们的注意力。

我分析，出现这种奇怪现象的主要原因，恐怕还是投资者们的心理因素，他们对自己最熟悉的东西往往会不以为然，甚至是轻视。比如通用汽车公司股票，他们会一致认为是一只理想的股票，然而对这种人人皆知的好股票，他们却并不热衷，相反还错误地认为，如果要想获取投资成功，就必须反其道而行之，去买那些"新""特""独"的股票才好。实际上，他们的观点是错误的，恰恰相反，我们从"最受欢迎的50只股票"排行榜就能看到，那些最热门的股票几乎都是那些最成功企业的。放着优秀企业的理想股票不买，反而寻求那些"新""特"

"独"的股票，我真不知道这些投资者是怎么考虑的。

我的见解是，任何一个投资新手要想获得成功，所坚守的唯一原则就是：你从一开始就瞄准最好的股票，必须并且只买这种股票，除此之外别无他途。我为什么要这样说呢？因为，凡是最优秀的企业，往往都具有稳定的经济收益和良好的发展前景，这对于投资者来说是十分重要的。我们还以通用汽车公司股票为例，1941年，它的每股价格仅为5美元，到了1949年，每股价格达到了9美元，而又过了4年后，到了1953年，每股价格居然上涨到了18美元，整整翻了一番，这对投资者来说是极大的好事。后来虽然进行了股份分割，重新调整了价格，但这种优秀企业的发展潜力是巨大的，到了1955年，也就是6年之后，它的增幅有5%，投资者的资产又翻了一番。你不妨算一算，从1941年至1955年这十多年间，通用汽车公司股票带给投资者的年收益率大多超过了7%。尽管后来按照一拆三的方案进行了分割，价格数字有所不同，但它良好的表现基本上是始终如一的，这就是好企业的优势。

通常，一个企业的规模和已有的成绩，并不会成为它们继续在成功道路上前进的障碍，这一点与很多投资新手所想象的并不一样。事实上，在1933年建立的这种政治经济大环境下，那些强者要想愈强是不难的；而那些弱者要想变强则不那么容易了。

还有一些投资者的投资轨迹与我们前面讲的有所不同。他们是从投资信托开始，然后逐步选择一些不同的股票开始小额交易，接下来他们把投资限定在少数几个最好的投资点上获取收益，最后他们才会尝试买一些"特别的"股票。在他们看来，那些规模虽小但成长迅速的公司也存在特别的投资机遇，甚至在煤炭、石油勘探、自动化、电子、核工业等风险股上也有投资机遇。而且他们还认为，那些不被人们所熟悉，或者是还没有在纽约证券交易所上市的股票，其未来涨幅价格可能会更高，他们等待捕捉这样的投资机遇。

这样的投资轨迹看起来似乎不错，我不知道还有多少投资者也希望按照这条轨迹发展。不过，我在这里想告诫这些人，其实走这条路并不是明智之举。坦率地说，很多这样的股票就像"蚊子庄园"一样，放眼望去，前面明明只是一片空地，毫无庄园踪影，但地产骗子却摇唇鼓舌，将它吹嘘成未来的"宏伟核心地段"，那些无知、轻率的投资者相信了，自是欣然接受了。结果呢？这无数股票最后肯定都是以失败而告终。

当然，不排除会有少数小公司或特殊企业，也能给投资新手们带来一定收益。但是我觉得，为了防范股市风险、提高成功概率，想要购买这种股票的人，首先应该请具有研究和调查能力的专业人员或机构帮助自己做初步甄选。我在这里介绍两种方法给投资者：一种方法是注意观察那些优秀投资信托机构的动态。如果发现其股票池中有某个相对冷门的投机性股票出现，就迅速跟进。比如，1950年12月，在雷曼公司的投资组合中第一次出现的科尔—麦吉就是这样，它的价格在业绩报告公布之前的当月，只是15美元，而后来这只股票的分红竟然高达10%和33%。到了1955年夏天，它的价格又涨到了令人瞠目的75美元。对这种投机性股票及时跟进的关键是要看准。

另一种方法是注意观察机构购买股票的动态。如果有人看好一只冷门股并建议你购买，你不妨先看看是否有机构也购买了，最好以他们为风向标，如果他们买了你就买；如果他们没有出手，你还是放弃为好。因为，就这种股票而言，大的机构往往会花费数百万美元去调查分析其现状和前景，如果不存在利好，他们也就不会持有了。所以，我建议你仿效他们，无非是搭上他们的顺风车，这样就可以最大限度地降低投资风险。

尽管这种股票为一家或者几家机构持有，并不能保证你就一定能获利，但却预示着你挣钱的可能性会非常大。

眼下，有很多机构都可以对你的投资提供帮助。比如，纽约证券交易所属下的市场研究部门，他们就可以通过各种方式，告诉你所关注的股票是否已被机构持有、被哪家机构持有、该机构的成本等；告诉你为什么买入这些股票有价值、它当前和预期的价值都是多少；当信托机构公布报告时，他们还会提醒你机构买进了这类股票；甚至当你的经纪人或代理人为你买进了这类股票的时候，他们还会以尽可能低的开放市场价格和代理费用执行你的交易指令。总之，这些机构对你的投资帮助会非常重要。

第49章　如何获得更好的投资效果

投资俱乐部

现在的投资俱乐部太多也太滥，不仅水准参差不齐，而且还有不少是滥竽充数的。如何评价一个投资俱乐部的优劣呢？我认为主要应有两个标准：

第一，要看这个俱乐部能否承诺其投资效果会比个人单独投资的效果更好（当然我们并不是要求绝对化，因为绝对的数字并不一定就代表成功）。还要看这个俱乐部的建立是否有充足的理由，比如：大的投资账户比起小规模的投资来说，可以在经纪人那里得到更好的服务；业务熟练、经验丰富的俱乐部管理委员能对那些缺乏投资判断力的人提供服务和指导；有利于整合信息资源，发挥不同投资领域专家的作用等。这些理由就是比较实际的，远比仅根据那种"抱团取暖"的理论组成的俱乐部要实用得多。

第二，要看这个投资俱乐部是否为合法的机构。现在的许多投资俱乐部都不是公司性质的协会或者合资经营的关系，而是些合作团队。这种形式的组合，势必造成没有任何限制责任，如果万一某个成员去世了，这个团体就会面临着解散的危险。为了解决其成员是按比例从俱乐部获取收入或利润，再按个人收入缴纳税费带来的麻烦，这些合作团队只得采取制定文件，限制合作各方影响力与运营操作等措施。比如，规定了合作者之间彼此的义务和对交易指令下达及对俱乐部资金的处理权利；对俱乐部经理人进行交易的数额做出了限定等。结果这样一来，不但没有达到预期效果，往往还会让事情像一团乱麻，剪不断、理还乱，变得越来越复杂。此外，假如这些合作团队是"公司化经营的协会组织"，那么还存在一个税务问题，搞不好就会导致投资者需双倍缴税的后果。由于没有限制责任，经纪人在处理交易单时也会遇到麻烦，他们对填写交易单的人或团体是否具有相应的权力都无法确定。所以我认为，一个规范的投资俱乐部必须是有限责任性质的组织，而这种有限责任对于每个参与其中的合作者来说，都是最为重要、合适的形式。人们不要把合作看成是简单的联合，它的目标应当是整合资源、信息共享。一个投资俱乐部要想获得成功，主要看是否有来自不同领域的专家会集其中，或者是一群投资新手相信并依靠专业人士来替自己管理投资。

购买适合你的股票

很多人都知道，有 12 个人是华尔街上最富有的。说来可笑，我也曾"有幸"被纳入其中。那是我和一位著名编辑在一起时，他对我说："我知道，你肯定是华尔街上最富有的那 12 个人之一。"当时我很惊讶，我怎么会是华尔街那 12 个财富大亨中的一员呢？莫不是这位编辑听信误传了吧？于是我告诉他说我不是。这位编辑听了我的回答后一脸迷惑，他继续问我："难道你不是？不对吧？为什么不是呢？"我从他的脸上明显地看出了失望的表情。

实事求是地说，我的确不是那 12 个人之一。要知道，若想成为华尔街上最富有的 12 个人之一绝非易事，首先是必须具有超乎寻常的智慧（至于别的要素还在其次）。我这里所说的智慧与人们通常理解的聪明灵活还不同，是更加睿智、更加深厚的大智慧。它必须包括勇于承担巨大风险的气魄；必须善于最大限度地运用财务杠杆，谙熟利用他人资金的诀窍；必须清楚如何利用手中的财富，千方百计地实现自己的目标；必须掌握如何运筹帷幄，让获益后的税收最小化；必须始终保持对财富的极度渴望，甚至远远超过对健康和快乐的追求。这些你都具备吗？显然这种智慧不是一般人可及的。退一步讲，即便你有足够的聪明才智使其获益，但是你敢于承担股市巨大风险吗？敢于为你的大胆想法买单吗？所以，衡量一个人的"理财能力"高低，"净资产"并不能作为决定性的标准。我以为，最重要的是要知道一个人真正的追求及他是否有达到目标的能力。我建议每位投资者，选择购买更适合你的股票才是上策。

一些投资者对自己手中持有的公司股票失去兴趣，总是想要换掉，什么原因呢？就是当初他们选择的投资有问题，他们应该选择与自己的期望更加吻合的那些公司股票才对。还有一种情形，就是投资者阅读企业的年度报表或者是机构对个股的研究报告时，都只琢磨是继续投资这家公司股票还是另一家的问题，总是围着大公司的投资计划打转。我很奇怪，他们为什么不能拓宽一点思路呢？如果通过调换一只自己更加满意的个股，获取更大的收益岂不是更好吗？

我们都知道，在犬类这个族群里，既有帮主人看家护院的狗，也有随主人外出狩猎的狗，它们之间是有区别的。宠物犬和牧羊犬也是如此。人们不可能让一条狗既能当玩具逗自己开心，又能凶猛无比地完成主人交给的任务。股市投资也是如此，你不妨多一些选择，以便应对各种情况，坐收其利。你可以选择最保守的普通股进行投资，也可以利用财务杠杆，谋划一个高投机性的资本结构；可以拥有稳定公司的股票，也可以选择一些成长性行业甚至是呈衰退趋势企业的股票；可以有受管制行业的股票，也可以涉足不受管制的行业；即使是那些每年都要靠增加大量资本投资维持运营的企业，你也不必一概回避，有时候这些企业也可以靠自身力量获得成功。

有些人持有陶氏化学的股票，这只股票走势一直不错。据 1946－1956 年十年间的统计，大概每年都能分红 2.5％。其间它的市场价值大约增长了600%，这种增长幅度还是很理想的。而同时期的美国电话电报公司的股票就不怎么样了，当初投资者购买它，更多是看重它的持续收益和每年增长5.25%的稳定性。然而令投资者失望的是，这只股票在1946-1956年间，不仅市场价值未增长，甚至还有所回落。

为什么会出现这种情况呢？我们具体看一下：在1946-1956年这十年中，实际上美国电话电报公司的营业总收入增加了153%，至于净收入则增加得更多，大约为234%。那么问题出在哪里了呢？就出在它每股的市盈率只增加了29.5%。导致其净利润增长缓慢的原因主要有两个方面：一是由于受行业自身特点制约（受管制的公共事业），它必须要通过投入巨额资金才能维持开支；二是如果分红越多，每股的净增长肯定就越少，因为未派发而用于再投资的企业收入减少了。而且该公司的持股人通常拥有优先再投资权，他们可以优先用扣除所得税后的红利，继续增持公司的股份。

通过陶氏化学公司和美国电话电报公司的比较，我们可以看出，不同上市公司的股息只能适合于不同的投资人群，像十年股息为44%的陶氏化学可能适合于一类人，而像十年股息为83.7%的美国电话电报公司可能又适合于另一类人。这只是成千上万的上市公司中两个例子，我想，投资者完全可以从中挑选出与自己最相匹配的。

不过还有一点要注意，那就是时间。在上一个十年所发生的事情，到了下一个十年并不一定会重现。很多股票，开始时它们并不被看好，但从某一年开始它们可能就会大逆转，逐步成为成长型股票，不仅利润增长、红利增加，而且股权分割、股价上涨。对此，有谁能料到十年后的巨大变化呢？

说句调侃的话，有时投资者选择股票，就像年轻姑娘找对象一样，如果找到了中意的小伙子，待婚后再稍稍"调教"一番，就能成为与她牵手一生的如意郎君。所以，投资者从一开始就要注意选择适合于自己的个股，这样成功的概率才最大。

时差问题

下面我再谈谈关于"时差"问题。根据纽约证券交易所提供的资料，大约有10%的证券交易都是发生在加利福尼亚州。

这样就出现了一个问题，由于"时差"原因，如果加利福尼亚的投资者想在开市前半小时了解最新的新闻动态或市场观点，就必须要起大早了，他们要在西部时间的清晨6：30分起床打电话。而更为麻烦的是，纽约证券交易所所在东部最近还开始实施了为期一个月的"夏令时"，而西部则没有，结果搞得更是混乱不堪。

对此，《纽约时报》曾报道说："造成如此混乱局面的罪魁就是部分地区的时制变化。"本来全国划分的四个大时区就够麻烦了，但部分地区在夏季到来时又要添乱，实施"夏令时"，而且各个时区结束夏令时的日子也不相同，结果人们经常被时差搞得晕头转向。还好现在情况变了，政府不再允许各个时区在不同的日期结束夏令时了。

遭受"时差"影响最大的莫过于加利福尼亚了。按照当地实际的日出时间制定的时制，这个大州由于地理位置的原因，几乎要比纽约"慢"上整整3个小时，这就给人们的交流和往来带来许多不便。比如，一个商务人士是在旧金山或者洛杉矶，他想在东部时间的早上9：00时和纽约的另一位商务人士通电话，就必须要在西部时间的清晨6：00时打；如果一个商务人士需要往返于东西部之间，虽然他乘飞机的时间还不到8个小时，但是东西部的时差却让他的睡眠和生活习惯被彻底打乱了，长此以往他不但耗费了金钱，还会给健康带来影响。

每年国家都要为时差带来的影响付出很大代价。国家时制研究协会主席罗伯特·F. 凯恩先生就宣称：目前全国各地的时间不一致，就好像一列火车笨拙地行驶在全国各地宽窄不一的铁轨上（事实上是无法行驶的）。因为"时制混乱"带来的麻烦，全国仅电视一个产业，每年为此付出的代价就超过200万美元。

出现这种混乱不堪的现象，主要还是由于目前陈旧的计时方法造成的。这种计时方法在信息交流不便、人们生活节奏相对迟缓的过去还说得过去，但是如今不行了，随着电话服务的普及、私人电报系统的建立，以及广播、电视、快捷的航空运输迅速发展，整个世界也成了"地球村"，以往的关山重重、遥不可及变成了现在的天下若比邻，也把人们的利益紧紧地联系在了一起，你想想，是不是这样的呢？

在被利益紧密联系的人群中，既有农民、商人，也有演员、剧作家等，表面看起来各个人群似乎并不相干，那是他们在极力掩饰自己的利益，但是现实中他们彼此间的个人利益有时也难免会发生冲突。

要改变目前的时制混乱情况，我认为，应确定一个适用于全国所有的州、县及地方的时间，即设立一个新的联邦时间。这个时间每年变更两次，就像许多地方实行的夏令时和冬令时一样。变更时要有统一的日期，各地不得自行其是，无论是中心大城市还是偏远小乡村都要执行。当然，也有些人建议最好是减少全国地理时区的数量，只保留两三个就可以了。在制定全国性的时间上，要选择一个折中的办法，既体现出政府考虑了民众的利益，又易于为全体民众所接受。

刚才我们说的是美国，其实全世界的时区也应该再减少一些。现在科技发达了，生活中的人工产品、合成物不断增加，像电冰箱、人工照明等，所以调整人们适应非自然的时间已经不是多么难的事情了。如果能通过科技的力量，让黎明早来一点，让黄昏晚到一点，就能给人类带来巨大的收益。美国有两个时区也足够了，一个是西部时区，一个是东部时区，东西海岸之间的时差顶多也就是一个小时，那样整个社会的效率都会大大提高。

如果人们还像现在这样乘坐喷气式飞机在各个时区之间穿梭，睡眠、饮食等习惯完全被时差打乱，那么几年后假如又有更先进的喷气式飞机出现，又会是什么样的情况呢？我还真的想不出来。

成长股如何成长

好了，下面我们再来探讨一下成长股如何成长的问题。通常，投资者买进"成长股"后都会非常高兴。但是在你买入之前，有些问题你是否都想清楚了？比如，你将为这只股票付出多少代价？你期待这只股票的成长性是什么？你预期它的增长率是多少？一只真正的成长股，往往会随着收益的增长和投资者的关注度提高而成长，但也可能会因为投资者关注度的降低而衰退，所以事先的认真分析和定价是必要的。

股市投资中会有一些普遍规律，但经常是许多人又会因为遵循所谓的普遍规律而失败。比如，通常人们会认为总量的增长是利好消息，但实际上这并非意味着净利润的增长或投资者关注度的增长，也可能是将有新的财务支出、利润率降低或净利减少，甚至是可能出现亏损的信号。举个例子：自很久以前，航空股的总量就每年都持续增长。然而，令人不解的是该股从 1945–1946 年度的高点，到 1948–1949 年间的低点，价值又一直呈不断衰退的趋势。这期间，美国航空公司的股价让投资者们始料不及，竟然由 19.875 美元降到 6.125 美元。当它的价格再次爬升到 19.875 美元时，已经是 1955 年了，时隔整整 9 年！至于环球、西北航空公司的股票表现就更差了，它们 1955 年年底的股价还远远赶不上 10 年前的高点。后来，正是由于喷气式飞机的出现，航空业的收入和股价才开始回升。

有些读者问，怎样才能找到一只真正的成长股呢？我这里告诉你一些具体方法。首先，投资者应对一只股票的目前价格与收益进行比较，由此得出目前的价格收益率及市盈率，从中就可以知道这只股票的关注度是高还是低了。接下来，你再确定这只股票的预期收益增长比例和收益率的增长比例，并对未来的市场价格做出预测。待这一切都做完后，你再将预测的股价与预测的道·琼斯指数做个比较，要是预测的股价比指数大很多，那么恭喜你，你很可能找到一只真正的成长股了。

市价的增长是最终目标

为什么说市价的增长才是最终目标呢？我举个爱尔康（ALCON）公司股票 7 年经历的例子你或许就明白了。在 1949 年时，该公司每股的价格为 11 美元，而到了 1955 年年底，股价达到 75 美元，增长了580%。也就是说，从 1949 年每股收益的 1.10 美元增加到 1955 年的 3.75 美元，增长了 240%。其实，爱尔康（ALCON）真正大幅增长的实际上还是收益增长率和市盈率。1949 年时爱尔康（ALCON）的市盈率是 10 倍，而到 1955 年就翻了一番，达到了 20 倍。如果我们按照 1949年的市盈率对这只股票的收益重新进行定价，那么 1955 年的股价就不应是前面说的 75 美元，而应是 33.75 美元了。为什么会出现这种情况呢？这说明"投资者关注度"在里面起到了极为重要的作用。

淘汰制

想必读者都知道大名鼎鼎的福特汽车公司，但是你知道埃尼·布里驰（ErnieBreech）吗？就是他极大地推动了福特公司的发展。他曾说过："在我看来，任何消费品制造企业的生产目标都应该是'淘汰化'。这不是一个贬义词，只有不断淘汰过时的东西，才能不断地创新。我们福特汽车公司要做的不仅是对汽车表面上做改进，更重要的是对基本工艺技术和款式上进行改变，让那些正在公路上奔驰的每辆车都被淘汰。"

是啊，我们这个世界里充满了竞争。如果哪个企业管理者不是以淘汰竞争对手的产品或服务为己任，那么他们自己就可能被别人所淘汰，竞争就是如此残酷激烈！所以，现在很多企业管理者都改进技术、提高管理，千方百计制造出价格更低、品质更高的产品，并采取各种方式促销，目的就是让自己的产品打败对手的产品。这种竞争不仅体现在工业行业里，有时还会牵涉其他对手，比如一个电视机制造商，他不仅要和另一个电视机制造商争夺市场占有率，还会和电影制片厂进行竞争。他竭力引导人们把花费在看电影上的钱用来购买一台价格为 99 美元的电视机，宣称这样既花钱不多，又可以舒舒服服地躺在沙发上看电视，何乐而不为。

而"淘汰化"也同样存在于股市投资上。每个投资者都应对自己的投资组合经常进行检查，最好是采取系统化的方式，从自己的票池中淘汰那些表现最差、最没有发展前景的股票，增加自己手中表现最好的股票仓位，或者是买入另一只表现更好的股票，都不失为明智的选择。

人人皆可投资股票

眼下有一种流行的说法，即"人人皆可投资股票"。对这种说法我持赞同的观点，不过，我认为还必须要加上"只有当选择股票正确、仓位控制适当、价格和时机把握恰当时"的限制条件方可以。无论是对证券行业，还是对国家的资本主义制度来说，能否维持股票投资的良好声誉都是最重要的。试想，如果股市声誉很差、管理混乱，导致大量投资新手都对股市投资彻底失去了信心，那么我们的经济发展将会遭遇什么呢？无疑是会倒退若干年。

我这样讲绝不是危言耸听。一次，在达拉斯召开的得克萨斯州人寿会议上，大都会保险公司主席弗里德里克·W. 埃克先生在题为"年金保险投资"的发言中，就对这个问题专门做过评论。

他说："许多人都看好普通股，并将此作为抵御通货膨胀的手段。现如今许多房屋拥有者，也都对通货膨胀的理论深信不疑。房产的价值随着时间的推移，比起当年人们买房时已经增长了 1/4 ~ 1/3。如今，人们对房产价值仍然抱有乐观的看法，他们相信还会继续上涨。"关于通货膨胀问题，埃克先生是这样说的："关于美国的价格情况究竟怎样？如果……有人调查一下就会发现，除了受战争影响时期之外，一般来说价格趋势都处于稳定或稳中有降。或许在某个特定时期价格趋势有所上涨，但上涨幅度都不大。涨幅较大的情形都是发生在战争期间或战后时期。"

埃克先生针对目前流行的关于运用"定投法"可以大大降低股票投资风险的观点，也发表了自己的看法，他说："'定投法'这种理论在实践中是否站得住脚，这是许多投资者都迫切想知道的。根据我们多年从事保险行业的经验，这种定投合约和人寿保险合约基本相类似。不少人认为，在经济萧条时期，很多人由于收入减少，有的甚至连自己的人寿保险费都无力负担，他们怎么还有能力参与这样的定期投资呢？然而事实与人们的想法恰恰相反，定投理论正是在这样的时期才最为有效。这时的股价普遍很低，人们可以用与以往同样数量的资金，买到更多的股票，实行持续投资，这才是最重要的。但是，人性的弱点往往让有些人左顾右盼，他们即使有足够的收入，通常也不愿意维持定期投资，总是担心资金的安全。并且，经济萧条已经严重打击了人们的信心，如果这时股价持续下挫，人们对自己是否还要继续购买股票也会产生怀疑。"埃克先生讲的这些，是"定投法"存在的潜在危险之一。

埃克先生在讲话时还谈道："美国自 20 世纪以来，股市至少有过 8 次道·琼斯指数下跌超过 40%。这种情况今后必然还会发生。"他还对那种认为"股市和生活成本之间成正比"的观点提出质疑。他认为，在过去相当长的一段时期，"股市和生活成本之间成正比"这种假设看来相当正确，但其中的统计方法却过于简单化。他向人们展示了一张图表，上面列出了与这个假设相悖的几个时期。比如，1909-1910 年间，股市下跌 27%，但生活成本却没有变化，不是正比；1914 年 3 月-12 月间，股市下跌 36%，而生活成本上涨 3%，也不是正比；1946-1949 年间，股市再次下跌 24%，而同期的生活成本却上涨 29%，更不是正比。

埃克先生之所以有所质疑，是因为，虽然 1914-1920 年间、1939-1951 年间国家经历了严重的通货膨胀，但这并不表明 1957 年以后类似现象必然还会出现；同样的道理，过去十年间的股市政策是相当成功的，但未必能保证在未来的十年继续成功。假如现在让我做出是把积蓄投资到新泽西州的标准石油公司还是保留现金的选择时，我会选择前者的。当然了，这是在没有其他更好选择情况下的选择，否则我可能会改变主意。

投资效能

有人曾问过我：能否告诉我们一个股票投资的万全之策？我的回答是：任何一笔股票投资都有风险，不是成功，就是失败，没有中间状态可供选择。但是，如何以最小的风险获取最大的收益，则要看每位投资者的道行了。这之中，如何让自己的投资组合始终保持活跃，是投资者要时刻关注的。如果哪位投资者赞成上段内容中的观点，那么可获取最大利润的股票肯定会在他的投资计划中，而那些达不到预期收益的股票也肯定不会留在他的票仓里。

恐怕最让人们难以抉择的就是如何剔除差股了。不少专家都撰文，提出"应将控制损失限定在一个范围内，即某个点位或某个百分比之内"等等。但是，我认为这样做还不够，应该直接将那些在特定时间内未达到目标的股票卖掉。换句话说，就是当你期待的某个效果没有达到时，就应考虑彻底剔除这只股票。

"休眠股"的特点是走势平稳。有些投资者就错误地认为，如果持有这种股票损失可能会小一些。我并不这么认为，因为只要你持有股票，就会有一定风险，也必然会对你的准备金数额比例带来影响，甚至直接妨碍你买入其他股票。比如近期的股市上，即使出现急剧反弹，反弹的领涨股可能上涨了10%~20%，并具有选择性，但反观那些四平八稳的"休眠股"呢？它们很可能只是原地踏步。

总之，硬道理就是你所持有的每只股票，都应该对资金增值有所贡献才可以。就像一艘在海上航行的轮船，只有每个船员都发挥自己的作用，这艘轮船才能乘风破浪。

卖空

如何卖空？何种时机卖空？这些问题经常困扰着投资者。不少读者来信希望我专门写一篇文章谈谈这个问题。其实，这个问题从道理上说也很简单，就是在股价上涨时你见好就收；在股价下跌时你要及时收手。

但是，问题的难点在于理论和实践不同。很多人可能会在股价上涨时做到见好就收，而在股价下跌时却难以收手。在市场上，我发现只有很少数人能够做到卖空，然而他们中的不少人又是采取了错误的做法。比如，他们往往会把那些获利最多的股票清空，可是你要知道，有时一个利好消息的出现，会让你清空的那些股票依然具有很强的上扬动力。还有，这些人往往会选择资金量较小或他人也在出仓的个股卖空，结果导致出现亏损。所以，这两种卖空的做法都是不明智的。

怎样才是正确的卖空方法呢？简单说就是采取与买入一只上涨股票正好相反的方法。从技术性角度看，正确的卖空，应该是选择那些被超买的股票，大致包括这么四种：第一种是买家众多、非常热门的股票；第二种是每月报纸财经版上刊登的看空排行榜中那些吸纳了大量游资并且很少有人甚至没人看空的股票；第三种是处于下跌势头，接近低点甚至是创出新低的股票；第四种是收益和红利都较低，也没有贴现的股票。这几种股票都可以作为投资者卖空的选择。当然了，具备这些因素的股票往往也很难有人卖出，要想卖空的难度也就可想而知了。

通常，人们更愿意听到好消息，而不喜欢坏消息。就是那些企业管理者也是如此，他们主观愿望上也都希望获得成功，虽然知道一些令人不安的信息，但他们不愿相信会持续很久。而且，他们还都习惯于对坏消息保持沉默，不愿过多谈论，认为那样会涣散斗志，把事情搞得更糟糕。也就是说，即使他们已经明白真实情况是怎样了，也会秘而不宣。可能会有些分析家揭露不利情况，但往往也会被限制在一个很小的范围内，不会让影响扩散，因为他们要保护重要的关系网。因此，利空消息与利好消息相比，更难于被证实。而且根据我上面所讲的，这种利空消息不可能人人都知道，也不会有谁告诉你，只能是自己去发现。

我思来想去，还是不要专门写有关卖空的文章了。在此，我对投资者有几句忠告，或许大家能够理解：

◇ 由于理论和实践之间存在的巨大差异，实际上卖空是个很难办到的事情；
◇ 虽然人人都想成为一个善于卖空，获取成功的投资者，但实践远非人们想象的那么简单。

蓝筹之赌

在著名的赌城拉斯维加斯，我发现了一个有趣的现象，在赌博机轮盘的四周不仅堆着"蓝筹"和"红筹"（这是在华尔街上出现频率最多的两个词），而且旁边还堆着黄色、紫色和绿色等各色筹码。我当时不明就里，但凭华尔街的经验，我认为在这各色筹码中，"蓝筹"肯定最值钱。可是后来我发现自己的判断不对，我这边付了钱就会有筹码，而且付多少钱就会有多少筹码。原来，这里的黄、绿、紫等各种颜色和筹码的价值并没有联系，它们只是在赌盘上用于区别不同的所有者而已。

投资者们都知道，"蓝筹"在华尔街上通常是代表着一流的企业。那么市场价值又代表着什么呢？它只能表示在某个时间点买家和卖家对股价的判断。一般来说，货真价实的"蓝筹"企业在市场上的确很安全，让投资者不会担忧，可是它们的市场价格有时却并不很稳定。

比如，某只股票前年的市盈率可能有 15 倍，而去年的市盈率是 30 倍，在接下来一年可能又成了 15 倍。总之，从变化幅度而言，市场估值总是远远大于赢利和红利。

拉斯维加斯的赌博业世人皆知，至于它所在的内华达州，恐怕赌博也被冠上了合法的外衣，吸引着世界各地的赌徒前往。但是赌博这种老虎机上的游戏在纽约证券交易所是绝对不允许的，这里所流通的股票，只能在投资或投机的基础上买进或卖出。

无论是投资还是投机，都必须是在对过去和现在各种事实做理性分析的基础上，进而对可能出现的未来做出推断。虽然赌博、投资和投机都存在一定风险，但它们还是有着本质区别的，所以不要把这三者混淆在一起。在赌场上，有时即使你知道获胜的概率，但结果却总是不遂人意。而在投资领域，投资者凭借丰富的经验和广博的学识，就可以大致计算出证券投资的成功概率，而且这个概率一定要有利于自己，否则他们是绝不会轻易出手的。

不可否认，总会有些所谓的"投资者"想把赌博带到股市中来。人们可能还不清楚，如果你真的把资金用于赌博，那只不过是让金钱简单地不断变换主人，不仅不会产生任何效能，而且赌场和政府还要从中"抽头"。所以，无论是证券交易所还是下属的各分支，都会拒绝这种赌博行为。

而如果你将资金用于投资股票，为自己选择一条多产性的途径，那就是另外一种情形了。你可以通过投资获得的收益，提高自己手中货币的购买力，增强抵御通货膨胀的实力。即使你以后无力再投入新的资金，这种方法也完全行得通，难道这样做不比赌博要好上千百倍吗？

在投资时鲁莽草率固然不可取，但过于谨小慎微也成不了大事。我发现目前在一些投资者中有两种行为，都表明这些人对投资认识的肤浅。一是有些投资者胆小如鼠，他们怕冒风险，在选择股票时只看价格，哪只价格高就选择哪只，似乎觉得凡是贵的东西肯定就是精品；另一种是有些人则恰恰相反，他们专门选择价格便宜的股票买，似乎觉得该股票价格如此便宜，那一定是最实惠的廉价股。

我认为，无论是投资者还是投机者，对股票选择买进还是放弃的理性做法是：首先要通过认真的分析比较，努力找到真正的"蓝筹"企业，然后再对其价格因素进行综合考量，如果价格合适就及时买入；如果价格有些高，就不妨再等，看是否还有一些利好因素被忽视了；如果没有就应果断放弃。

这期间要注意的是，一定要多做几次检查。比如当你看到价格特别便宜，准备买入时，就要再检查一下自己此前的分析是否准确，是否漏掉了某些利空因素？"物美"是前提，既物美又价廉才是最理想的。如果经仔细检查后没发现任何漏洞，或许你真的寻到实惠的廉价股了，抑或是处于稳定的休眠状态或其他特殊状态下的股票。能寻到这种理想股票是投资者的幸运，这种机会太难得了！不过，当你暗自窃喜的时候，周围同样有众多人的眼睛也在盯着这只诱人的股票，人人都想分一杯羹。

投资没有避风港

为了告诫投资者注意防范股权投资中普遍出现的某些风险，富布莱特基金会在 1955 年的市场调查报告中专门谈到这些内容。可是，存在于固定收益投资中的风险和持有现金的风险也很大，又有谁来警告投资者须小心防范呢？

不知人们是否注意到，多年来，投资者以现金、银行存款、投资型保险、债券、抵押及其他形式进行的固定收益的投资，回报都很差。不少选择此类投资的人，都是将多年积蓄投了进去，尽管明知收益不理想，但是为了稳定只能坚持，结果既损失了收入回报，又丢掉了可能获得利润的机会，最终是鸡飞蛋打，连稳定的目的也未达到。

1914 年第一次世界大战的爆发，带给人们的是生活成本急剧增加，大大超过税后所得的利息收入，购买力下降。同时，由于战争开销、较高的利率、信誉度下降及经济萧条期间变现压力的增大等因素，美元债券的价格多次出现急剧下跌，这让那些债券买家忧心忡忡，因为没有人能够保证他们的投资安全。

这时最好的办法就是准确把握时机，尽快将手中的投资变现，或是转换成高回报的短期证券，这样才会有较好的收益，但这需要投资者具有敢冒风险的精神才行。此外，如果把握准确时机和价位，趁债券降价时买进，也能有不错的收益，但这也要求投资者具备透彻的理解力和敢于冒风险的精神。总之办法还是有的，关键是要看投资者的能力和魄力。

现在，有越来越多的人意识到，买卖股票进行投资，就是将收入的盈余留作将来之用。由于美元的价值在不停地变化，不仅导致股票的涨涨跌跌，而且无论进行何种形式的投资，同样也会起伏变化不断。

在投资人生中，固定收益的投资肯定超不过股票的涨幅。由于股票是得益于生产力的发展和人类的进步，所以，从经济收益角度看，如果将剩余利润再投资到生产经营上，股票还能从中获取一部分再投资的收益，并且通货膨胀的不利因素对股票的影响也比较小；如果从政治的角度看，更受关注的恐怕不是通货紧缩或恰当的财经政策，而是通货膨胀了。我认为目前的问题是，人们往往是在股票上的投入过大，对未来的预测也缺乏准确性。

这么多年来，有很多人就股市投资的问题向我请教，我都会将自己的见解告诉他们。比如有人问：我现在是应该开始炒股呢？还是要再等等看？我就会对他说：你无论是在牛市中等待，还是在熊市中买进，其危害都是一样大。也有人说：那我什么都不买，作壁上观肯定最"安全"。我会告诉他，这种看法也是很荒谬的。读者看到这里可能会觉得我的这些说法模棱两可、含混不清，其实不然。我最终想告诉投资者的是：除了你对自己所做的事情了如指掌，否则做任何事情都会有风险，在投资领域是不存在躲避风险的安全港湾的。

第50章　绝不盲目接受任何人的观点

我写有关证券投资方面的文章是从 1921 年开始的，当时我也经常阅读别人的文章，从中了解他们是如何看待证券投资的。我现在还记得第一篇文章的内容是围绕当时一种被称为"自由公债"的国债所写的。那是一种除了缴纳国税和遗产税外，无须再缴纳其他任何税款，到期平均利息约为 4% 的"金边债券"，很受投资者的青睐。

那段时间的一些事情我还有些印象。比如，当时固特异轮胎公司的首次抵押债券，是打了 8% 的折扣出售的，可令人们惊喜的是，债券到期时竟偿还了票面价值的 120%。那时的私人投资者利用自有资金，还是可以获得较好的回报的。而且，由于那时的物价水平和人们的生活成本都比较低，而投资获益的税后净收入却很高，所以人们具有很强的购买力。可是当时的一些人却很不聪明，他们就像一个"守财奴"，极其保守，手里攥着钱紧紧不放。实际上他们不懂得，这样做的结果将导致人为地降低利率、增加税收及货币出现贬值，带给他们的实际损失将是巨大的。

后来，我又为一个名为"知情者说"的专栏当撰稿人。还记得当年最早的一个主题是关于马克斯威尔—查默斯汽车公司的衰败的。为了撰稿，我当时对沃尔特·克莱斯勒进行了访谈，之后我曾预测，这个人可以挽救马克斯威尔—查默斯汽车公司。后来的事实果然证明沃尔特·克莱斯勒做到了，而且做得还很不错。

　　那些年我不仅自己写文章，而且还阅读了许多别人的文章，发现他们对证券投资的观点或论述各种各样，有些很值得思索，有些则无任何价值。当然这也属正常，本来很多事情就是仁者见仁、智者见智。不过我所把握的原则就是，不经验证绝不会盲目地接受任何人的观点。要知道，一篇文章从写作完成到印刷出版，再到发行及送达读者手中，这之间肯定会有一段时间差的，有的时候可能还不会短。通俗地说，就是这边的文字还在一步一步地烘烤等待出炉，而那边的市场却是"瞬息万变"，不仅市场在变、行情在变，就是观点也都随时发生着变化，如果不考虑到所有这些因素，僵化地套用某种观点或模式，那岂不是"已过三秋"了吗？如果问现在的哪个专栏最重要也最有特色？我认为还是"商业财经编年史"，那里面提供了许多观点，我经常认真地阅读。不过，我还是坚持前面说过的原则，绝不会盲目地按照它的观点去操作。

　　还有一个专栏题目也不错，就是"最理想的股票"，我建议读者不妨也看看。不过面对不同的人，它的含义可能也不同，你也千万不要生搬照套。"最理想的股票"这个名字自然是很能吸引人的眼球了，所以刚开始每周推出一期时，很多人都满怀期待，争相阅读，他们误以为"最理想的股票"每周都会在"最理想的时机"以"最理想的价位"出现在自己面前。人们这种寻求获利的欲望自然无可厚非，但是稍微有些头脑的人想一想，这有可能吗？不瞒诸位，我如果要是每一两年就能发现一只所有要素都很理想的股票，那就谢天谢地了。读者也许还不清楚，其实专栏的很多观点都是在行情出现的时候提出的，如我前面说过的文章和市场存在着时间差，等到专栏内容出版时，它可能与市场变化就不吻合了，如果你再一味照搬，岂不是又要出错了吗？还是那句话，你不妨把这种专栏看作是一种写作方式，最多做些投资参考，照本宣科是不明智的。

　　不知你是否问过或者想过，"最理想的股票"究竟是什么样子？依我所见，至少应该具备三点：

◇ 一是有持续的收益；

◇ 二是拥有特殊优惠的税率；

◇ 三是为整个投资账户的贡献最大。

其实无论哪一位专栏作者在回答这个问题时，也都离不开这三条，哪怕是其中的一条。从严格的意义上讲，具备所有要素的最理想股票，可能好几年才会遇到一次，而且你还要有捕捉的本领。

第51章　如何获得最大的投资回报

我在本书中就"华尔街内部"的一些经验和观点做了阐述，力求所涉及的领域广泛而多样，其目的就在于帮助投资者（或者是还尚未涉足投资领域的读者）在成功投资的过程中，以这些经验和观点为借鉴，对自己的投资谋略、操作能力、机遇掌控和目标设定能够做出客观而准确的评价。

很多投资者都对自己的未来充满信心，相信他们会做得很好。但客观地说，这只是人们的良好愿望，在日后的发展道路上，他们势必会各不相同。因为，一个人的成功与否将取决于很多因素，诸如年龄、学识、资产、能力、目标、交际及行业等。

我希望那些在投资中没有赚到钱的人都来读读这本书。要知道，沮丧是没有任何用处的，只有尝试着从股市中找到适合自己的生存之道才是上策。说句宽慰的话，虽然这些人投资没有赚到钱，但却也节省下了不少积蓄，总还是坏事中的一点好事吧？我建议这些人换种方式，可以用应急金之外的储蓄投资证券。现在，那些没有任何投资经验的人还可以通过投资信托选择投资国家未来，这可是一种既安全又可靠，并且收益丰厚的投资。不过，问题是假如大多数人都觉得自己的能力不行，无法选择合适的股票并进行交易，那么他们肯定对做其他形式的投资也缺乏自信心。如何才能解决这类人的问题呢？我认为，最好的方法就是"一分为二"，即将你打算用于投资的储蓄对半分，一半用于投资政府债券；另一半则选择最好的基金和信托投资，这样既均衡又安全。我为什么要建议你这样做呢？因为，投资政府债券的稳定系数较高，在经济低迷时期和通货紧缩时它可以提供安全保障；而当经济上升时期，人们为了抵御生活成本上涨时，基金和信托投资则又是最有效的手段。而且，由于各个投资领域里的推销者甚至是骗子大有人在，为了防止上当受骗，政府债券或投资信托也都是最好的选择，比如地产业、商业、股票行业等。另外，采取合理的投资组合方式也很必要，比如，将地产业、商业或者股票行业组合在一起，就优于将现金、银行存款、抵押、储蓄、贷款、债券等各种现金投资形式混在一起的组合。

算起来，我从事股票经纪人和投资者的职业生涯已经整整40年了。这期间，我经历过股市的起起伏伏、风风雨雨；见识过形形色色的投资者和各种各样的投资账户；也看到过那些赚钱的人无比欣喜和投资赔钱的人沮丧郁闷的样子。由此我得出的结论是：股市上风雨变换，能奇迹般创造巨大财富的常胜将军只是凤毛麟角，而多数还是失败者。当然了，像1929~1932年期间发生股市大崩溃而造成的大灾难，则是我们谁都不愿意再见到的了。

"损失"或"亏损"固然都不是件好事情，但是我们也不要惧怕，就像你不要"惧怕"华尔街一样。难道你在其他领域发展就不会出现亏损吗？未必！而且可能会比你在华尔街上的损失还要大。我觉得最重要的是，那些从事全职工作的投资者应该选择适合自己的投资方式，不应尝试进行专业的短期交易，因为这会牵涉你所有的时间和精力。至于哪种投资理念适合你，你不妨从本书中选择一下。

人们常说，年轻就是资本。我同样也相信，一个人年轻的时候最适宜冒险，因为即使是失败了，也有时间东山再起。不仅如此，这个时候也最能检验和评价一个人的能力。一般来说，年轻人必须先要找一份有前途的工作，保证有稳定的收入。在生活上也要相对节俭，最好是先不要买房子，而租房子更为划算。这样做的目的就是要集中所有精力，逐步增加个人资本以便投资。回想起我自己就是如此，还在我年轻的时候，就把逐年积攒下的钱都用来投资。我认为当时自己那么做是对的，虽然那时我可以失去的东西很少，但是我可以赚到的却很多。因此我的体会是，如若你想采取保守或安全的策略，最好是在两种背景下：一种是你通过打拼已经获得了财富，这时你赚的相对少了，而害怕失去的东西却多了的时候；再一种就是你发现自己虽然努力了，但却并不成功，而通过节省要比通过投资扩大资本更可行的时候。

在人生中，有许多事情都需要你去大胆地尝试，即使不成功也无所谓，毕竟你可以从失败中总结经验教训，这也是人生一大收获。正如我所写的，就算是那些勇于尝试的人，恐怕也只有少数人能够获得成功，但这并不能成为你畏首畏尾、裹足不前的借口。

我认为，无论是投资也罢，还是从事其他领域的工作也罢，最关键的问题就是你应该如何去做，如何努力地去做。就拿投资行业来说吧，现在有些年轻的读者朋友就在这个行业里工作，他们熟门熟道，完全可以凭借自己的努力获取想要得到的东西。而更多的人则是在从事着其他行业的工作，他们没有得天独厚的优势，只能把投资作为一种副业来经营，或者是找一位帮手来帮助他们打理投资的各种事务。其实这种情况也是很正常的，如果一个投资者自己没有更多的时间和精力，而他的亲戚朋友中有特别优秀的人，那么可以请来直接帮助他，或者也可以介绍其他人来帮助他。即使是都没有合适的，还可以自己在投资行业选择适合的人选。

至于究竟是找亲戚朋友好，还是找其他人帮助好，我个人则更倾向于找经纪人，而不是那些普通的投资顾问或银行顾问。我之所以这样说，完全是从对你的投资有所帮助出发。由于恰巧我自己也是一个经纪人，你也千万不要产生误会，觉得我是在"王婆卖瓜"。我清楚大多数人的投资目标都是让资本增值，但是投资顾问和银行顾问则更关注如何保守地让人们的收入多样化，以及如何保证资金安全、适度地增长，这些显然与投资者的期待有差距。我这样说绝不是否定投资顾问和银行顾问的重要性，只不过是觉得经纪人对于帮助你达到收益目标更实际些罢了。

有的读者可能要问：我们找投资行业里的那些顶尖专家帮助岂不是更好吗？我要告诉你的是：没有必要！因为，这些人已远不如他们成名的早期了，况且如今功成名就的他们也已是"廉颇老矣"。这些人与他们当初的积累期相比，无论是勇气还是韧劲都消退了不少，他们不再会全身心地追求投资增值。并且，由于他们的声名和地位，管理责任及其他活动已占据了他们的绝大部分时间，根本没有精力来照看一个普通投资者投资过程的方方面面。我知道，投资者想选择他们，就是希望他们能正确地引导自己，尤其是在需要做出决断的关键时刻。可是时间就是金钱，假如这些专家在你最需要的时刻恰恰没有时间和精力，你岂不是要白白看着机遇从你身边擦过？不要说不可能有这种情况，在现实中什么事情都有可能发生。这是我的建议，尤其是想告诉那些收入较高的人。

作为一个经纪人，他明白自己最主要的精力应该放在决定做什么上。换句话说，就是在买什么、卖什么、什么时候交易等问题上做出决定。只要做出了这些关键的决定，那么在具体的投资账户中如何实施则是非常简单的事情了。所以说，能否很好地操作一个账户，并不像大多数人所想象的那样，只是取决于一个账户的资金规模，而是取决于经纪人（或专家）为客户服务所花费的时间和精力，即使是一个行业顶级专家，如果他没有更多的时间来为你服务，同样不会取得好的效果。

由于华尔街在投资领域里的名气和地位，结果使得华尔街之外的许多人都错误地以为，在那里的"圈内人士"赚起钱来一定十分轻松。如果真像人们所想象的那样，那华尔街还不被人潮挤爆了？因为得到赚钱要领的人们一定会兴高采烈地与他人分享成功果实。由此我想起了那个许多人都曾听到过的传说：当客户还没有游艇的时候，股票经纪人们就早已在海面上兜风了。我之所以为这本书取名《股市投资生死战》，就是想告诉读者朋友们，投资中能否保全资本和让资本增值，无疑也是一场激烈的"战争"，战场上瞬息万变，稍有不慎就会满盘皆输。你要想获取股市"战争"的胜利，不仅要有对成功的渴望、经验、能力、良好的人际关系，还要有不被杂务打扰的时间和精力。鉴于此，我认为你找一个年纪轻、脑子活泛的经纪人协助，会很有可能获得成功的，因为这位年轻经纪人的事业正在不断发展，你也可以依托他的发展不断进步。

我前面说了不少关于投资中如何寻求他人帮助的话题，对此我有切身体会，因为我在那些自己并不熟悉的领域投资时，已经亲身实践了上述原则，并且收到很好的效果。还有段时间我尝试投资房地产、石油和剧院，也将这些原则应用了一番。

善于寻求他人的帮助，不仅适宜于投资领域，同样也适用于人们处理一些个人事务。比如，前几年我由于身体原因需要做手术，这就是医生的事情了，也就是说在这件事上我需要得到医生的帮助，就像屠夫、面包师和手艺人不可能自己投资，我也不可能给自己动手术一样。我在做决定之前，对六位外科医生进行了仔细的考察，从中挑选出了我自感满意的人选，结果手术非常成功。

在现实中，我发现有不少 35 岁左右的人活跃在投资领域，他们把运作自己的资金作为一项重要的副业。原来这些人都是在事业有成之后，开始意识到运作自己的资金，获取保值增值是一件非常重要、而且值得去做的事情。这些人恐怕每天都要从繁忙的公务中抽出 1 个小时来做这件事，日复一日，他们要付出的代价也是巨大的。如果说这些时间和经历可能会带来损失，但也可能会带来财富，无论是能够成功积累或者传承下一笔财富的人，都是这样走过来的。我说这一类人是不甘寂寞的人，也是从本书中获益最大的人。

我把投资人生分成若干个阶段：其中 21~35 岁为第一阶段；35~50 岁为第二阶段。一般来说，人到了 50 岁之后，往往会变得更注重安全和防御，对进攻显得不那么上心了。不过，假如他们按照我在本书中提出的方法成功投资的话，就会明白，最有效的进攻也就是最有效的防御。我觉得一些人 50 岁以后就显得过于保守了，他们虽然做了很多事情，但为了安全求稳，却很少变换自己的投资策略。"成功"是每一个投资者梦寐以求的。我认为对于那些成功的投资者来说，当初他们所谓的"为了养老而投资"，和后来的"为了资产增值而投资"没有什么两样，也许在他们的成熟时期回报并不多，但是获得的成功早已让他们懂得无论如何都不能改变基本战略战术。

还有一种现象也要引起投资者的注意，就是有些人的"从众心理"。他们认为多数人赞同的观点肯定最安全，因此无论是操作中还是判断时，总喜欢拿自己的想法与别人的看法做比较，其实这样做是没有任何实际意义的。就像一个银行顾问和一个经纪人，他们的想法或制定的投资方案很有可能不同，或是银行顾问认为经纪人制定的方案中某些地方不妥，或是经纪人觉得银行顾问的判断不准等，尽管双方都是出于客观的判断，但可能只因为不符合谁的个人风格就难于一致。我要说的是，既然投资者选择了某个人来帮助自己，就要相信对方的判断，可谓是"用人不疑，疑人不用"。

多年来，我作为一个经纪人，经常会遇到有人向我提出这样的问题："您知道哪种投资好呢？""如果有什么好的投资项目请一定要告诉我！"我很理解这些询问者希望获得成功的心情，但是我觉得这种问法肯定不恰当，他们也难于从中得到真正的帮助，或者是在投资领域取得真正的成功。在华尔街这里，需要有长期稳定的投资或者投机计划，千万别指望图一时之利。

还有一个问题也是被经常问及："能告诉我怎样才能一夜暴富吗？"每每望着问话者那一脸急切的样子，我都不得不严肃地告诉他：请记住，这不是不可能，但风险巨大！要知道，无论是谁，要想大赚一笔，就要倾其所有，尽可能多地买进风险性最高的股票。这时尽管有成功的概率，但同样意味着巨大风险的存在，如果一旦失误，投资者瞬间就会失去积蓄多年的财富，其溃败的速度与希望暴富的速度一样，即所谓"一夜倾家荡产"和"一夜暴富"的概率是一样大。并且，这期间投资者还必须要选择一位可靠的经纪人，用他的道义和责任来帮助自己实现投资计划。

在本书的结尾处，我还想重申的是，虽然这本书所叙述的都是我多年来在投资领域所经历、所见证的事情，或许能为读者朋友提供一些借鉴和指导。但是客观地说，书中所列举的方法或观点并不一定适合每位读者，正如有人曾说过的一句话："或许一个人的美味佳肴就是另一个人的毒药"，这句话虽然听起来显得有些别扭，但也许是我前面说法的验证。

我衷心地希望每位读者通过阅读本书，不仅对保全资本的重要性有清醒的认识，而且对本书为什么叫《股市投资生死战》的含义有深刻的理解。真正的投资就如同一场没有硝烟的战争，如果你抱有必胜的信心，再加上高度的警戒，在充满艰辛的努力中一步步走向成功，这样的过程一定意义非凡。